V&R

Studienbücher zur Linguistik

Herausgegeben von Peter Schlobinski

Band 1

Vandenhoeck & Ruprecht

Klaus Bayer

Argument und Argumentation

Logische Grundlagen der Argumentationsanalyse

2., überarbeitete Auflage 2007

Mit 70 Grafiken

Vandenhoeck & Ruprecht

Bibliografische Information Der Deutschen Bibliothek

Die Deutsche Nationalbibliothek verzeichnet diese Publikation in der Deutschen Nationalbibliografie; detaillierte bibliografische Daten sind im Internet über <http://dnb.d-nb.de> abrufbar.

ISBN: 978-3-525-26547-5

Gesamtherstellung: ⊕ Hubert & Co

Gedruckt auf alterungsbeständigem Papier.

Inhalt

Dank

Ich danke Detlef Hansen, Christian Hinze, Bertram Kienzle, Klaus-Michael Köpcke, Christian Schlüter, Sabine Schulte zu Berge und Natalie Schulze für Gespräche und kritische Anmerkungen zum Manuskript dieses Buches. Ina Albus, Christine Bickes, Melanie Muders und Jano John Akim Franke danke ich für Hilfe bei der Herstellung und Korrektur der Druckvorlage.

K. B.

0. Einleitung

—und jede Proposition hat wied'rum ihre eig'nen Konsequenzen und Konklusionen; davon eine jede den Geist auf frische Bahnen der Untersuchung und des Zweifels weiterlenkt.—Die Kraft, setzte mein Vater hinzu, die diesem Apparate eignet, einem Kinde den Kopf zu erschließen, ist unglaublich.—Zureichend, Bruder Shandy, rief mein Onkel Toby, um ihn in tausend Stücke zu sprengen.

Laurence Sterne: *Tristram Shandy.* VI,II. Zürich: Haffmanns 1988.

Der Anspruch des vorliegenden Buches ist durchaus bescheiden. Es 1
soll eine erste Einführung in die logische Analyse von Argumenten und eine Anleitung zur Untersuchung und Kritik argumentativer Texte bieten. In einem *ersten Kapitel* wird gefragt, warum Argumente überhaupt wichtig sind und warum ihre genauere Untersuchung der Mühe wert sein könnte. Dazu werden zunächst psychische, erkenntnistheoretische und kulturelle Voraussetzungen des Argumentierens skizziert: Sind unsere ›logischen‹ Intuitionen nicht völlig ausreichend? Ist logische Reflexion nicht eher geeignet, den schlafwandlerisch sicher vor sich hin trippelnden Tausendfüßler unseres Denkens durch unnötige Zwischenfragen ins Stolpern zu bringen? Macht zudem die unausweichliche Unsicherheit und Vorläufigkeit unserer Erkenntnis argumentative Anstrengungen nicht überflüssig? Ist die Logik nicht vielleicht sogar schädlich, weil sie fragwürdigen menschlichen Aussagen einen trügerischen Schein von Sicherheit gibt? Ist in modernen Industriegesellschaften angesichts der medial vermittelten Informationsfülle und angesichts der Dichte rechtlicher Regelungen Argumentation überhaupt noch notwendig? Welchen Nutzen bringt schließlich die Analyse von Argumenten?

Das *zweite Kapitel* behandelt den Aufbau von Argumenten. Wenn 2
wir argumentieren, versuchen wir, eine Aussage zu stützen, indem wir andere Aussagen als Gründe anführen. Dabei verdienen zunächst die sprachlichen Formulierungen genauere Beachtung, mit denen wir solche Aussagen zum Ausdruck bringen: Oft drücken verschiedene Formulierungen dieselbe Aussage aus; umgekehrt kann eine Formulierung mehrdeutig sein, so dass sie unterschiedliche Aussagen ausdrückt. Wie lässt sich solche Mehrdeutigkeit durch Präzisierungen und Definitionen vermeiden? – Jenseits solcher Vorfragen besteht die eigentliche Aufgabe der Logik darin, aus der Fülle der vorkommenden Argumente bestimmte Argumentformen zu abstrahieren und zu klä-

ren, ob in diesen Formen die fragliche Aussage tatsächlich durch die angeführten Gründe gestützt wird. Wie aber kann man die Form eines Arguments erkennen? Kann man überhaupt sinnvoll zwischen der Form und dem Inhalt eines Arguments unterscheiden? Wie kommt es zudem, dass manche Aussagen zwar durchaus wahr, als Gründe zur Stützung einer bestimmten Aussage aber ungeeignet sind? Und warum ist in Argumenten vom Typ

Alle Menschen sind sterblich
Arthur ist ein Mensch
↓ Also ist Arthur sterblich

die Konklusion mit Sicherheit wahr, in Argumenten vom Typ

In den letzten Jahren hat es im August immer wenig geregnet
↓ Also wird es auch in diesem Jahr im August wenig regnen

dagegen bestenfalls wahrscheinlich? Warum beschränken wir uns nicht auf Argumente des ersten, sicheren Typs? Warum versuchen wir immer wieder, aus einigen wenigen Erfahrungen allgemeine Gesetzmäßigkeiten abzuleiten und Voraussagen zu treffen?

3 Das *dritte Kapitel* untersucht exemplarisch die Argumentation in einigen Textbeispielen. Derartige Argumentationsanalysen erweisen sich als schwierig: Wie kann man im Durcheinander von Alltagsgesprächen oder zum Beispiel in der Andeutungskunst von Leitartikeln Argumente überhaupt erkennen? Lassen sich die im zweiten Kapitel behandelten Argumentformen dort wiederfinden? Wie sind die Analyseergebnisse übersichtlich darzustellen? Manche Argumente beziehen sich auf normative Aussagen, die Sachverhalte nicht beschreiben, sondern bewerten; sind solche Argumente einer rationalen Analyse überhaupt zugänglich? Oder sollte man sie von vornherein als Angelegenheiten des moralischen, politischen oder ästhetischen Geschmacks abtun? In einigen Textbeispielen deutet sich an, dass Argumentationen in komplizierte Netze aus Gefühlen, sozialen Beziehungen und politischen Loyalitäten eingebettet und durch diese Einbettungen beeinflusst, bisweilen sogar verzerrt sind. Unter anderem hier verweist die Detailanalyse auf die erkenntnistheoretischen Vorüberlegungen des ersten Kapitels zurück: Argumentationskritik bietet gewiss keine Garantie für sichere Erkenntnis; aber sie kann gelegentlich aufdecken, wie die Dynamik menschlicher Weltbilder korrekte Argumentation erschwert oder gar verhindert. Den Abschluss des Kapitels bildet eine Reihe von Leitfragen zur Argumentationsanalyse, zu deren Beantwortung Anregungen und erste methodische Hinweise gegeben werden, ohne dass etwa ein vollständiges theoretisches und methodisches System entworfen würde.

Das vorliegende Buch beansprucht nicht, einen Überblick über den 4
aktuellen Stand der argumentationstheoretischen Forschung in ihrer gesamten Breite zu bieten. Es ist vielmehr als Studienbuch mit begrenzter Fragestellung für einführende Seminare und auch als einführende Lektüre für interessierte Laien konzipiert. Aus der durchaus gewollten Beschränkung von Inhalt und Umfang ergibt sich, dass es bestimmte Ansprüche nicht erfüllen kann. Vor allem bietet das Buch keine Anleitung zum Argumentieren, sondern ausschließlich einen Leitfaden zur Analyse von Argumentationen. Es enthält darüber hinaus keine umfassende Darstellung der Logik für Logiker oder Mathematiker. Insbesondere die eher formalen Verfahren der Logik (Wahrheitstafeln, Mengendiagramme etc.) werden nur äußerst knapp und nur so weit dargestellt, wie sie dem Leser eine exemplarische Überprüfung einzelner Argumentformen erlauben. Wer eine Einführung in die Logik sucht, sei auf die zahlreichen bereits vorliegenden Logikbücher verwiesen (z. B. P. Suppes 1957; H. Reichenbach 1966; W. Kamlah/ P. Lorenzen 1967; W. v. O. Quine 1969; F. v. Kutschera/ A. Breitkopf 1971; E. v. Savigny 1976; J. D. McCawley 1993). Einige dieser Logikbücher wurden bei der Abfassung des Textes zwar gelegentlich herangezogen. Die wichtigste Anregung und Grundlage bildeten aber zwei ihrerseits bereits popularisierende und den Stoff stark reduzierende Einführungen: zum einen das kleine Buch »Kommunikation und Argumentation« des norwegischen Philosophen Arne Naess (A. Naess 1975); zum anderen die ebenfalls an ein breites Publikum gerichtete »Logik« des Amerikaners Wesley C. Salmon (W. C. Salmon 1983). Beide Bücher haben sich in meinen Seminaren und Vorlesungen immer wieder bewährt und mich schließlich zu dem Versuch bewogen, die unterschiedlichen, aber einander sinnvoll ergänzenden Perspektiven von Naess und Salmon in einen Gedankengang zusammenzufassen.

Nicht behandelt werden im Folgenden auch die in mancher Hin- 5
sicht durchaus einschlägigen Theorien und Methoden der Gesprächsanalyse. Selbstverständlich setzt die Analyse etwa einer Diskussion weit mehr voraus als Logik und Argumentationstheorie: Zum Beispiel lassen sich die komplexen Mechanismen der Gesprächsorganisation (Klein 1980: 12f.) angemessen nur mit gesprächsanalytischen Mitteln beschreiben, deren Einführung den Rahmen der vorliegenden Arbeit sprengen würde. Auch hier muss also auf ergänzende Literatur (z. B. H. Henne/ H. Rehbock 1982) verwiesen werden.

Zudem bleiben die ebenfalls einschlägigen Ergebnisse der Rhetorik 6
ebenso unberücksichtigt wie die der modernen Stilistik. Syntax und Wortwahl, Metaphorik und Ironie, Textaufbau und Textgliederung, Prosodie und Layout sowie viele andere Faktoren beeinflussen die

Wirksamkeit und die Verständlichkeit von Argumentformulierungen ebenso wie die vieler anderer Textsorten. Im Folgenden wird zwar auf unterschiedliche sprachliche Möglichkeiten zum Ausdruck von Argumenten und sporadisch auf stilistische Besonderheiten der Beispieltexte hingewiesen. Grundsätzlich aber ist hier ein weiteres Mal auf entsprechende Literatur zu verweisen (z. B. H. Geißner 1968; E. Eggs 1992 u. 1994; J. Klein 1999).

7 Argumentationen haben über ihre Erkenntnisfunktion hinaus stets eine größere Zahl weiterer sozialer und psychischer Funktionen. Man argumentiert etwa, um sich selbst zu beeinflussen oder zu beruhigen; man argumentiert, um andere zu überzeugen oder zu überreden; man argumentiert, um die Position der eigenen Partei oder Interessengruppe zu stärken; man argumentiert, um von seinen eigentlichen Zielen abzulenken; man argumentiert, um sich selbst positiv darzustellen; man argumentiert manchmal sogar, weil man zu anderen, der Situation möglicherweise angemesseneren Formen des Sprachhandelns nicht bereit oder in der Lage ist. Bisweilen ist Argumentation, so eindringlich sie auch geführt werden mag, nur die relativ nebensächliche Begleitmusik zu Interaktionen, die in erster Linie durch Macht, Charisma oder die erotisch-sexuelle Anziehungskraft einzelner Teilnehmer entschieden werden. Weil die vorliegende Darstellung bewusst auf eine rhetorisch-pragmatische Erörterung solcher Funktionen verzichtet und sich weitgehend auf die Erkenntnisfunktion des Argumentierens beschränkt, bleibt sie auf diesen einen – allerdings höchst wichtigen – Aspekt beschränkt und auch insofern ergänzungsbedürftig.

8 Die Konzentration der vorliegenden Einführung auf die logischen Grundlagen der Argumentationsanalyse hat allerdings ihre guten Gründe: In vielen neueren gesprächsanalytischen und rhetorischen Arbeiten zur Argumentation wird die logische Analyse nicht etwa um pragmatische Aspekte ergänzt, sondern vernachlässigt oder völlig ausgespart (vgl. N. Groeben et al. 1993: 359). Diese Missachtung der logischen Perspektive könnte auf den starken Einfluss der sogenannten Kritischen Theorie der Frankfurter Schule in den sechziger und siebziger Jahren zurückgehen. In der Tradition Hegelschen Denkens haben Vertreter der Frankfurter Schule die Logik immer wieder als Hemmnis bei der Beschreibung sozialer Verhältnisse, ja als »Höllenmaschine« mit »Zwangscharakter« (T. W. Adorno 1970a: 8) abgelehnt: Eine wirklich kritische Theorie der Gesellschaft, die »den Stein aufheben« wolle, »unter dem das Unwesen brütet« (T. W. Adorno 1968: 511), dürfe die sozialen Widersprüche nicht in logische Korrektheit auflösen, müsse sie vielmehr dialektisch in sich aufnehmen (J. Habermas 1970: 156); gesellschaftlichen Widersprüchen müsse

man mit einer dialektischen und also bisweilen auch logisch widersprüchlichen Theorie nachspüren.

Diese Auffassung ist vielfach mit guten Gründen widerlegt worden 9
(z.B. K. R. Popper 1968; H. Albert 1970b: 338f.): Widersprüchliche Verhältnisse können sehr wohl durch widerspruchsfreie Theorien erfasst werden. Diese Diskussion soll hier nicht wieder aufgenommen werden. Für unseren Zusammenhang ist entscheidend, dass die negative Einschätzung der Logik durch die Kritische Theorie nicht nur Soziologie, Philosophie und Wissenschaftstheorie, sondern auch Linguistik und Rhetorik beeinflusst haben dürfte: Die Argumentationsanalyse wandte sich in der Folge in erster Linie der sprachlichen Form, den sozialen Funktionen und der dialogischen Entfaltung von Argumenten zu. In einem vielzitierten Aufsatz plädierte Wolfgang Klein sogar dafür, die Frage, ob eine Aussage durch angeführte Gründe gestützt wird, nicht als logische, sondern als empirische Frage zu betrachten: Dabei geht es ihm ausdrücklich nicht mehr um die logische Form des Arguments, sondern um das jeweilige Wissen und die jeweiligen Maßstäbe der Argumentationsteilnehmer. Aus dieser Perspektive erscheint schließlich ein Argument so gut wie das andere, solange es die Argumentationsteilnehmer nur akzeptabel finden: »Mir geht es nicht darum, was rationale, vernünftige oder richtige Argumentation ist, sondern darum, wie die Leute, dumm wie sie sind, tatsächlich argumentieren.« (W. Klein 1980: 49)

Nun spricht durchaus vieles für Kleins Vorschlag, das tatsächliche 10
Argumentationsverhalten von Menschen empirisch zu untersuchen. Über solchen Untersuchungen sollte man aber keinesfalls die logische Frage aus dem Blick verlieren, ob die vorgebrachten Gründe – auch über die beschränkten Perspektiven der Argumentationsteilnehmer hinaus – ausreichen, eine fragliche Aussage für wahr zu halten (J. Habermas 1981 Bd. 1: 50ff.). Auch wenn einige mehr oder weniger »dumme« Menschen bereit sein sollten, zum Beispiel aus der Ungiftigkeit zweier Pilze auf die Ungiftigkeit aller Pilze zu schließen, bleibt ihr Argument fragwürdig. Die logische Analyse seiner Form lässt erkennen, dass es unkorrekt ist und keine Gewähr für erfolgreiche Orientierung in der Wirklichkeit bietet.

Die vorliegende Einführung präsentiert deshalb die logische Analy- 11
se als Ausgangspunkt und notwendige Grundlage weitergehender pragmatisch-rhetorischer Analysen. Dabei beschränkt sie sich nicht auf die ›sicheren‹, die sogenannten deduktiven Argumente wie

Alle Menschen sind sterblich
Arthur ist ein Mensch
↓ Also ist Arthur sterblich ,

die den Gegenstand einer Logik im engeren Sinne bilden. Vielmehr bezieht sie die in Alltag und Wissenschaft häufigen ›unsicheren‹, die sogenannten induktiven Argumente wie

In den letzten Jahren hat es im August immer wenig geregnet
↓ Also wird es auch in diesem Jahr im August wenig regnen

mit ein. Eine solche *Logik im weiteren Sinne* bleibt als Maßstab zur Beurteilung empirisch beobachteten Argumentationsverhaltens und als propädeutische Orientierung gerade für Studierende um so nötiger, als neuere Ansätze der Argumentationsanalyse bisweilen recht heterogen sind und verwirrend vielfältige Aspekte argumentativer Dialoge (Stil, Interaktion, Gesprächsorganisation, Monologizität, Dialogizität, psychische Prozesse, Moral, Rationalität, Politik, Täuschung, Kooperation, Strategie etc.) hervorheben.

12 Das dritte Kapitel demonstriert zudem an einigen – unvermeidlich wenigen – Beispielen, dass eine logische Argumentationsanalyse weit mehr nützliche Hilfen bietet, als die Vertreter der pragmatischen und rhetorischen Ansätze bisweilen behaupten (H. Albert 1970a: 287f.). Das gilt für die Analyse sowohl klassischer argumentativer Textsorten wie Diskussion, Debatte, Streitgespräch, Erörterung oder Leitartikel als auch beliebiger anderer Texte wie Vorträge, Besprechungen, Erzählungen oder Kneipenunterhaltungen, in denen je nach Thema mehr oder weniger häufig Argumente auftreten. Es gilt sogar für normbezogene Argumente, in denen nicht beschreibende Aussagen wie »Hamburg liegt in Deutschland«, sondern vorschreibende Aussagen wie »Die Steuern sollten gesenkt werden« begründet werden. Selbstverständlich können die allgemeinen politischen oder moralischen Prinzipien, die solchen Argumenten zugrunde liegen, nicht logisch, sondern nur ethisch begründet werden. Logische Analyse kann aber sehr wohl zur Versachlichung beitragen, indem sie prüft, ob die Ableitung einzelner konkreter Vorschriften aus jenen allgemeinen Prinzipien formal korrekt vorgenommen wird oder ob man sich etwa zu Unrecht auf diese Prinzipien beruft.

1. Argumentation und Argumentationsanalyse

1.1 Schließen und Argumentieren

Ein großer Teil unserer Überzeugungen geht nicht auf unmittelbaren 13
Augenschein oder direkte Mitteilungen anderer, sondern auf **Schlüsse** zurück. Wenn uns jemand sagt, seine Frau sei erkrankt, dann *schließen* wir daraus, dass er verheiratet ist. Wenn wir hören, Herr Zhao sei ein Chinese, dann *schließen* wir daraus, dass er die chinesische Sprache beherrscht. Wenn wir mehrfach Autos eines bestimmten Typs besonders schnell und rücksichtslos fahren sehen, dann *schließen* wir daraus, dass solche Autos auf geltungssüchtige und rücksichtslose Fahrer besondere Anziehungskraft ausüben. Wenn wir eine Katze sehen, dann *schließen* wir aus unserem allgemeinen Wissen über Katzen, dass auch diese Katze miauen und auf Bäume klettern kann. Wenn wir dunkle Wolken aufziehen sehen, dann *schließen* wir, dass es Regen geben wird. Wenn wir ein Auto mit plattem Reifen am Straßenrand halten sehen, dann *schließen* wir, dass der Fahrer wegen der Reifenpanne angehalten hat. Wenn an einem kalten Wintermorgen plötzlich kein Wasser mehr aus der Leitung rinnt, dann *schließen* wir, dass die Leitung zugefroren ist. Wenn wir einen Kollegen nach einem Buchtitel fragen und er uns antwortet, der Titel beginne mit »Zur Kulturgeschichte …«, dann *schließen* wir daraus, dass der Kollege uns zwar helfen will, dass er sich aber an den vollständigen Titel nicht erinnern kann. Und wenn wir lesen, dass regelmäßiges Zähneputzen die Zähne gesund erhält, dann *schließen* wir, dass wir uns die Zähne putzen sollten. Nicht einmal so zentrale und alltägliche Daten wie die Entfernungen wahrgenommener Gegenstände sind uns unmittelbar zugänglich: Wie weit etwa ein Mensch auf der Straße von uns entfernt ist, *schließen* wir aus der Größe, in der er uns erscheint.

Die Abhängigkeit unseres Denkens und Erkennens von derartigen 14
Schlüssen geht noch viel weiter: Oft sind wir uns sicher, ganz selbstverständlich zum Beispiel einen Baum vor uns zu sehen. Aber was sehen wir wirklich? Wir haben gelernt, dass ein Baum aus Stamm und Ästen und Zweigen und Blättern besteht und sich im Wind bewegen kann. Und deshalb *schließen* wir, dass es sich bei einer Ansammlung bewegter grüner Punkte und braungrauer Flächen um einen Baum handelt. Wenn wir so schließen, dann vollziehen wir jeweils einen Übergang von etwas, das wir schon wissen oder zu wissen glauben, zu

etwas Neuem. Schon die wenigen Beispiele zeigen, dass wir in fast jedem Augenblick auf derartige Übergänge angewiesen sind. Wir müssen Schlüsse ziehen, wenn wir unser allgemeines Wissen auf einen speziellen Fall anwenden, wenn wir von Einzelbeobachtungen zu Verallgemeinerungen übergehen, wenn wir etwas voraussagen oder uns etwas erklären, wenn wir das Verhalten unserer Gesprächspartner verstehen oder Entscheidungen treffen wollen. Allerdings sind wir uns dieser Schlüsse in vielen Fällen nicht bewusst. Wir vollziehen sie meistens ganz automatisch und murmeln nicht etwa halblaut: »Alle Katzen können miauen und auf Bäume klettern; also kann auch diese Katze miauen und auf Bäume klettern« oder »Aus den Formen und Farben und Bewegungen jener optischen Eindrücke da vorn und aus meinem allgemeinen Wissen über Bäume schließe ich, dass es sich um einen Baum handeln dürfte«.

15 Etwas ganz anderes ist es, wenn wir unseren Schlüssen sprachliche Form geben und sie anderen mitteilen, um Behauptungen zu begründen oder zu widerlegen, um etwas zu erklären oder vorauszusagen, um uns zu rechtfertigen oder um Regeln für das soziale Zusammenleben plausibel zu machen. Wenn wir den Übergang von Bekanntem zu Neuem sprachlich ausformulieren, dann wird aus einem individuellen, häufig diffusen und noch vorsprachlichen Gedankenbündel ein **Argument**. Ein Argument besteht immer aus mehreren Sätzen: der **Konklusion**, dem Satz, den wir begründen wollen, und aus einer oder mehreren **Prämissen**, welche die Konklusion stützen sollen. In dem Argument

Alle Katzen können klettern
Tina ist eine Katze
↓ Also kann Tina klettern

sind »Alle Katzen können klettern« und »Tina ist eine Katze« die Prämissen und »Also kann Tina klettern« die Konklusion.

16 Argumente sind also Mengen von Sätzen; **Argumentationen** sind dagegen sprachliche Handlungen, bei deren Vollzug wir ein Argument oder auch mehrere miteinander verknüpfte Argumente äußern. Wir *argumentieren*, um Behauptungen zu begründen oder Entscheidungen zu rechtfertigen. Bisweilen treten wir in Diskussionen ein, um miteinander oder gegeneinander Argumente für oder gegen bestimmte umstrittene Behauptungen zu formulieren. Sprachlich explizite Argumentationen sind viel problematischer und bisweilen schwieriger als unser individuelles Schließen: Unsere unbewussten oder halbbewussten Schlüsse können wir für uns behalten und eventuell stillschweigend korrigieren, wenn wir uns geirrt haben. Sobald wir sie aber anderen als vollständige Argumente mitteilen, werden sie kritisierbar, ja angreifbar. Wir müssen uns dann fragen lassen, ob wir unser Argument

angemessen formuliert haben, ob die Prämissen die Konklusion tatsächlich stützen, was wir eigentlich mit unserem Argument erreichen wollen, warum wir bestimmte Prämissen hervorheben und andere vernachlässigen, und schließlich, ob wir gar argumentative Macht über andere ausüben oder ihre Gefühle und Wünsche mit Argumenten niederwalzen wollen.

Während solche Fragen aber immer noch nur auf das einzelne Ar- 17
gument zielen, gibt es gute Gründe, das Argumentieren überhaupt in Frage zu stellen: Wenn wir in der Lage sind, Schlüsse ganz intuitiv und ohne großen Aufwand zu ziehen, warum sollen wir uns dann auf die umständliche Formulierung von Argumenten einlassen? Führen unsere blitzartig-intuitiven Schlüsse uns überhaupt jemals in die Irre? Sind sie dem hölzernen Räderwerk rationaler Argumentation nicht vielmehr meistens überlegen? Wissen wir nicht ›aus dem Bauch‹ viel besser, was wahr und richtig ist? Müssen Menschen, die sich gut verstehen, wirklich Argumente austauschen? Sollten sie nicht ohne langes Argumentieren zu stillschweigendem Einverständnis finden können? Und haben wir nicht immer wieder erfahren, dass wir mit Argumenten meist doch nur das stützen und rechtfertigen, was wir ohnehin schon längst glauben und wollen?

Über diese eher psychologischen Einwände hinaus wirft das Argu- 18
mentieren erkenntnistheoretische Probleme auf: Können wir durch Argumente wirklich zu sicheren Erkenntnissen gelangen? Selbst wenn Argumente in den meisten Fällen einen sicheren Übergang von den Prämissen zur Konklusion garantierten, – wie sicher und wie vollständig sind unsere Prämissen? Würden wir, wenn wir mehr wüssten und dieses Wissen in unsere Argumente einbezögen, nicht zu ganz anderen Konklusionen gelangen? Sind allgemeine Sätze wie »Alle Katzen können klettern« überhaupt zuverlässig? Bauen wir nicht auf Sand, wenn wir unsere Argumente auf solche Verallgemeinerungen stützen?

Und schließlich ist die Frage nach der Berechtigung und dem Nut- 19
zen des Argumentierens nicht unabhängig von der Kultur, in der sie gestellt wird. Es gibt gewiss keine Gesellschaft, in der *alle* Überzeugungen und Normen argumentativ in Zweifel gezogen werden dürften: Meist gilt für zentrale religiöse und politische Dogmen ein Argumentationstabu. Zudem ist das Recht zu argumentativer Prüfung und Begründung zentraler Aussagen meist auf bestimmte Personen, etwa auf Priester, Richter, Lehrer, Wissenschaftler oder politische Führer beschränkt. Darüber hinaus wird nur derjenige argumentieren, der nach entsprechender Erziehung und Bildung fähig und motiviert ist, Behauptungen und Normen zu begründen oder anzugreifen. Wer dagegen gelernt hat, seinen Vorteil in Glauben, Gehorsam oder Schweigen zu suchen, wird ebenso wenig zur Argumentation neigen wie derjeni-

ge, der sein Leben nach den Werbebotschaften und Moden der Konsumgesellschaft und ihrer Medien ausrichtet.

20 Schon aus diesen knappen Überlegungen ergibt sich, dass eine Einführung in die Argumentationsanalyse sich nicht darauf beschränken darf, Grundzüge der deduktiven und induktiven Logik darzustellen und einige Ratschläge zur Kritik unsachlicher Argumentation zu geben. Im folgenden soll deshalb zunächst in einem einleitenden Kapitel erörtert werden, ob reflektiertes Argumentieren angesichts der intuitiven Leistungen des menschlichen Gehirns überhaupt notwendig und sinnvoll ist, ob man durch reflektiertes Argumentieren überhaupt Erkenntnisfortschritte erzielen kann und inwieweit aktuelle kulturelle Bedingungen reflektiertes Argumentieren fördern oder behindern.

1.2 Argumentation und Intuition

1.2.1 Assoziationen, Analogien und andere Schlussmechanismen

21 In Alltagsgesprächen neigen wir dazu, unsere Schlüsse ohne lange Überlegung als Argumente zu formulieren: Jemand in unserer Umgebung fühlt sich schlecht und sieht krank aus; das Fieberthermometer zeigt 39 Grad; und schon argumentieren wir:

Wer Grippe hat, hat Fieber
Irma hat Fieber
↓ Also hat Irma Grippe

22 Oder wir fassen uns noch kürzer, lassen »Wer Grippe hat, hat Fieber« und »Irma hat Fieber« als Prämissen unseres Schlusses einfach weg und sagen: »Irma hat Grippe«. So unauffällig solche Alltagsargumente auch sein mögen, ein kritischer Zuhörer müsste hier verschiedene Einwände machen: Zunächst könnte er einwenden, dass der Prämisse »Wer Grippe hat, hat Fieber« eine sehr gewagte Verallgemeinerung zugrunde liegt: Zwar haben tatsächlich die meisten Grippekranken Fieber. Aber gibt es nicht auch grippale Infekte, die ohne Fieber ablaufen? Unser Argument scheint sich hier auf ein weiteres, durchaus
23 fragwürdiges Argument zu stützen:

Als Otto Grippe hatte, hatte er Fieber
Als Natalie Grippe hatte, hatte sie Fieber
Als Daniel Grippe hatte, hatte er Fieber
Als ich Grippe hatte, hatte ich Fieber
...
↓ Also gilt: Wer Grippe hat, hat Fieber

24 Noch gewichtiger ist ein anderer Einwand: Selbst wenn unsere Prämissen »Wer Grippe hat, hat Fieber« und »Irma hat Fieber« unbezweifelbar wahr wären, müsste deshalb die Konklusion »Also hat

Irma Grippe« keineswegs wahr sein. Fieber kann zum Beispiel auch durch einen vereiterten Weisheitszahn oder durch eine Wundinfektion ausgelöst werden. Auch wenn also tatsächlich jede Grippe mit Fieber verbunden wäre, so hieße das noch lange nicht, dass umgekehrt auch jedes Fieber auf eine Grippe zurückzuführen ist. Unser kritischer Zuhörer hat also durchaus recht: Unser Argument ist nicht gültig – jedenfalls nicht in dem Sinne, dass die Wahrheit seiner Prämissen auch die Wahrheit der Konklusion garantierte.

25 Dennoch erschiene uns eine solche Kritik in vielen Situationen pedantisch und unangemessen. Möglicherweise haben wir ja gar keine strikte Wenn-dann-Aussage machen wollen und gar nicht gemeint, dass ausnahmslos jede Grippe Fieber nach sich ziehe oder dass jedes Fieber auf eine Grippe hindeute. Vielmehr haben wir aufgrund unserer Lebenserfahrung eine zwar nicht strikte, aber doch nützliche **Assoziation** zwischen den Begriffen ‹Grippe› und ‹Fieber› gebildet und diese Assoziation genutzt, um von Irmas Fieber auf eine Grippe zu schließen.

26 Ganz ähnlich verfahren wir bei vielen anderen Gelegenheiten: Wir machen zum Beispiel drei oder vier schlechte Erfahrungen mit Dackelbesitzern und hüten uns zwar durchaus vor ausdrücklichen Verallgemeinerungen wie »Wenn jemand ein Dackelbesitzer ist, dann ist er ein unangenehmer Mensch«, aber wir bilden mehr oder weniger bewusst eine Assoziation zwischen Dackelbesitz und unangenehmen menschlichen Eigenschaften, aus der wir anschließend gelegentlich richtige, bisweilen aber durchaus vorschnelle und falsche Schlüsse ziehen.

27 Offensichtlich funktionieren die Schlussmechanismen unseres Gehirns anders als die Regeln der Logik: Während die Logik strikt zu verhindern sucht, dass wir von *wahren* Prämissen zu *falschen* Konklusionen übergehen, hat die Evolution unser Gehirn so ausgestattet, dass wir von unseren Erfahrungen und Wahrnehmungen *möglichst schnell* zu einigermaßen *wahrscheinlichen* Hypothesen gelangen und *relativ* angemessen reagieren können. Ein Lebewesen, dessen Gehirn selbst in kritischen Lagen jeweils sorgfältig und umständlich eine vermeintlich sichere Wahrheit zu errechnen suchte, wäre nicht überlebensfähig. Wenn Alltagssituationen zu bewältigen sind und erst recht wenn Gefahr droht, dann sind nicht langwierige Reflexionen und umfangreiche Argumentationen, sondern schnelle Entscheidungen gefragt.

28 Unser Gehirn kennt viele unterschiedliche Wege, die vom jeweils Bekannten zu nützlichen und immerhin einigermaßen wahrscheinlichen Annahmen führen. Bisweilen lassen wir uns zum Beispiel einfach von Ähnlichkeiten zwischen verschiedenen Dingen leiten: Wenn wir erfahren haben, dass in China, einem asiatischen Land also, der

Buddhismus verbreitet ist, werden wir vielleicht schließen, dass es auch in Japan, einem ebenfalls asiatischen Land, viele Buddhisten gibt. Weil China und Japan sich in einer bestimmten Hinsicht, nämlich hinsichtlich ihrer geographischen Lage, gleichen, schließen wir, dass sie sich auch in einer anderen, nämlich bezüglich ihrer Religion, gleichen. In diesem Fall führt ein solcher **Analogieschluss** zu einer durchaus annehmbaren Konklusion. Weniger erfolgreich ist dieses Schlussverfahren, wenn es uns etwa zu dem falschen Ergebnis führt, dass schwarzgelb geringelte Schwebfliegen ebenso stechen wie die gleichfalls schwarzgelb geringelten Wespen.

29 Besondere Bedeutung kommt dem Analogieschluss zu, wenn wir versuchen, andere Menschen zu verstehen. Wir können gar nicht anders, als aus den äußerlichen Gemeinsamkeiten des menschlichen Körperbaus und Verhaltens zu schließen, andere müssten deshalb auch ähnlich denken und empfinden wie wir. Umgekehrt neigen wir dazu, aus Unterschieden etwa in Hautfarbe oder Sprache auf psychische Unterschiede zu schließen. Und gerade hier zeigen sich Leistungen und Grenzen solcher Schlüsse. Einerseits ist es unvermeidlich und durchaus sinnvoll, dass wir uns die anderen so vorstellen, wie wir selbst sind. Andererseits müssen wir immer wieder erfahren, wie sehr diese Analogie auch in die Irre führen kann, dass die Gefühle und Gedanken anderer Menschen sich oft erheblich von den unseren unterscheiden. Zudem ist es durchaus möglich, dass ein Mensch mit anderer Herkunft und anderer Hautfarbe und einer anderen Muttersprache uns schon nach wenigen Stunden näher und vertrauter ist als ein Kollege, mit dem wir seit Jahren zusammenarbeiten.

30 Bisweilen lassen wir uns vielleicht auch von *ästhetischen* Maßstäben leiten. Der englische Physiker und Nobelpreisträger des Jahres 1933 Paul Adrien Maurice Dirac hat offen bekannt, dass ein Großteil seiner Forschungsarbeit nicht darin bestanden habe, konkrete Fragen zu beantworten. Er habe vielmehr mit mathematischen Größen gespielt in der Absicht, sie auf eine interessante Weise zu verknüpfen: »Es ist einfach eine Suche nach ›hübscher‹ Mathematik. Später mag sich herausstellen, dass die Arbeit eine praktische Anwendung findet.« Dann habe man eben Glück gehabt. ›Hässliche‹ Theorien fand Dirac jedoch so abstoßend, dass er bisweilen – wegen ihrer Hässlichkeit – nicht an sie glauben mochte (A. Hardy 1998). Was im Bereich der wissenschaftlichen Forschung noch überraschen mag, ist im Alltag gang und gäbe: Wir neigen dazu, ästhetisch ansprechend gestaltete Botschaften eher für wahr zu halten als andere; gutaussehende Menschen erscheinen uns vielleicht zunächst glaubwürdiger als hässliche: Wenn Politiker oder Werbesprecher gut aussehen, schließen wir allzu leicht auch auf die Wahrheit ihrer Behauptungen.

Nicht zuletzt beeinflusst die *Sprache* unsere Schlüsse. Mit dem 31
Namen »Barbara Bollmann« verbinden manche Menschen möglicherweise eher die Vorstellung einer kräftigen Person als mit dem Namen »Irene Zipp«. Auch Slogans und Redensarten regen uns zu bestimmten Schlüssen an. Sätze wie »Auf einem Bein kann man nicht stehen« oder »Wer A sagt, muss auch B sagen« legen uns die Notwendigkeit des Übergangs von einem Satz zu einem anderen nahe, ohne allerdings im mindesten klar zu machen, für welche Arten von ›Beinen‹ und für welche Sätze A und B solche Übergänge denn gerechtfertigt seien. »Auf einem Bein kann man nicht stehen« könnte etwa bedeuten: »Ein Bier hast du bereits getrunken. Also solltest du noch ein weiteres trinken.« Im niedersächsischen Landtagswahlkampf 1998 warben Bündnis90/ DieGrünen gar allen Ernstes mit dem Slogan »King Schröder – Kong Grüne«. Damit sollte wohl suggeriert werden, der nicht einmal politisch, geschweige denn logisch begründete Übergang von der Entscheidung für den damaligen Ministerpräsidenten Schröder zur Entscheidung für Bündnis90/ DieGrünen sei ebenso selbstverständlich wie der Übergang vom ersten Namensteil des medienbekannten Riesenaffen King Kong zum zweiten.

1.2.2 Neuronale Netze

Während die bisher angeführten Typen von Schlüssen immerhin noch 32
relativ bewusst gezogen werden dürften, gelangen wir häufig zu Konklusionen, ohne dass wir anzugeben vermögen, wie wir diese Konklusionen erreicht haben. Wir sprechen dann von Eingebungen oder **Intuitionen** oder von einem ›siebten Sinn‹. Auch hier vollzieht unser Gehirn Übergänge. Aber wie? Wie können wir zu neuen Erkenntnissen gelangen, ohne unserer Denkprozesse gewahr zu werden? Erst seit wenigen Jahrzehnten kann man sich anhand einfacher Modellvorstellungen erklären, wie Nervennetze in unserem Gehirn logische Operationen ausführen, Schlüsse ziehen und Muster erkennen, ohne dass wir deshalb etwa bewusst denken müssten (vgl. dazu R. Männer/ R. Lange 1994; K. Bayer 1997):

33

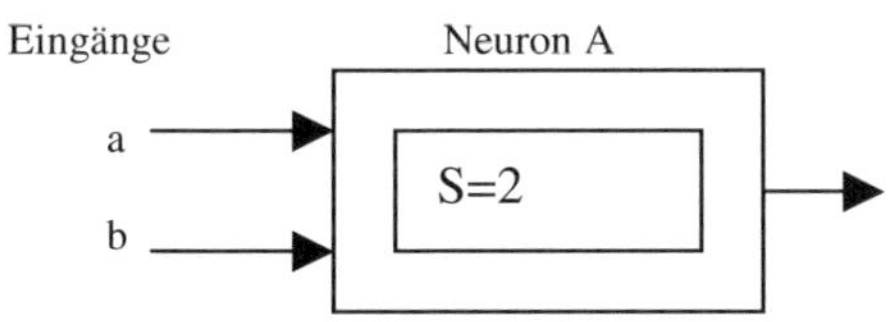

Grundbausteine dieser **neuronalen Netze** sind die einzelnen Nerven- 34
zellen oder Neuronen. Deren Aufgabe ist zunächst denkbar einfach: Sie empfangen über ihre Eingänge von anderen Nervenzellen Impulse (1) und geben, sofern die Summe (Σ) der eintreffenden Impulse einen

bestimmten Schwellenwert (S) erreicht, über ihren Ausgang ihrerseits einen Impuls (1) weiter. Man kann sich leicht denken, dass auf diese Weise bereits ein einzelnes Neuron (Neuron A) mit zwei Eingängen a und b wie ein »Und« funktionieren kann, wenn nämlich der Schwellenwert auf 2 eingestellt ist, so dass er nur dann erreicht wird, wenn an beiden Eingängen ein Impuls (1) eintrifft. Trifft an beiden Eingängen oder auch nur an einem Eingang kein Impuls ein (0), so gibt auch Neuron A keinen Impuls weiter (0). Die folgende Tabelle zeigt die möglichen Reaktionen des Neurons A:

35

Eingang a	Eingang b	Σ	Schwellenwert 2 erreicht?	Ausgang
1	1	2	ja	1
1	0	1	nein	0
0	1	1	nein	0
0	0	0	nein	0

36 Verringert man den Schwellenwert wie bei Neuron B auf die Hälfte (1), so funktioniert das Neuron wie ein nicht-ausschließendes »Oder«: Das Neuron gibt nun bereits dann einen Impuls (1) ab, wenn an nur einem der beiden Eingänge ein Impuls (1) eintrifft, und erst recht, wenn beide Eingänge aktiv sind. Wenn dagegen beide Eingänge stumm (0) bleiben, schweigt es (0).

37

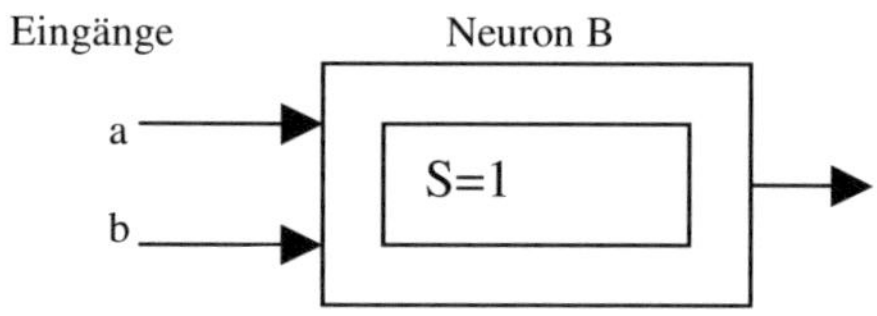

38 Aus der folgenden Tabelle lassen sich die möglichen Reaktionen des Neurons B ablesen:

Eingang a	Eingang b	Σ	Schwellenwert 1 erreicht?	Ausgang
1	1	2	ja	1
1	0	1	ja	1
0	1	1	ja	1
0	0	0	nein	0

39 Wesentlich komplexere Neuronenschaltungen werden dadurch möglich, dass mehrere Neuronen miteinander verbunden und die Eingänge der Neuronen verschieden *gewichtet* werden. Damit können die eintreffenden Impulse das Verhalten eines einzelnen Neurons in ganz unterschiedlicher Weise beeinflussen – je nachdem, von welchem anderen Neuron sie gesendet werden: Die eintreffenden Impulse werden dann jeweils mit dem Gewicht des entsprechenden Eingangs *multipliziert*. Positiv gewichtete Eingänge führen so beim Eintreffen eines

Impulses zu einer Erhöhung der Reizsumme Σ, negativ gewichtete verringern die Reizsumme. Über solche erregenden und hemmenden Verbindungen sind Neuronennetze in der Lage, auch logisch höchst komplexe Probleme zu lösen.

Das folgende einfache Neuronennetz aus den drei Neuronen C, D 40
und E repräsentiert bereits ein sogenanntes exklusives oder ausschließendes »Oder«; Ausdrücke wie » • (+1)« und » • (–1)« geben die Gewichtungen der Eingänge an. Man kann sich leicht klarmachen, dass wegen der hemmenden Querverbindungen (negative Gewichte: • (–1)) der beiden Eingänge mit den beiden zwischengeschalteten Neuronen C und D nur dann eines dieser Neuronen seinen Schwellenwert 1 erreichen und Neuron E erregen kann, wenn an *nur einem* der beiden Eingänge ein Impuls (1) eintrifft. Trifft dagegen an keinem der Eingänge oder an beiden Eingängen ein Impuls ein, so bleibt das Netz stumm (0).

Neuronennetz 41

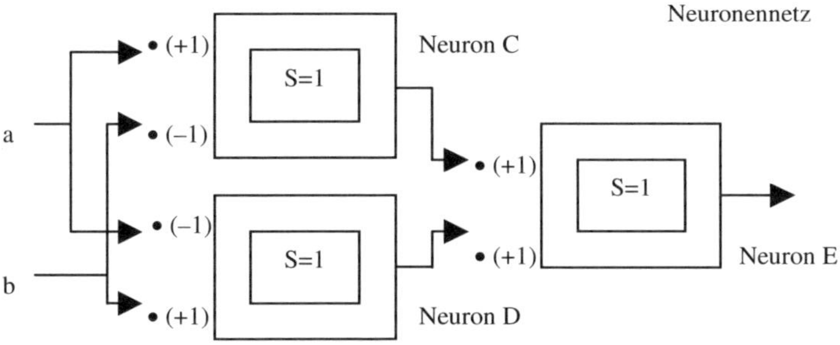

Die folgende Tabelle zeigt die möglichen Reaktionen des Neuronen- 42
netzes:

Eingang a	**Eingang b**	**Neuron C**	**Neuron D**	**Neuron E**
1	1	0	0	0
1	0	1	0	1
0	1	0	1	1
0	0	0	0	0

Andere Netze in unserem Gehirn dienen der Erkennung von Mustern. 43
Stellen wir uns ein zweidimensionales, rechteckiges Netz aus mehr als hundert Neuronen vor, von denen jedes mit jedem anderen verbunden ist. Stellen wir uns weiter vor, dass dieses Netz die Aufgabe hat, unter verschiedenen unregelmäßigen Figuren diejenigen herauszufinden, die einem vorgegebenen Kreis ähneln (R. Männer/ R. Lange 1994: 446f.).

44 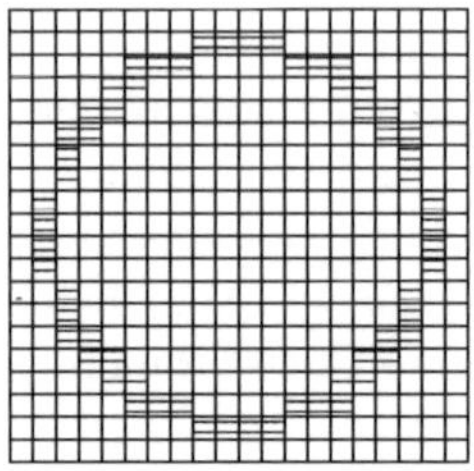

Mustererkennungsnetz

45 Zu diesem Zweck sind die (grau schattierten) Neuronen, die zusammen den Kreis bilden, so miteinander verbunden, dass sie gegenseitig ihre Schwellenwerte erhöhen, während sie die Schwellenwerte aller anderen Neuronen im Netz verringern. Das Gleiche gilt für die Neuronen, die nicht zum Kreis gehören; auch diese erregen einander gegenseitig, hemmen aber die Kreisneuronen. Über jedem Neuron des Netzes ist ein druckempfindlicher Sensor angebracht, so dass beim Anlegen einer Figur genau die Neuronen angeregt werden, die unterhalb der Figur liegen.

46 Legen wir einen vollständigen Kreis an, so werden alle und nur die Kreisneuronen angeregt; diese Neuronen erregen einander darüber hinaus gegenseitig: Der Kreis wird erkannt. Wo ein angelegtes Muster dagegen verrauscht (schwarze Felder in der linken Abbildung) ist, werden neben einem Teil der Kreisneuronen zunächst auch weitere Neuronen angeregt.

47 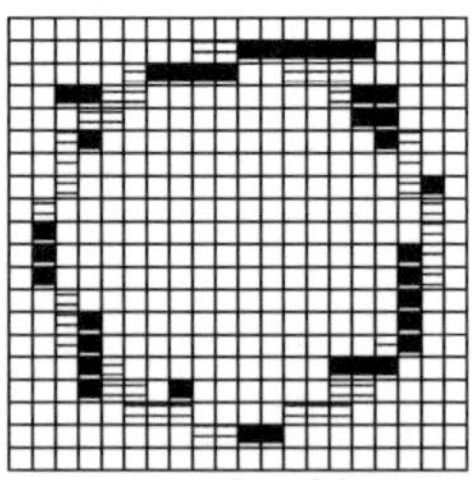

verrauschtes Muster

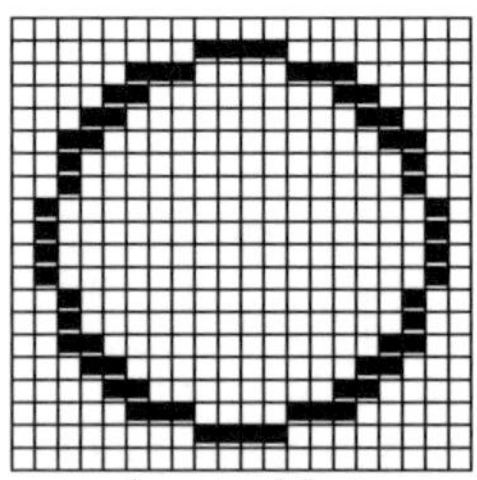

erkanntes Muster

48 Da die angeregten Kreisneuronen aber mit den übrigen Kreisneuronen in erregenden Verbindungen stehen, erreichen auch die zunächst nicht erregten Kreisneuronen ihren Schwellenwert; der unvollständige Kreis wird vervollständigt. Wo der Kreis verbogen ist, werden nach dem gleichen Prinzip die fehlenden Erregungen ergänzt; zugleich werden

überflüssige Erregungen über die hemmenden Verbindungen der Kreisneuronen zu den übrigen Neuronen getilgt. Zudem ziehen die zum überwiegenden Teil ja nicht erregten Neuronen außerhalb des Kreises die überflüssigen Erregungen ›auf ihre Seite‹ und in Richtung auf den Zustand der Nichterregung.

Man kann sich dieses Netz vorstellen wie eine Wachsplatte, in die der Kreis als ein rundes Tal eingeprägt ist; die einzelnen Talpunkte sind dabei sozusagen durch ihre tiefere Lage miteinander verbunden. Streicht man mit einem Pinsel dünnflüssige Farbe nur ungefähr in Form eines Kreises auf die Platte, so läuft die zunächst vielleicht ungenau und unregelmäßig aufgetragene Farbe im Tal zusammen: Die Platte ›erkennt‹ den Kreis; es entsteht ein relativ präzises Bild. In dieselbe Platte könnten durchaus gleichzeitig auch noch weitere Muster, z. B. ein Quadrat und ein Dreieck, eingeprägt sein. Malt man auf diese Platte dann ein verzerrtes Quadrat oder ein unvollständiges Dreieck, so werden auch diese ›erkannt‹; im jeweiligen Tal erscheint nach dem Zusammenlaufen der Farbe ein relativ präzises Quadrat oder ein komplettes Dreieck. 49

Nach diesem Prinzip kann ein Neuronennetz verschiedene Muster also auch dann erkennen, wenn sie unvollständig sind oder Überflüssiges enthalten. Der eingangs erörterte Schluss, dass es sich bei einer Ansammlung bewegter grüner Punkte und braungrauer Flächen um einen Baum handelt, dürfte auf die blitzschnelle und unauffällige Aktivität derartig fehlertoleranter und flexibler Mustererkennungsnetze zurückzuführen sein. Solche ›Baumerkennungsnetze‹ reagieren dann statt auf Kreise, Quadrate oder Dreiecke auf einige *typische* Baumformen, die in den *tatsächlich wahrgenommenen* Formen erkannt werden. Ehe unser Denken sich der Konstellation von Punkten und Flächen überhaupt bewusst wird, hat unser Gehirn bereits das Vorhandensein eines Baumes signalisiert. Ähnlich dürfte die Erkennung ein und desselben Buchstabens in den unterschiedlichsten typographischen Gestaltungsformen funktionieren: Unsere neuronalen Netze abstrahieren von Überflüssigem und ergänzen Fehlendes. 50

Entscheidend in unserem Zusammenhang ist, dass das *einzelne* Neuron, ob es nun eher logische oder eher musterbezogene Aufgaben erfüllt, nichts ›weiß‹ und sich nichts ›denkt‹. Die Kompetenz eines Neuronennetzes ist über das gesamte Netz verteilt; sie verdankt sich allein den Verbindungen der Neuronen und der ausgeklügelten Gewichtung dieser Verbindungen. 51

Woher aber stammen diese Verbindungen? Und wer hat die Gewichtungen ausgeklügelt? Zum Teil ist die Architektur unserer neuronalen Netze mit Sicherheit angeboren: Der Mensch hätte nur geringe Überlebenschancen, wenn er zum Beispiel erst mühsam lernen müss- 52 te, bei Wärme zu schwitzen, bei Kälte zu zittern, bei scharfen Windstößen die Augenlider zu schließen, bei der Berührung heißer Gegenstände zurückzuzucken oder bei unzureichender Nahrungszufuhr Hunger zu empfinden. Zu einem anderen Teil werden die Netze dagegen erst im Laufe unseres Lebens trainiert: Indem wir uns immer wieder mit bestimmten Situationen auseinandersetzen, lernen wir, auf bestimmte Reizkonstellationen in bestimmter Weise zu reagieren – etwa, wenn wir das Laufen oder das Lesen lernen.

53 Allerdings wäre eine allzu scharfe Unterscheidung zwischen angeborenen und erlernten Leistungen unseres Nervensystems irreführend. Wir müssen unser Gehirn als ein komplexes Netz begreifen, das seinerseits aus Netzen besteht, die ihrerseits aus Netzen bestehen und so fort. Ein Teil dieser Nervennetze ist flexibel und lernfähig: Immer, wenn eines dieser plastischen Netze ein bestimmtes Ergebnis errechnet hat, so erhält es von übergeordneten Netzen eine Rückmeldung. War das Ergebnis noch nicht befriedigend, so wird das Netz nach einem ihm eingebauten Lernmechanismus seine Nervenverbindungen und deren Gewichtungen geringfügig ändern. Solche Änderungen wird es schrittweise so lange vornehmen, bis ein befriedigendes Verhalten erreicht ist (vgl. K. Bayer 1997: 431–438).

Zur Vertiefung: W. F. Allman 1993; R. Männer/ R. Lange 1994; K. Bayer 1997

1.2.3 Die Schwächen der Intuition

54 Damit aber ist die Beantwortung der oben gestellten Frage nur verschoben: Wer trainiert die übergeordneten Netze? Woher haben diese ihre Vorgaben? Eben hier zeigt sich, dass angeborene und erlernte Leistungen keineswegs unabhängig voneinander sind: Das Lernverhalten unserer plastischen Nervennetze wird zu einem großen Teil gesteuert und begrenzt durch Hirnteile, die weit weniger plastisch und in ihren Leistungen weitgehend genetisch festgelegt sind. Menschen könnten zweifellos vieles lernen; tatsächlich lernen sie aber überwiegend das, was in einem mehr oder weniger direkten Zusammenhang mit ihren *emotionalen* und *triebhaften* und also angeborenen Strebungen steht. In unserem vielfach vernetzten Gehirn gibt es keine Nervenzelle, die von irgendeiner beliebigen anderen weiter entfernt wäre als nur vier Zwischenschritte (E. Pöppel 1993: 38f.). Deshalb sind alle menschlichen Lernprozesse und Entscheidungen eng verknüpft mit Emotionen, Trieben und lebenserhaltenden Funktionen.

55 Unser Essverhalten zum Beispiel ist zwar kulturell geprägt und durchaus erlernt, – erlernt allerdings unter der Knute verschiedener »angeborener Lehrmeister«, unter anderem einer angeborenen Ten-

denz zur Bevorzugung süßer Speisen. Auch das Klavierspielen lernen wir gewiss nicht ausschließlich wegen eines ihm etwa innewohnenden absoluten Wertes, sondern deshalb, weil es uns zur Befriedigung vitaler Bedürfnisse dient, weil wir zunächst vielleicht unseren Eltern und Geschwistern gefallen möchten und uns von ihnen Zuwendung und mancherlei Belohnungen erhoffen, oder später, weil wir mögliche Sexualpartner beeindrucken wollen. Der Schlager »Man müsste Klavier spielen können; wer Klavier spielt, hat Glück bei den Frau'n« illustriert dies – wenn auch in sehr grob vereinfachender Weise. Beim Bergsteigen oder beim Segeln lehrt uns der Selbsterhaltungstrieb, bestimmte Gefahren zu erkennen und zu meiden. Und noch bis vor wenigen Jahrzehnten lernten Kinder vor allem deshalb lesen, weil allein das Lesen einen Zugang zu den Geheimnissen der Erwachsenenwelt eröffnete (N. Postman 1983).

Der enge Zusammenhang zwischen erlernten und angeborenen 56
Verhaltensmustern ist für unsere Überlegungen zum Schließen und Argumentieren von großer Bedeutung: Einerseits gewährleistet er eine gewisse Solidität und Lebensdienlichkeit alltäglicher Schlussmechanismen. Andererseits gehorchen diese Mechanismen häufig eher unseren Trieben als unserer Erfahrung und bewussten Einsicht. Ob im einzelnen Fall eine durch schlechte Erfahrungen bedingte Angst oder die triebhafte Gier nach Lust die Oberhand gewinnt, ist nicht selten einem gefährlichen Zufall überlassen. Zudem sind die Mechanismen unseres Gehirns im Verlauf unserer evolutionären Entwicklung zu einer Zeit entstanden, in der sich die Lebensbedingungen des Menschen erheblich von den heutigen unterschieden. Während man sich bei einfachen Tätigkeiten wie beim Laufen und Springen durchaus auf Körpergefühl und Intuition verlassen kann, reichen solche unbewussten Mechanismen etwa am Steuer eines modernen Autos nicht mehr aus: Wer sich nicht bewusst machte, dass er nach längerer Fahrt mit einhundertfünfzig Stundenkilometern die Geschwindigkeit nicht mehr angemessen wahrnimmt, und also sein Tempo nicht entsprechend drosselte, würde in der nächsten Autobahnausfahrt leicht aus der Kurve getragen werden. Wer als Arzt fiebernde Patienten grundsätzlich mit Grippemitteln behandelte, hätte bald keine Patienten mehr. Und während die pauschale Ablehnung von Menschen mit fremdartigem Aussehen in einer Stammeskultur einen guten Sinn gehabt haben mag, ist das gleiche Verhalten unter modernen Bedingungen höchst bedenklich.

So nützlich und bis zu einem gewissen Grad auch tragfähig unsere 57
Intuitionen auch sein mögen, – hier wird klar, dass sie der Ergänzung durch bewusste, anhand logischer Maßstäbe überprüfbare Argumentation bedürfen. Zweifellos gibt es fiebernde Grippekranke und gefähr-

liche Ausländer; aber wir müssen zu unserem eigenen Besten erkennen und festhalten, dass die Satzpaare »*Wenn* jemand *Grippe* hat, *dann* hat er *Fieber*« und »*Wenn* jemand *Fieber* hat, *dann* hat er *Grippe*« bzw. »*Einige* Ausländer sind gefährlich« und »*Alle* Ausländer sind gefährlich« jeweils sehr Verschiedenes ausdrücken und nicht auf vage Assoziationen der Begriffe ‹Grippe› und ‹Fieber› bzw. ‹gefährlich› und ‹Ausländer› reduziert werden dürfen.
Zur Vertiefung: E. Pöppel 1993; A. R. Damasio 1997

1.2.4 Kontrolle durch Argumentation

58 Nicht nur unsere unausgesprochenen Intuitionen, sondern auch unsere Alltagsargumente bedürfen gelegentlich kritischer Überprüfung: Wir haben schon gesehen, dass wir uns irren können, wenn wir uns durch bloße Analogien leiten lassen oder wenn wir Argumente allein deshalb akzeptieren, weil sie ästhetisch ansprechend formuliert oder von gutaussehenden Menschen vorgetragen werden. Die Gefährlichkeit von Maximen wie »Wer A sagt, muss auch B sagen« ist offensichtlich.

59 Mitte der sechziger Jahre gaben Mitarbeiter amerikanischer Psychologen sich als Stadtpfleger aus und baten die Hausbesitzer eines Wohnviertels, jeweils eine Postkarte mit dem Text »Keep California Beautiful!« an eines ihrer Fenster zu hängen. Die meisten Hausbesitzer waren dazu gern bereit. Vierzehn Tage später steckten andere Mitarbeiter desselben Psychologenteams sich »Driver Safety«-Buttons an und baten die Hausbesitzer, ein etwa zwei mal zwei Meter großes Schild mit dem Text »Drive Carefully!« in ihren Vorgärten aufzustellen, – ganz offensichtlich eine Zumutung, zumal die Schilder in vielen Fällen die Sicht auf die Straße verdeckten und die vorderen Zimmer regelrecht verdunkelten. Das verblüffende Ergebnis: Wie erwartet war kaum jemand geneigt, sich ein solches Riesenschild in seinen Vorgarten zu pflanzen. Von denjenigen Hausbesitzern aber, die zuvor im Rahmen der »Keep California beautiful«-Kampagne besucht worden waren, erklärten sich 60 Prozent bereit, das Schild aufzustellen! Warum? Weil Menschen tatsächlich eine angeborene Tendenz haben, wenn sie einmal A gesagt haben, auch B zu sagen: Wenn wir uns erst einmal auf einen bestimmten Typ von Handlung eingelassen haben, neigen wir dazu, dem gewählten Programm nun auch weiter zu folgen, auch wenn dieses Programm sich im folgenden als recht unpassend erweist (R. Ornstein 1991: 203f.). Wir fühlen uns verpflichtet, so weiterzumachen, wie wir begonnen haben, reden uns vielleicht mit »Wenn schon, denn schon« weiter in Schwung – und machen schwere Fehler.

Dass unser Gehirn uns in solchen Fällen einen Streich spielt, merken wir oft erst, wenn wir uns unsere Schlüsse bewusst machen, wenn wir sie sprachlich formulieren, sie anderen mündlich mitteilen, sie sogar aufschreiben und sie damit allererst der Kritik zugänglich machen. Möglicherweise fällt uns dann plötzlich auf, dass auf ein Glas Bier nicht notwendig auch das zweite, auf einen Kuss nicht eine Liebesnacht und auf die Anschaffung einer Stereoanlage nicht etwa, ›weil wir schon einmal dabei sind‹, der Kauf eines Autos folgen muss. Indem wir argumentieren, gewinnen wir Abstand von der häufig bewundernswerten und nützlichen, bisweilen aber auch höchst eigenmächtigen Dynamik unseres Gehirns. Aus solchem Abstand können wir bisweilen besser beurteilen, ob wir unseren Intuitionen folgen oder ein energisches Veto einlegen sollten. 60

Schließlich ist zu bedenken, dass nicht nur Lust und Angst, sondern auch soziale Beziehungen unsere Schlüsse beeinflussen. Wenn Menschen, an denen uns liegt, bestimmte Auffassungen vertreten, dann neigen wir dazu, unsere Schlüsse unbewusst so hinzubiegen, dass sie diese Auffassungen stützen. Umgekehrt drängt es uns womöglich, die Schlüsse unliebsamer Personen nicht nachzuvollziehen, selbst wenn sie höchst vernünftig sind. Auch hier kann es gelegentlich helfen, mit unterschiedlichen Personen – also nicht etwa nur mit unseren Freunden! – Argumente auszutauschen, um uns korrigieren zu lassen oder um uns anschließend selbst zu korrigieren. 61

Eine besondere Rolle sollte diese Funktion des Argumentierens in der Wissenschaft spielen. Aus gutem Grund gibt man sich dort nicht damit zufrieden, dass die Ergebnisse wissenschaftlicher Arbeit in Seminaren oder in kleinen Zirkeln gleichgesinnter Kollegen und etwa ausschließlich mündlich vorgetragen werden. Dann bestünde nämlich die Gefahr, dass zum Beispiel Lehrer-Schüler-Beziehungen und freundschaftliche Bindungen notwendige Kritik verhinderten oder umgekehrt vernünftige Ansätze sich wegen gruppeninterner Streitereien nicht durchsetzen könnten. Nur die überregionale Veröffentlichung wissenschaftlicher Arbeiten bietet wenn auch keine Gewähr, so doch eine gewisse Chance dafür, dass Irrtümer und Fehler mit nüchternem Blick erkannt und sachlich kritisiert werden. 62

Unsere knappen Überlegungen zum Verhältnis von Schließen und Argumentieren rechtfertigen gewiss kein überschwängliches Lob des Argumentierens. Wir haben nicht bewiesen, dass Argumente unseren intuitiven Schlüssen stets überlegen sind, und erst recht nicht, dass sie in jedem Fall einen sicheren Weg zur Erkenntnis bieten. Allerdings haben wir einige wenige, aber durchaus stichhaltige Gründe für die Auffassung angeführt, dass wir uns keinesfalls auf das automatische Funktionieren unserer Gehirne allein verlassen dürfen, dass dieses 63 automatische Funktionieren vielmehr häufig auf bewusste Argumentation und auf deren Kontrolle durch Analyse und Kritik dringend angewiesen ist.

Zur Vertiefung: R. Ornstein 1991

1.3 Argumentation und Erkenntnis

64 Haben wir uns am Ende des vorigen Abschnitts trotz aller Einschränkungen möglicherweise doch zu einer allzu optimistischen Sicht hinreißen lassen? Können Argumente denn tatsächlich zur Korrektur unserer Schlüsse dienen? Können sie unser Wissen erweitern? Wenn wir von bekannten Prämissen zu etwas Neuem übergehen, wie gewiss können wir uns dieses Neuen sein? Und woher kommen unsere Prämissen? Haben wir sie nicht möglicherweise ihrerseits zuvor als Konklusionen durchaus fragwürdiger Argumente gewonnen? Gibt es irgendwelche Ankerpunkte, an denen wir das Geflecht unserer Argumente befestigen, von denen ausgehend wir in immer neuen Argumentationsschritten zu sicherer Erkenntnis, um nicht zu sagen: zur Wahrheit gelangen könnten?

65 Antworten auf diese gewichtigen Fragen können hier bestenfalls grob skizziert werden. Wir wollen in mehreren Schritten eine solche Skizze entwerfen und uns dabei verschiedener Bilder und Modelle bedienen, die den philosophischen Fachmann kaum befriedigen werden, die aber immerhin dazu taugen, die Rolle der Argumentation im Zusammenhang menschlicher Erkenntnis verständlich zu machen.

1.3.1 Weltbilder

66 Der Mensch zeichnet sich ebenso wie zahlreiche andere Lebewesen dadurch aus, dass er sein Handeln an einem ›inneren Modell seiner Außenwelt‹ ausrichtet (G. Klaus 1964: 292f.). Wir werden die inneren Modelle, die Menschen von ihrer Außenwelt entwickeln, im folgenden *Weltbilder* nennen.

67 Dass Lebewesen innere Modelle der Außenwelt entwickeln, ist weit weniger selbstverständlich, als es den Anschein hat. Wir neigen dazu, unser *Bild* der Welt für bare Münze zu nehmen und zu glauben, unsere Umwelt sei tatsächlich genau so, wie wir sie sehen, hören, riechen, schmecken und fühlen. In Wirklichkeit sind Innen und Außen aber streng voneinander getrennt. Die Evolution hat mit gutem Grund dafür gesorgt, dass außer Nahrung und Atemluft möglichst nichts in unseren Körper gelangt, und uns so ausgestattet, dass eingedrungene Fremdkörper möglichst schnell zum Beispiel wieder ausgehustet,

ausgeschnäuzt, erbrochen oder durch das Immunsystem des Körpers vernichtet werden. In unser Gehirn, den Ort unseres Weltbildes, dringt die Außenwelt gewiss nicht ein.

Das Gehirn ist bei der Erarbeitung unseres Weltbildes ganz und gar abhängig von seinem eigenen, überwiegend genetisch festgelegten Aufbau und von den Informationen, die unsere Sinne ihm liefern: Fällt Licht in unser Auge, so fließen vom Auge Nervenimpulse zum Gehirn. Registriert unser Ohr Schallwellen, so treffen im Gehirn wiederum Nervenimpulse ein. Auch wenn wir die Oberfläche eines Körpers ertasten, senden die Tastorgane dem Gehirn nur Nervenimpulse. Und in allen Fällen handelt es sich um *die gleiche Art* von Nervenimpulsen: Die Impulse der Sehnerven unterscheiden sich in keiner Weise von denen der Hör- oder Tastnerven. Ob es sich um Gesehenes, Gehörtes oder Ertastetes handelt, erkennt das Gehirn nur daran, dass die entsprechenden Impulse jeweils über ein bestimmtes Nervenbündel an einer ganz bestimmten Stelle eintreffen (G. Roth 1987; K. Bayer 1996: 78ff.). 68

Die Konsequenz ist erschreckend: Die Unmittelbarkeit, mit der wir die Welt zu erleben glauben, ist eine Illusion. Die bunte, bewegte, greifbare, von Gerüchen und Geräuschen durchzogene Welt ist so, wie wir sie erleben, nichts als ein Produkt unseres Gehirns. Unser inneres Modell der Außenwelt ist in der Tat nur eine modellhafte Rekonstruktion und ein höchst unzulängliches Abbild dieser Außenwelt, keinesfalls aber etwa diese Außenwelt selbst! 69

Zur Vertiefung: W. v. O. Quine 1969: 17–24; G. Roth 1987

1.3.2 Gedankenexperiment mit einem Meerestier

Um eine Vorstellung vom grundsätzlichen Aufbau und von der Funktion von Weltbildern zu bekommen, denken wir uns ein radikal vereinfachtes – und in dieser Vereinfachung biologisch völlig unwahrscheinliches! – Meerestier, das mit einer wärmeempfindlichen und einer lichtempfindlichen Zelle ausgestattet ist und seine Nahrung in warmem Wasser an der Wasseroberfläche findet. Denken wir uns weiter, dass Wärmesensor und Lichtsensor über Nervenleitungen mit verschiedenen Nervenzellen verbunden sind. 70

Zunächst beeinflussen Wärmesensor und Lichtsensor gemeinsam eine Nervenzelle, die das Bewegungsverhalten unseres Tieres steuert. Diese Zelle, nennen wir sie Zelle A, enthält eine »Und«-Schaltung, die ein Signal weitergibt, sobald Wassertemperatur und Lichtintensität darauf hindeuten, dass ein Fressplatz erreicht ist. Dieses Signal sorgt dafür, dass das Tier am Fressplatz seine Schwimmbewegungen einstellt, seinen Mund öffnet und mit der Nahrungsaufnahme beginnt. 71

Solange dagegen Lichteinfall oder Temperatur oder beide nicht ausreichen, bewegt sich das Tier auf der Suche nach Nahrung mit geschlossenem Mund weiter durchs Wasser.

72 Stellen wir uns zudem vor, dass das Tier über irgendeine einfache Form der Zeitwahrnehmung verfügt und über eine weitere Nervenzelle B plötzliche Veränderungen der Lichtintensität registrieren kann, die darauf hindeuten, dass sich in der Nähe ein größerer Feind bewegt. Gibt diese Zelle B ein Signal weiter, so ergreift das Tier die Flucht: Es schließt seinen Mund und nimmt seine Schwimmbewegungen wieder auf, auch wenn Zelle A nach wie vor einen günstigen Fressplatz signalisiert. Dazu müssen die Zellen A und B mit den Zellen des Bewegungsapparats so verbunden sein, dass ein Signal der Zelle B unabhängig vom Zustand der Zelle A Bewegungen auslöst.

73 Trotz der offensichtlichen Primitivität unseres Versuchstiers hat es durchaus ein Weltbild: Aufgenommene Reize werden als Nervenimpulse weitergeleitet und durch neuronale Schaltungen interpretiert, die das Verhalten des Tieres steuern. Wir können die Leistungen der Zellen A und B als rudimentäre Begriffe auffassen: Zelle A repräsentiert den Begriff ‹Fressplatz›, Zelle B den Begriff ‹Feind›. In beiden Fällen handelt es sich um die Zusammenfassung von Reizen zu – für unser Tier – bedeutungsvollen Mustern. Wir können das Weltbild des Tieres sogar versuchsweise und gewiss unangemessen wortreich in unsere Sprache übersetzen:

74
- Es gibt Fressplätze und es gibt Feinde.
- Wenn es dunkel und/ oder kalt ist, dann bin ich nicht an einem Fressplatz; dann muss ich Schwimmbewegungen machen.
- Wenn es hell und warm ist, dann bin ich am Fressplatz; dann muss ich aufhören zu schwimmen und fressen.
- Wenn es plötzlich heller oder dunkler wird, dann ist ein Feind in der Nähe; dann muss ich in jedem Fall Schwimmbewegungen machen, selbst wenn ich mich am Fressplatz befinde.

Zur Vertiefung: V. Braitenberg 1993

1.3.3 Die Konstruiertheit und Relativität von Weltbildern

75 Die großen Unterschiede zwischen unserem nur gedachten Meerestier und höheren Lebewesen, darunter dem Menschen, sollen hier keinen Augenblick verwischt werden: Höhere Lebewesen sind mit millionenfach komplexeren Sinnesorganen und Nervensystemen, darüber hinaus mit Emotionen und zum Teil auch mit unterschiedlichen Graden von Bewusstsein ausgestattet. Zudem sind sie mehr oder weniger lernfähig, während wir uns das Nervensystem unseres Meerestieres genetisch ganz und gar festgelegt denken. Dennoch gibt es auch Gemeinsamkeiten der jeweiligen Weltbilder: Auch höhere Lebewesen

haben – wie oben schon erläutert – keinen direkten Zugang zur Welt; dieser Zugang ist vielmehr stets durch ihre mehr oder weniger leistungsfähigen und komplexen Sinnesorgane und Nervensysteme vermittelt.

Insbesondere haben auch höhere Lebewesen keinen direkten Zugang zu sogenannten Objekten in der Außenwelt. Welche eintreffen- 76
den Reize durch entsprechende Begriffe zu bedeutungsvollen Reizmustern zusammengefasst werden, hängt wesentlich von der evolutionär entstandenen Struktur der jeweiligen Sinnesorgane und Nervensysteme, von den elementaren Lebensinteressen und von der stets begrenzten Lernerfahrung der Lebewesen ab, keinesfalls aber ausschließlich oder auch nur in erster Linie von einer wie immer gearteten ›wahren Struktur der Außenwelt‹. Die ›wahre Struktur der Außenwelt‹ ist keinem Lebewesen und also auch keinem Menschen zugänglich. Es gibt deshalb keine sicheren Ankerpunkte, von denen unsere Erkenntnis ihren Ausgang nehmen könnte.

Die im Zusammenhang unserer Überlegungen wichtigste Gemein- 77
samkeit zwischen anderen Lebewesen und dem Menschen besteht darin, dass beim Aufbau der Weltbilder *Schlüsse* eine zentrale Rolle spielen: Bereits das simple Nervensystem unseres Meerestiers *schließt* aus Licht und Wärme ganz unbewusst und automatisch auf den Fressplatz und aus schnellen Lichtveränderungen auf die Nähe eines Feindes; es *schließt* aus der bereits ihrerseits *erschlossenen* Nähe eines Feindes auf die Notwendigkeit einer Flucht. Ebenso *schließt* auch der Mensch aus der Kombination gewisser Reize auf das Vorhandensein eines Objektes, etwa aus den schon erwähnten grünen Punkten und braungrauen Flächen auf das Vorhandensein eines Baumes und aus diesem wiederum auf eine Möglichkeit, Schutz vor Sonne oder Regen zu suchen.

Wie unzugänglich uns die ›wahre Struktur der Außenwelt‹ ist, wie 78
sehr wir vom Bau unserer Sinnesorgane und unseres Gehirns abhängig sind, können wir uns an einem weiteren Gedankenexperiment klarmachen, indem wir versuchen, uns die Weltbilder anderer Lebewesen vorzustellen: Gleicht das Weltbild des Hundes dem des Menschen, nur dass Hunde eben etwas ›dümmer‹ sind als Menschen, andere Frequenzen hören und besser riechen können? Sehen Vögel, deren Augen ultraviolettes Licht registrieren können, nur einfach ein bisschen mehr als der Mensch? Interpretieren Fledermäuse, die sich nachts mit Hilfe von Ultraschallsignalen orientieren, ihre Umwelt etwa als ›mit Ultraschall durchsichtig gemachte Dunkelheit‹ – oder doch eher auf eine ganz eigene, für uns nicht vorstellbare Weise? Welche Raum- und Bewegungswahrnehmungen haben Fische oder Vögel? Spielt für Vögel die Erdoberfläche eine ähnliche Rolle wie für Menschen? Kön-

nen Fische etwa darunter leiden, dass sie niemals ›festen Boden unter den Flossen‹ haben? Haben Fische irgendeinen Begriff von der Welt oberhalb der Wasseroberfläche?

79 Und was sähe ein Lebewesen, dem man das im vorigen Abschnitt skizzierte zweidimensionale Mustererkennungsnetz eingesetzt hätte, wenn man ihm statt eines aus Draht gebogenen zweidimensionalen Kreises eine dreidimensionale Kugel anböte? Ähnlich geht es dem Menschen, wenn er zu begreifen versucht, dass nach der speziellen Relativitätstheorie der Gang einer bewegten Uhr für den ruhenden Beobachter langsamer ist als für einen Beobachter, der sich mit der Uhr bewegt.

80 Noch verwirrender ist die Frage nach der Wirklichkeit der Objekte. Die Reize, die uns unsere Sinnesorgane liefern, sind bereits das Ergebnis einer rigorosen Auswahl aus der Gesamtheit der theoretisch wahrnehmbaren Reize: Wir sehen nun einmal kein ultraviolettes Licht, wir hören keinen Ultraschall, wir riechen nicht, was ein Hund riecht, und wir können uns nicht wie manche Zugvögel mit Hilfe des Erdmagnetismus orientieren. Trotz dieser Reduktion sind die in unserem Gehirn eintreffenden Reize immer noch viel zu zahlreich, als dass wir sie je angemessen verarbeiten könnten. Deshalb fasst unser Gehirn jeweils viele Reize zu Objekten zusammen. Eine anders kaum zu bewältigende Zahl von Lichtpunkten wird zu einem Objekt ›Baum‹, andere Lichtreize werden mit bestimmten akustischen Reizen etwa zu einem Objekt ›sprechender Mensch‹ zusammengefasst. Untergeordnete Nervennetze erkennen solche Muster und melden an höhere Netze nicht mehr die Fülle der Reize, sondern nur noch das Vorhandensein der Muster weiter.

81 Dass unser Gehirn jene Objekte, die uns im Alltag ganz selbstverständlich ›da‹ zu sein scheinen, nicht einfach vorfindet, sondern durch intensive Verarbeitung selbst konstruiert, wird vor allem in der zeitlichen Betrachtung deutlich: Der Baum vor meinem Fenster sieht jetzt im Frühling ganz anders aus als noch vor wenigen Wochen; und es mag durchaus sinnvoll und nützlich sein, hier trotzdem ein und dasselbe Objekt anzunehmen; aber dabei handelt es sich eben um eine durch die Anwendung vieler Muster und durch zahlreiche Denkprozesse gestützte Hypothese und nicht etwa um eine selbstverständliche Abbildung der ›wahren Struktur der Außenwelt‹ – wie immer diese aussehen mag. Lange bevor wir uns einer Wahrnehmung bewusst werden, abstrahieren untergeordnete Nervennetze von ›unwesentlichen‹ Sinnesreizen und ergänzen ›fehlende‹. Was aber ›unwesentlich‹ ist und was ›fehlt‹, bemisst sich an teils genetisch festgelegten, teils gelernten Mustern, die wir selbst anlegen, an Schablonen, mit denen wir selbst unsere Wahrnehmung steuern. Es ist deshalb durchaus kor-

rekt zu sagen, die Welt habe ihren Ursprung in unserem Gehirn (E. Pöppel 1993).

Hier kann man einwenden, allzu schlecht könne es mit unseren Hypothesen über die Außenwelt und die in ihr vorkommenden Objekte ja wohl kaum stehen: Wir pflanzen Bäume, wir beobachten sie Jahr für Jahr durch die verschiedenen Jahreszeiten und ernten ihre Früchte. Wir treffen andere Menschen und gehen mit ihnen bisweilen langfristige Bindungen und Kooperationen ein. Wir bauen mit Erfolg Häuser, Brücken und komplexe Maschinen. Wir erwarten, dass unsere Bäume Früchte tragen, dass unsere Partner Verabredungen einhalten und unsere Maschinen funktionieren, – und unsere Erwartungen werden in vielen Fällen erfüllt. 82

Dies alles zeigt aber nur, dass einige unserer Annahmen über die Außenwelt insoweit brauchbar sind, als sie zu unserer Orientierung taugen. Es hat sich im Laufe der Evolution unseres Gehirns, unserer Kulturen und unserer Sprachen für den Menschen als nützlich erwiesen, Mitmenschen, Bäume, Häuser, Vögel und viele andere Dinge als Objekte zu identifizieren. Annahmen wie die, es gebe geflügelte Pferde, Einhörner oder Heinzelmännchen, mögen im Rahmen anderer Weltbilder durchaus nützlich sein, in den Weltbildern der meisten modernen Menschen dürften sie dagegen keine Rolle spielen. Für nichtmenschliche Lebewesen mag es in ihren andersartigen Lebenszusammenhängen sinnvoller sein, ganz andere Reize zu Objekten zusammenzufassen: Vögel werden Winde oder Luftwirbel möglicherweise ebenso als Objekte auffassen wie wir Menschen Hügel und Berge. 83

Irgendeine Art von letzter Sicherheit lässt sich aus dieser vorläufigen Brauchbarkeit bestimmter Annahmen für bestimmte Lebewesen aber nicht ableiten. Hinsichtlich unserer Erkenntnis gleichen wir einem Kapitän, der mit seinem Schiff eine gefährliche, unbekannte Meerenge durchfährt. Läuft er auf ein Riff, so hat er Gewissheit, dass der gewählte Kurs falsch war. Durchfährt er die Meerenge ohne Schiffbruch, so weiß er, dass sein Kurs nicht falsch war, ohne dass er deshalb wüsste, wie dort der Meeresboden im einzelnen beschaffen ist (P. Watzlawick 1985: 14f.; E. v. Glasersfeld 1985). 84

Dennoch wäre es wenig sinnvoll, die Unvollständigkeit unserer Weltbilder zu beklagen und uns in die Position eines alles wahrnehmenden, allwissenden Gottes zu wünschen: Die Weltbildapparaturen begrenzter, sterblicher Lebewesen sind im Laufe der Evolution auf Sparsamkeit hin ausgelesen; unsere inneren Modelle sollen so ökonomisch wie möglich gerade diejenigen Merkmale der Außenwelt abbilden, die für unser Leben und Überleben von Bedeutung sind. Diese Reduktion birgt im einzelnen große Gefahren, – etwa weil dem mo- 85 dernen Menschen Wahrnehmungsmöglichkeiten für Gifte, Strahlungen und Geschwindigkeiten fehlen, die in unserer evolutionären Vergangenheit überflüssig gewesen wären und sich deshalb nicht entwickelt haben. Grundsätzlich aber liegt der Nutzen von Weltbildern gerade in der Reduktion der vielfältigen Dimensionen und Reize der Außenwelt auf das jeweils Brauchbare. Über göttliche Vernunft ist hier nicht zu spekulieren; die Vernunft der Lebewesen aber verdankt sich der Fähigkeit zur Abstraktion, der Fähigkeit also, von Einzelheiten abzusehen und nur mit dem wenigen jeweils Bedeutsamen zu rechnen.

Zur Vertiefung: P. L. Berger/ Th. Luckmann 1970; E. v. Glasersfeld 1985; H. v. Foerster 1985; G. Roth 1987; K. Bayer 2004

1.3.4 Verallgemeinerungen und Voraussagen

86 Bereits bei elementaren Wahrnehmungsschritten können wir also auf Schlüsse nicht verzichten. Unser Nervensystem *schließt* aus dem Eintreffen an sich durchaus mehrdeutiger Sinnesreize auf die Anwendbarkeit bestimmter Muster; wir *konstruieren* Objekte, deren Annahme für uns Menschen meist sinnvoll, aber gewiss nicht in irgendeinem Sinne ›absolut richtig‹ ist.

87 Nun bestehen unsere Weltbilder aber keineswegs aus bloßen Aufzählungen von Objekten. Vielmehr fassen wir die angenommenen Objekte zu offenen Klassen zusammen und registrieren Beziehungen zwischen Objekten und Objektklassen. Wie das Meerestier aus unserem Gedankenexperiment, das Fressplätze sucht und vor Feinden flieht, verknüpfen wir zudem bestimmte Objektklassen mit bestimmten Handlungsmustern, indem wir zum Beispiel festlegen, dass wir Fliegenpilze und Knollenblätterpilze keinesfalls verzehren dürfen. Noch bevor wir diese Verknüpfung vornehmen, müssen wir eine Verallgemeinerung vorgenommen haben: Aus der Beobachtung, dass bisherige Exemplare der genannten Pilze sich stets als giftig erwiesen haben, *schließen* wir, dass *alle* Exemplare giftig sind. Aus der Beobachtung einzelner kletternder Katzen *schließen* wir, dass *alle* Katzen klettern können. Aus der Erfahrung mit dem Tod aller bisher gestorbenen Menschen *schließen* wir, dass *alle* Menschen sterblich sind.

88 Erst solche Verallgemeinerungen machen unsere Weltbilder leistungsfähig. Denn die Evolution hat uns mit Weltbildern nicht in erster Linie ausgestattet, damit wir uns auf zweckfreie Beschreibungen unserer Umwelt und schöngeistige philosophische Betrachtungen einlassen: Weltbilder dienen zunächst und vor allem der Orientierung unseres Handelns. Wenn wir etwa eine bestimmte Kombination optischer Reize registrieren, so werden wir das wahrgenommene Objekt in eine

unserer Objektklassen, zum Beispiel in die Klasse der Fliegenpilze, einordnen. Steht dann bereits eine allgemeine Aussage über diese Klasse und also über alle Fliegenpilze zur Verfügung, dann können wir nach dem Schlussschema

Alle Fliegenpilze sind giftig
Dieser Pilz ist ein Fliegenpilz
↓ Dieser Pilz ist giftig

unser aktuelles Weltbild um eine wichtige und für unser weiteres Handeln höchst bedeutsame Einzelinformation erweitern. Wir nutzen unsere Weltbilder täglich hundertfach zu derartigen handlungsorientierten **Voraussagen**: Wir schließen aus unseren verallgemeinerten Erfahrungen auf das zu erwartende Wetter, auf das Verhalten anderer Menschen, auf den Verlauf einer Krankheit, auf die Bekömmlichkeit einer Speise oder auch einfach auf das voraussichtliche Verhalten eines dünnen Nagels, den wir in eine harte Wand schlagen wollen. Solchen Schlüssen liegen sämtlich – mehr oder weniger tragfähige – Verallgemeinerungen zugrunde wie

- Wenn von Westen dunkle Wolken aufziehen, gibt es Regen. 89
- Leistungsschwache Studenten sind weniger selbstkritisch als gute.
- Jeder Schnupfen dauert mindestens neun Tage.
- Dünne Nägel verbiegen sich, wenn sie in eine harte Wand geschlagen werden.
- Fette Erbsensuppe ist schwerverdaulich.

Voraussagen auf der Grundlage solcher und vieler anderer Verallgemeinerungen versetzen uns in die Lage, mit Hilfe weiterer Schlüsse verschiedene Handlungsmöglichkeiten durchzuspielen und sinnvolle Entscheidungen zu treffen: Angesichts drohenden Regens greifen wir zum Schirm oder verschieben unsere Besorgung. Wir bemühen uns, gerade leistungsschwache Studenten besonders sorgfältig zu beraten. Wir treffen angesichts unseres Schnupfens für die nächsten zehn Tage keine Verabredung zum Segeln oder Windsurfen. Wir verzichten auf den Versuch, einen Nagel einzuschlagen und wählen statt dessen eine Schraube und einen Dübel. Wir essen statt der Erbsensuppe einen Salat oder wissen anderenfalls abends doch immerhin, warum wir Magenschmerzen haben. 90

1.3.5 Erklärungen

Am letzten Beispiel zeigt sich eine weitere Funktion unserer Weltbilder: Sie erlauben nicht nur vorauszusagen, was zukünftig geschehen wird; sie erlauben darüber hinaus, **Erklärungen** für vergangene Ereignisse zu geben (E. Lang 1976; K. Bayer 1981). Gerade wenn wir unsere Erfahrungen verallgemeinern und für Voraussagen nutzen 91 wollen, müssen wir jeweils in der Rückschau verstehen, warum sich bestimmte Dinge so und nicht anders ereignet haben.

92 Menschen haben ein starkes Bedürfnis, sich die Geschehnisse in ihrer Umgebung zu erklären. In den meisten Fällen arbeitet unsere Erklärungsmaschinerie unauffällig im Hintergrund. Wenn ein Auto fährt, wenn eine Amsel singt oder wenn eine Knospe sich zur Blüte öffnet, dann hält unser Weltbild bereits entsprechende Verallgemeinerungen bereit; wir wissen, dass Autos an uns vorbeifahren, Amseln singen und Knospen aufgehen. In solchen Fällen ziehen wir routiniert und unbewusst einen Schluss, mit dem wir eine Beziehung zwischen unserem allgemeinen Wissen und dem besonderen Ereignis herstellen:

Autos fahren
Dieses Objekt ist ein Auto
↓ Dieses Objekt fährt

93 Ganz allgemein bestehen Erklärungen in einem Schluss oder einem Argument, mit dem wir ein Ereignis (hier: »Dieses Objekt fährt«) aus mindestens einer allgemeinen *Gesetzesaussage* (hier: »Autos fahren«) und mindestens einer Aussage über seine besonderen Voraussetzungen, die sogenannten *Randbedingungen* (hier: »Dieses Objekt ist ein Auto«), ableiten. Die Ähnlichkeit zwischen Voraussagen und Erklärungen ist offensichtlich: Erklärungen sind eine Art ›nachträglicher Prognosen‹ vergangener Ereignisse.

94 Wie wichtig solche Erklärungen keineswegs nur in der Wissenschaft, sondern auch in beliebigen Alltagssituationen sind, zeigt sich, wenn wir uns etwas *nicht* erklären können. Immer wieder einmal führen zum Beispiel ungewöhnliche Lichterscheinungen am Nachthimmel zu großer Aufregung. Meist gehen dann bei Polizei, Feuerwehr und Funkhäusern beunruhigte Anrufe ein, Foto- und Videoamateure stellen Bilder zur Verfügung und Experten werden befragt. Meistens gelingt es nach einigen Tagen, die Erscheinung z. B. auf ein im Wolkendunst fliegendes Flugzeug oder auf den Laserstrahl einer Diskothek zurückzuführen. UFO-Gläubige werden solche Erklärungen zwar meist nicht akzeptieren, sich die Erscheinung aber ihrerseits durchaus ebenfalls erklären: etwa als ein Raumschiff neugieriger Außerirdischer.

95 Bei Alltagserklärungen ist es – anders als in der Wissenschaft – nicht entscheidend, ob die jeweilige Erklärung stichhaltig ist und kritischer Prüfung standhält. Häufig geben wir uns mit vagen Assoziationen und Analogien oder mit den Aussagen irgendwelcher Autoritäten zufrieden. Es kommt zunächst nur darauf an, dass wir die Ereignisse mit unserem Weltbild in Einklang bringen, indem wir sie ›nachträglich voraussagen‹. Dagegen beunruhigen uns unerklärliche Ereignisse deshalb, weil sie unser Weltbild in Frage stellen; sie de-

monstrieren uns, dass jenes innere Modell der Außenwelt, auf das wir in unserem Handeln jeden Augenblick dringend angewiesen sind, unvollständig ist oder Fehler enthält.

Unerklärliches ist nicht etwa erst für den naturwissenschaftlichen Denkstil der Moderne unerträglich. Schon seit Jahrtausenden erweitern menschliche Kulturen ihre Weltbilder durch Mythen, Sagen, Märchen und philosophische Systeme mit dem Ziel, sich die Ereignisse in ihrer Umwelt zu erklären. Zum Beispiel schrieb man in zahlreichen alten Kulturen die Entstehung der Welt einer Zeugung durch ein Urelternpaar zu; der männliche Partner, meistens der Himmel, habe den weiblichen, in der Regel die Erde, durch Regen oder Tau befruchtet (E. Topitsch 1972: 19). Durch solche Vorstellungen führte man die zunächst irritierend unerklärliche Existenz der Welt auf beruhigend Bekanntes zurück (K. Bayer 2004: 12–20). 96

Man kann hier einwenden, dass für jeden von uns bestimmte Dinge und Ereignisse unerklärlich seien und dass wir dies durchaus akzeptieren. Und zweifellos gehen Millionen von Menschen mit Computern um, ohne deren Funktionsweise zu verstehen; zweifellos kennen wir die Mechanismen, die eine Blume zum Blühen bringen, nicht im einzelnen; die meisten Menschen wissen zudem weder, warum Zahnpasta gelegentlich buntgestreift aus der Tube quillt, noch, warum sich gerade im Herbst häufig Nebel bildet. Mit diesen Erscheinungen haben wir uns abgefunden – vor allem wohl deshalb, weil ihre Unerklärlichkeit unser Weltbild nicht zu erschüttern vermag oder weil wir darauf vertrauen, dass Experten uns die notwendigen Erklärungen im Notfall nachliefern könnten. Sähen wir dagegen eine Nachbarin mit ausgebreiteten Armen und wild flatterndem Rock hoch über der Straße auf uns zuschweben oder säße plötzlich unsere verstorbene Großmutter neben uns am Tisch, so würden wir nach dem ersten Schock umgehend versuchen, Erklärungen für die verblüffenden Erscheinungen zu finden. 97

In dem Roman »Maria Schnee« von Eckhard Henscheid trifft der Reisende Hermann in der Pensionsgaststätte Hubmeier ein. Der Erzähler protokolliert die Schlüsse, mit denen Hermann sich erklärt, was ihm in der Gaststätte begegnet: 98

> (…) Der Hausflur war schön kühl, aber schon hier stellte sich die Gaststätte allerdings auch als eine Metzgerei heraus, denn die rechte Tür im Hausgang führte in die Gaststube, die linke freilich in die Metzgereiabteilung, beides stand auf jeweils einem Emailschildchen zu lesen. Der Hausflur war leer, und tatsächlich roch es von links kommend nach allerlei Wurst und Fleisch. (…) unbefangen öffnete Hermann die Tür zur Gaststube und glitt hinein. Ein Gast in Fensternähe streckte sofort nach Hermann hin seinen zur Faust ge-

ballten Arm aus. Aber das war wohl nur ein Zufall. (...) Zwei nicht mehr junge Frauen lachten fast gemeinsam auf, aber gewiss nicht über Hermann, ihn. (...) Nach hinten zu (...) endete die Gaststube mit (...) einer Art Bretterwandverschlag (...). Anziehend kam von dorther schon ein Duft, vielleicht von einer angebratenen Wurst. Jetzt erst ersah Hermann die alte Frau unter dem Ofenrohr. (...) Der Mund stand ihr halboffen, viel sprach dafür, dass sie ein bisschen schlief. (...) Hermann gewann schon bald den Eindruck, dass die alte Frau zum Personal, zum Hausbestand gehörte. (...) Gewiss war es eine Angehörige, vielleicht handelte es sich um die Großmutter. (...) Hinter dem Büfett hervortretend, kam ein Hund auf Hermann zugetrottet. Es war ein sicherlich sehr alter (...) Spitz. (...) Einer der Männer am Rundtisch besaß lustig funkelnde Augen und dazu riesige buschige Brauen. Hermann gewann den Eindruck, er wollte beide Frauen mit etwas foppen. Gutgelaunt stieß er seinen Nachbarn in die Seite. Dieser hustete, es war nicht ganz klar, ob im Spaß oder im Ernst. (...) hatte der Hund an das Holz der Eingangstür gekratzt, die Großmutter sah es und drückte ihm die Klinke nieder, mit seiner Schnauze öffnete der Spitz die angelehnte Türe und verschwand dann bis auf weiteres. (...) Rechts seitlich über dem Rundtisch (...) hing gleich neben dem Kruzifix im dicken schwarzen Rahmen eine große und wohl schon ältere Photographie. Sie zeigte einen schicklich gesetzten Mann mit durchaus stolzem Blick. Es mochte sich um den Gründer oder den jetzigen Besitzer handeln. (Eckhard Henscheid: *Maria Schnee.* Zürich: Haffmanns 1992. 5–14)

99 Henscheids Text ist insofern ungewöhnlich und in unserem Zusammenhang aufschlussreich, als er normalerweise unauffällige und höchstens halbbewusste Erklärungsaktivitäten sorgfältig sichtbar macht. Auffällig werden derartige Aktivitäten dagegen in aller Regel bei Kindern. Im sogenannten Fragealter entdecken sie ihr eigenes Weltbild als Erklärungsmechanismus; sie sind von Tag zu Tag weniger bereit, Dinge in ihrer Umwelt unverstanden zu akzeptieren; deshalb bitten sie Eltern und Erzieher immer wieder teils ernsthaft, teils in spielerischer Übertreibung um Erklärungshilfe. Später helfen sie sich mehr und mehr auch selbst, indem sie die unvertrauten Erscheinungen aus vertrauten ableiten:

100 FRAN (9 Jahre): »Wie ist der Mond? – *Ganz rund.* – Immer? – *Nein, manchmal ist er nur die Hälfte.* – Warum nur die Hälfte? – *Weil man ihn manchmal zerschnitten hat.* (...)« (J. Piaget 1978: 225)

101 MART (9;5): »Warum gibt es den Halbmond? – *Es ist nur die Hälfte da, der Wind hat ihn geteilt.* (...)« (J. Piaget 1978: 226)

102 LUG (12;3): »Wie ist der Mond? – *Rund.* – Immer? – *Nein.* – Wie auch noch? – *Er ist mitten entzweigeschnitten. Gegen Abend zu ist er rund, und*

am Tag ist er mitten entzweigeschnitten. – Warum? – *Weil es hell ist.* – Wo ist die andere Hälfte? – *Sie ist weggegangen.* – Wohin? – *In ein anderes Land, wo Nacht ist.* (...)« (J. Piaget 1978: 227)

Zur Vertiefung: W. Stegmüller 1969; E. Lang 1976; J. Piaget 1978; K. Bayer 1981

1.3.6 Induktion und Deduktion

Wir können Weltbilder als innere Modelle der Außenwelt nur entwickeln und anwenden, wenn wir in jedem Augenblick Schlüsse ziehen. 103
Wir schließen aus den Eigenschaften einiger weniger untersuchter Objekte auf die Eigenschaften aller Objekte einer bestimmten Klasse. Wir nutzen solche Verallgemeinerungen zu Voraussagen und Erklärungen. Und wir haben bereits gesehen, dass uns nicht einmal die scheinbar so selbstverständlichen Objekte unserer Wahrnehmung einfach gegeben sind; wir können selbst elementare Objekte erst mit Hilfe verallgemeinerter Schemata etwa vom Typ

Immer wenn Stamm, Äste, Zweige und Blätter, dann Baum

erschließen. Dabei stützen wir uns auf zwei sehr verschiedene Arten von Schlüssen (W. C. Salmon 1983: 33–40). Zum einen verwenden wir anscheinend Schlüsse wie

Als Otto Grippe hatte, hatte er Fieber
Als Natalie Grippe hatte, hatte sie Fieber
Als Daniel Grippe hatte, hatte er Fieber
Als ich Grippe hatte, hatte ich Fieber
...
↓ Also gilt: Wer Grippe hat, hat Fieber

um zu Verallgemeinerungen zu gelangen. Das charakteristische Merkmal dieser und einiger ähnlicher sogenannter **induktiver** Schlüsse ist, dass *die Prämissen die Wahrheit der Konklusion keineswegs garantieren, sondern nur mehr oder weniger wahrscheinlich machen*, und dass *ihre Konklusion etwas besagt, was in den Prämissen nicht enthalten ist.* Wir haben weiter oben schon einmal erörtert, dass zwar in der Tat viele, wenn nicht die meisten Grippekranken Fieber haben, dass wir daraus aber nicht ohne weiteres ableiten können, dass Grippe in allen Fällen mit Fieber verbunden ist. Die Verallgemeinerung, die wir hier vornehmen, ist durchaus riskant.

Zum anderen verwenden wir Schlüsse, wenn wir im Zusammenhang von Voraussagen oder Erklärungen aus unseren allgemeinen 104
Sätzen spezielle ableiten:

Alle Fliegenpilze sind giftig
Dieser Pilz ist ein Fliegenpilz
↓ Dieser Pilz ist giftig

Charakteristisch für diese sogenannten **deduktiven** Schlüsse ist, dass *die Wahrheit der Prämissen die Wahrheit der Konklusion garantiert.* Diese an sich erfreuliche Sicherheit wird jedoch dadurch erkauft, dass *die Konklusion nichts besagt, was nicht schon, wenigstens implizit, in den Prämissen enthalten gewesen wäre.* Wer weiß, dass alle Fliegenpilze giftig sind und dass er einen Fliegenpilz vor sich hat, der weiß implizit bereits auch, dass dieser Fliegenpilz giftig ist. Es ist häufig trotzdem sehr nützlich, in dieser Weise allgemeines Wissen auf eine besondere Situation anzuwenden; wir *nutzen* dann unser Wissen, aber wir *erweitern* es *in keiner Weise.*

105 Dieses Ergebnis ist beunruhigend. Die induktiven Schlüsse, auf die wir unsere Verallgemeinerungen offenbar stützen, sind durchaus unsicher und unzuverlässig. Die deduktiven Schlüsse, die in unsere Voraussagen und Erklärungen eingehen, sind dagegen zwar sicher, ermöglichen aber keinen Wissenszuwachs. Zudem sind deduktive Schlüsse stets angewiesen auf allgemeine Prämissen, die wir als Konklusionen induktiver Schlüsse gewonnen haben. Insofern überträgt sich die Unzuverlässigkeit der induktiven unvermeidlich auf die deduktiven Schlüsse. Denn deduktive Schlüsse garantieren zwar *bei wahren Prämissen* die Wahrheit der Konklusion; aber sie garantieren *keineswegs*, dass die Prämissen auch *tatsächlich wahr sind.* Die Prämissen müssen sich vielmehr als Konklusionen anderer Schlüsse ergeben, und dies sind für alle allgemeinen Prämissen unvermeidlich unsichere induktive Schlüsse. Unsere Erkenntnis steht auf tönernen Füßen: Wie wir weiter oben festgestellt haben, fehlen uns Ankerpunkte, an denen wir unsere Erkenntnis fest mit der Außenwelt verknüpfen könnten. Darüber hinaus erweisen sich nun die Schlüsse, mit denen wir unsere Weltbilder anwenden und erweitern, als durch und durch unzuverlässig.

Zur Vertiefung: W. Stegmüller 1975a; W. C. Salmon 1983: 33–40

1.3.7 Der hypothetisch-deduktive Charakter menschlicher Erkenntnis

106 Gibt es Auswege aus diesem Dilemma? Im Laufe der Geschichte hat man immer wieder versucht, ein sicheres Fundament der Erkenntnis in übernatürlichen *Offenbarungen* zu suchen (H. Albert 1968: 15–21; K. Bayer 2004: 14f.). Solche Offenbarungen machen allerdings in der Regel Schwierigkeiten: Einerseits muss festgelegt werden, welche Orakelsprüche oder Buchtexte überhaupt als geoffenbart zu gelten haben; und andererseits muss die Offenbarung immer wieder neu interpretiert und auf die aktuellen Verhältnisse angewandt werden. Um hier eine gewisse Einheitlichkeit herzustellen, entscheiden meist

angeblich unfehlbare, mit einem Interpretationsmonopol und entsprechenden Machtmitteln ausgestattete Autoritäten wie zum Beispiel der Papst der katholischen Kirche, was jeweils als wahr zu gelten hat und geglaubt werden soll. Dieses autoritär-dogmatische Erkenntnismodell ist für viele Menschen heute nicht mehr akzeptabel, vor allem weil es die freie Auseinandersetzung mit Sach- und Normfragen erschwert, wenn nicht gar unterdrückt.

Einen anderen Ausweg böte ein Intellektualismus, der annimmt, die menschliche Vernunft könne auch ohne Zuhilfenahme der Sinne, durch bloße *Intuition* einen unmittelbaren Zugang zu allgemeinen Wahrheiten erlangen, aus denen sich anschließend alle konkreteren Aussagen deduktiv erschließen ließen. Wir haben aber bereits gesehen, dass Intuition zwar durchaus hilfreich sein kann, als einziges Erkenntnisinstrument aber gewiss nicht taugt. 107

Wenn aber, wie der letzte Abschnitt ergeben hat, schließlich auch die *Induktion* nicht zu verlässlichen Verallgemeinerungen und also nicht zu sicheren Wahrheiten führt, wie steht es dann um die menschliche Erkenntnis? Vieles spricht dafür, dass die Induktion bei der Konstruktion unserer Weltbilder tatsächlich eine weit geringere Rolle spielt, als wir auf den letzten Seiten vorausgesetzt haben (H. Albert 1968: 21ff.). Die Verallgemeinerungen, die wir unseren Erklärungen und Prognosen zugrunde legen, entspringen in vielen Fällen nicht wohlüberlegten induktiven Schlüssen und nicht der Intuition, sondern eher plötzlichen Eingebungen, sogenannten ›guten Ideen‹, kreativen Einfällen, Tagträumen oder, wie im Fall des oben erwähnten Physikers Dirac, ästhetischem Empfinden. Wenn uns der Lieblingsapfelkuchen mehrere Male nacheinander misslungen ist, werden wir in der Regel nicht unser Gedächtnis zermartern, um uns pedantisch an Einzelheiten der Zubereitung zu erinnern, sondern zunächst einmal unbefangen Fragen stellen: »Habe ich bei den letzten Kuchen eine andere Mehlsorte verwendet? Könnte der Backofen nicht richtig funktioniert haben? Waren die Eier nicht frisch? Haben die Äpfel ungewöhnlich viel Feuchtigkeit abgegeben? Habe ich trotz aller Sorgfalt den Teig nicht lange genug durchgerührt? War die Form nicht ausreichend gefettet?« Erst nachdem wir auf diese Weise verschiedene Vermutungen angestellt haben, gehen wir ihnen nach; vielleicht schalten wir dann den Backofen ein, um den Umluftventilator zu prüfen; oder wir wählen beim nächsten Mal eine andere Apfelsorte und stellen fest, dass mit den neuen Äpfeln der Kuchen wieder gelingt. 108

Nicht anders verfährt die Wissenschaft: Als – um ein immer wieder zitiertes Beispiel aufzugreifen – der Arzt Ignaz Semmelweis um die Mitte des 19. Jahrhunderts die Ursachen des Kindbettfiebers zu ergründen versuchte, bemühte er sich gerade *nicht* um die Verallgemei- 109 nerung einzelner Beobachtungen; er formulierte vielmehr eine Reihe unterschiedlicher **Hypothesen** über die möglichen Ursachen (D. Føllesdal et al. 1988: 54–60; W. C. Salmon 1983: 214–239), u. a.:

110

1. atmosphärische Einflüsse
2. Überbelegung der Krankenstationen
3. schlechte Ernährung
4. unzureichende Betreuung der Wöchnerinnen
5. grobe Untersuchungsmethoden
6. psychische Faktoren
7. ungünstige Lage bei der Geburt
8. Übertragung eines ›Leichenstoffes‹

111 Auffällig ist die Kreativität, mit der Semmelweis derart viele Hypothesen aufstellte, ohne sich *zunächst* zu fragen, ob sie mit den Beobachtungen vereinbar waren. Erst in einem *zweiten Schritt* unterwarf er die Hypothesen einer kritischen Prüfung. Dazu leitete er aus den Hypothesen jeweils bestimmte Voraussagen ab und überprüfte, ob diese Voraussagen mit den beobachteten Tatsachen in Einklang zu bringen waren.

112 Wäre zum Beispiel das Kindbettfieber gemäß Hypothese 2 auf eine Überbelegung der Krankenstationen zurückzuführen gewesen, dann hätte die Sterblichkeit auf zwei gleich stark belegten Stationen ungefähr gleich sein müssen. Eben dies war aber nicht der Fall. Auf einer der beiden etwa gleich stark belegten Stationen des Wiener Zentralhospitals lag die Sterblichkeit in den Jahren 1844 bis 1846 zwischen 6,8 % und 11,4 %, auf den anderen zwischen 2,0 % und 2,7 %. Hypothese 2 musste daher aufgegeben werden. Es ist leicht zu sehen, dass dieser Prüfung ein *deduktiver* Schluss zugrunde liegt:

113 Wenn Hypothese 2 richtig ist, dann muss die Sterblichkeit auf gleich stark belegten Stationen ungefähr gleich sein
Die Sterblichkeit auf zwei gleich stark belegten Stationen ist nicht annähernd gleich
↓ Also ist Hypothese 2 nicht richtig

114 Nach dem gleichen Schema erkannte Semmelweis, dass auch Hypothese 1 und Hypothesen 3 bis 7 nicht haltbar waren. Als 1847 ein Kollege an einer dem Kindbettfieber durchaus ähnlichen Krankheit starb, nachdem er sich bei der Obduktion einer Leiche geschnitten hatte, prüfte Semmelweis Hypothese 8, nach der das Kindbettfieber durch einen ›Leichenstoff‹ hervorgerufen wird. Für diese Hypothese sprach, dass auf der Station mit hoher Sterblichkeit Ärzte und Medizinstudenten arbeiteten, die täglich an Obduktionen teilnahmen und also durchaus einen ›Leichenstoff‹ auf die Patientinnen übertragen konnten. Semmelweis ordnete deshalb eine sorgfältige Handdesinfektion aller Geburtshelfer an mit dem Erfolg, dass die Sterblichkeit auf

beiden Stationen auf Werte um 1% zurückging. War Hypothese 8 damit *bestätigt*? Wie wir schon an anderer Stelle gesehen haben, ist der Schluss

> Wenn Hypothese 8 richtig ist, dann muss Handdesinfektion die Sterblichkeit verringern
> Handdesinfektion verringert die Sterblichkeit
> ↓ Also ist Hypothese 8 richtig

fragwürdig: Die sterblichkeitssenkende Wirkung der Handdesinfektion könnte prinzipiell auch auf ganz andere Zusammenhänge als die in Hypothese 8 beschriebenen zurückzuführen sein, etwa auf eine durch kaltes Waschen veränderte Handtemperatur der Geburtshelfer, auf eine durch die Ruhephase bei der Handdesinfektion bedingte bessere Konzentration der Geburtshelfer oder auf unbekannte Heilkräfte des Desinfektionsmittels. Auch wenn die genannten Möglichkeiten durchaus unwahrscheinlich sind – sie demonstrieren immerhin, dass in obigem Schluss die Wahrheit der Prämissen die Wahrheit der Konklusion nicht garantiert. Die von Semmelweis aufgestellte Hypothese hat deshalb die Überprüfung zwar bestanden, ohne dass sie aber deshalb als endgültig bestätigt gelten könnte.

Offensichtlich bietet also auch das **hypothetisch-deduktive Verfahren**, *zunächst* frei *Hypothesen* zu bilden und diese *anschließend* in *deduktiven* Schlüssen auf ihre Vereinbarkeit mit den Beobachtungen zu überprüfen, keinen Königsweg zu sicherer Erkenntnis. Aber es scheint wichtigen Mechanismen unseres Alltagsdenkens zu entsprechen und darüber hinaus als wissenschaftliche Methode weit besser geeignet zu sein als ein ausschließlich auf Induktion gegründetes Verfahren. 115

Ein induktives Vorgehen wäre notwendig passiv und nur registrierend: Alltagsmenschen wie Forscher hätten danach eifrig Beobachtungen zu sammeln und jeweils zaghaft abzuwarten, bis die Zahl der Beobachtungen als Grundlage für eine Verallgemeinerung ausreichte. Wer dagegen hypothetisch-deduktiv vorgeht, darf sich zunächst durchaus seinen intuitiven Mechanismen überlassen; er muss aktiv, kreativ, phantasievoll, gegebenenfalls auch gegen eingefahrene Denkgewohnheiten Hypothesen bilden und anschließend herauszufinden suchen, wo die Hypothesen mit den Beobachtungen in Konflikt geraten. Während ein induktives Verfahren darauf ausgerichtet wäre, durch Untersuchung möglichst vieler Einzelfälle zu möglichst verlässlichen Verallgemeinerungen und schließlich wohl doch noch zu irgendeiner Art von Erkenntnissicherheit zu gelangen, strebt das hypothetisch-deduktive Verfahren diese ohnehin illusionäre Sicherheit erst gar nicht mehr an. Es bringt unterschiedliche, bisweilen scharf miteinander konkurrierende Theorien hervor, die – stets nur vorläufig und 116

bis auf weiteres – als Schlüssel in das komplizierte Schloss der Wirklichkeit passen; es ist stets darauf aus, ungeeignete Schlüssel auszusondern, und erhebt nicht den Anspruch, jemals die genaue Bauweise des Schlosses zu ergründen (E. v. Glasersfeld 1985: 20).
Zur Vertiefung: D. Føllesdal et al. 1988: 54–60; W. C. Salmon 1983: 214–239

1.3.8 Argumentation und Kommunikation

117 Aus der bisherigen Darstellung könnte man den falschen Eindruck gewinnen, Erkenntnis sei ausschließlich eine Aktivität des einzelnen, der ganz unabhängig von anderen Menschen wahrnähme, Hypothesen bildete, Schlüsse zöge und sein Weltbild konstruierte. Für Henscheids merkwürdig einsamen Reisenden Hermann mag das, wenn auch nur bis zu einem gewissen Grad, gelten; für Kinder im Fragealter aber gewiss nicht und noch weniger für hypothetisch-deduktiv forschende Wissenschaftler. Menschliche Erkenntnis ist sozial. Sie wäre unmöglich ohne sprachliche Kommunikation und insbesondere ohne den Austausch von Argumenten.

118 Man kann sich das leicht klarmachen: Kinder entwickeln bereits ihre Wahrnehmung in engem Zusammenhang mit dem Gebrauch der Sprache. Sprachliche Äußerungen von Eltern und anderen Bezugspersonen lenken die Aufmerksamkeit der Kinder und leiten sie an, bestimmte Sinnesreize zu Objekten zu gruppieren, stabile Objektmuster zu bilden und Objekte zu Klassen zusammenzufassen. Ebenso werden auch die Schlussaktivitäten von Kindern nicht nur durch angeborene Mechanismen, sondern auch durch gehörte Argumente entwickelt. Jean Piaget hat den Einfluss der Erwachsenen auf kindliche Erklärungen an zahlreichen Beispielen demonstriert:

119 ACK (8;7): »*Manchmal ist Vollmond, manchmal ist Halbmond.* – Wie kommt es dazu? – *Es teilt sich von selbst.* – Und der Rest des Mondes? – *Er ist hinter den Wolken versteckt.* – Und wenn es keine Wolken hat? – *Im Himmel, beim lieben Gott.* – Warum teilt es sich? – *Weil er schlechtes Wetter machen will, der Vollmond will schönes Wetter machen.*« (J. Piaget 1978: 226)

120 LUG (12;3): »Was ist der Himmel? – *Das ist eine Wolke.* – Von welcher Farbe? – *Weiß.* – Ist der blaue Himmel eine Wolke? – *Das ist keine!* – Was ist er denn? – *Das ist Luft.* – Wie hat der Himmel angefangen? – *Mit Luft.* – Woher kam diese Luft? – *Von der Erde unten.* – Was hat es über dem Himmel? – *Das ist leer.*« (J. Piaget 1978: 231f.)

121 Nach Piaget sind diese Erklärungsversuche »selbstverständlich durch Aussagen von Erwachsenen beeinflusst, insbesondere wenn das Kind

weiß, dass die Mondphasen Wetteranzeichen sind.« (J. Piaget 1978: 226) Und: »Wenn die Kinder nicht Fragen gestellt hätten, wüssten sie mit 10 oder 11 Jahren nicht, dass der Himmel aus Luft besteht und nicht fest ist.« (J. Piaget 1978: 232; vgl. R. Rössler/ O. E. Rössler 1994)

Auch ältere Kinder und Erwachsene organisieren ihre Weltbilder in 122 ständiger Kommunikation miteinander. In Kindergärten, Schulen und Universitäten, aber auch in Parteien, Stammtischzirkeln, Vereinen und Wohngemeinschaften tauscht man unaufhörlich Hypothesen, Beobachtungen und die entsprechenden Argumente aus, auch wenn man sich – insbesondere in Parteien und an Stammtischen – des unvermeidlich nur hypothetischen Charakters seiner Aussagen häufig nicht bewusst ist.

Gerade wegen der Unsicherheit aller Erkenntnis sind Menschen 123 darauf angewiesen, sich mit der in langer kultureller Evolution entstandenen Sprache auch bewährte begriffliche Unterscheidungen und Argumentationsmuster als notwendige Hilfsmittel kritisch anzueignen. Zudem sind sie, beim Kochen ebenso wie in der universitären Forschung, auf Anregungen und Kritik angewiesen, auf neue Hypothesen, auf neue Beobachtungen oder auf die Widerlegung scheinbar unerschütterlicher Standpunkte. Unsere Überlegungen zum Erkenntnisproblem führen deshalb zum gleichen Ergebnis wie schon die vorausgegangenen Überlegungen zum Verhältnis zwischen Argumentation und Intuition: Wenn unsere Weltbilder eine auch nur relative Verlässlichkeit erreichen sollen, dann müssen wir uns auf Argumentationen einlassen; dann sollten wir offen sein für neue Hypothesen, für den Austausch mit andersdenkenden, kreativen und unkonventionellen Menschen, für eine kritische Analyse von Argumenten, für argumentative Kritik an unseren Auffassungen, für die kritische Suche nach Widersprüchen und für neue Beobachtungen, die unsere bisherigen Auffassungen in Frage stellen könnten. Im folgenden Abschnitt werden wir allerdings zu fragen haben, ob aktuelle kulturelle Bedingungen ein solches Verhalten nicht eher behindern als fördern.

1.4 Argumentation und Kultur

1.4.1 Der kulturelle Kontext der Argumentation

Argumentation als sprachlicher Ausdruck reflektierter Übergänge von 124 Prämissen zu Konklusionen scheint nützlich, ja notwendig zu sein – allerdings nicht etwa als Weg zu letzten Gewissheiten, sondern eher als bescheidene Methode zur Aussonderung des Falschen. Argumentation – und erst recht jene nachträgliche kritische Analyse, die in den folgenden Kapiteln vorgeschlagen wird – ist zwar langsam und umständlich, aber als Korrektiv der unbewussten Mechanismen unseres Gehirns und als Instrument zur Widerlegung falscher Hypothesen dringend notwendig.

125 Wenn das Argumentieren derart nützlich ist, warum begegnen wir dann nicht alle Augenblicke argumentationsfähigen und argumentationsbereiten Menschen? Warum müssen Argumentation und Argumentationsanalyse vielfach erst mühsam gelehrt und gelernt werden? Warum werden Argumente häufig geradezu als unangenehm empfunden? Einige Antworten liegen auf der Hand: Die intuitiven Schlüsse unserer Alltagsvernunft sind stets durch unsere Gefühle und Triebe und durch unsere aktuellen sozialen Beziehungen beeinflusst. Die argumentative Überprüfung solcher Schlüsse mag uns zwar langfristig vor Irrtümern und Schaden bewahren, – kurzfristig geraten wir aber meist in schmerzliche Widersprüche und Konflikte. Wir sind häufig alles andere als glücklich, wenn wir nach längerem Austausch von Argumenten zu Konklusionen gelangen, die unseren spontanen Gefühlen widersprechen, die uns zur Aufgabe liebgewordener Auffassungen zwingen, die uns in Konflikte mit Kollegen, Partnern und Freunden bringen oder uns Triebverzicht abverlangen. Nicht weniger unglücklich sind wir bisweilen, wenn unsere Argumente sich bei näherem Hinsehen als nicht stichhaltig erweisen. Unsere ungeprüften Intuitionen sind da meist erheblich gnädiger; ihnen folgen wir in der Regel weit lieber als nüchternen Argumenten, die nur allzu oft ›bittere Wahrheiten‹ produzieren, oder gar einer Kritik, die uns zwingt, misslungene Argumente von neuem zu durchdenken. Wer sich auf Argumente einlassen und ihre Ergebnisse akzeptieren soll, muss bereits über Einsicht, Selbstdisziplin und einschlägige Erfahrungen verfügen. Darüber hinaus setzt Argumentation vor allem dann, wenn zahlreiche Prämissen und Hilfsargumente überblickt und in ihrem Zusammenhang gesehen werden müssen, Intelligenz und Ausdauer in einem Maße voraus, wie sie ebenfalls nicht jedermann zu Gebote stehen.

126 Noch bedeutsamer ist, dass viele Argumente sich nicht auf die Frage beziehen, ob etwas wahr oder unwahr *ist*; weit häufiger geht es um die Frage, ob etwas getan oder unterlassen werden *soll*. Das Argument, nach dem eine Mondfinsternis durch den Erdschatten *entsteht*, stellt – über physikalische Grundkenntnisse und ein gewisses Vertrauen in einige astronomische Prämissen hinaus – keine besonderen Anforderungen und wird kaum zum Streit führen. Dagegen würde das Argument, die Universitäten *sollten* drastische Eingangsprüfungen einführen, weil dadurch ungeeignete Studenten vom Studium abgehalten und universitäre Lehre effektiver gestaltet werden könnte, wahr-

scheinlich auf scharfen Widerspruch stoßen. Vor allem könnte man einwenden, die Effektivität der Lehre sei weit weniger wichtig als die Gleichbehandlung aller Studienbewerber; selektive Eingangsprüfungen schüfen Ungleichheit.

Man sieht leicht, dass in Argumente für oder gegen *normative* 127
Konklusionen wie »Die Universitäten *sollen* drastische Eingangsprüfungen einführen« auch *normative* Prämissen wie »Universitäten *sollen* effektiv arbeiten« oder umgekehrt »Alle Studienbewerber *sollen* gleich behandelt werden« eingehen, deren Geltung von den politischen und moralischen Ansichten und von den Interessen der Argumentierenden abhängt. Während **deskriptive** Sätze wie »Sechshundert Studenten haben sich beworben« auf Sachverhalte bezogen und entsprechend überprüfbar sind, helfen bei **normativen** Sätzen Beobachtung und Forschung nicht weiter. Zwar kann man sich um Versachlichung bemühen und die Verfechter der Gleichheit auf die positiven Folgen einer gewissen Effektivität und die Anwälte der Effektivität auf die positiven Folgen von Gleichheit und Gleichbehandlung hinweisen. Bei der Einschätzung solcher Folgen wird man aber wiederum auf normative Prämissen zurückgreifen müssen, über die nur schwer Einigkeit zu erreichen sein wird. Wer als Studienanfänger die Eingangsprüfung nicht besteht, wird in erster Linie seine eigenen Interessen sehen und Gleichbehandlung fordern; Hochschullehrer und begabte Studenten werden dagegen eher die Effektivität des Lehrbetriebs betonen.

Die Einigung auf einen Kompromiss stellt hier meist hohe Anfor- 128
derungen: Beide Seiten müssen sich auf die Argumente und Hilfsargumente des Gegners einlassen und neben den eigenen auch die gegnerischen Interessen zur Kenntnis nehmen; beide Seiten müssen gegebenenfalls erkennen, dass ein Ausgleich der Interessen langfristig mehr Nutzen bringt als hartnäckiges Beharren auf dem eigenen Standpunkt. Die Qualität einer normbezogenen moralischen oder politischen Argumentation bemisst sich geradezu an der Redlichkeit und Vollständigkeit, mit der das Pro und Contra aller beteiligten Positionen abgewogen wird, bevor man zu einer Konklusion gelangt.

Die emotionalen und intellektuellen Schwierigkeiten des Argumen- 129
tierens sind universell und ebenso unvermeidlich wie Konflikte zwischen unterschiedlichen Interessen und normativen Voraussetzungen. Es gibt allerdings kulturelle Bedingungen, die trotz dieser Schwierigkeiten das Argumentieren fördern. Eine besondere Rolle spielt dabei der Gebrauch der *Schrift*. Obwohl Argumente keineswegs immer schriftlich formuliert werden müssen, bilden Schreiberfahrungen eine wichtige Voraussetzung für das Argumentieren. Wer lernt, seine Standpunkte und Entscheidungen gelegentlich schriftlich zu formulie-

ren und zu begründen, gewinnt Übersicht und Distanz. Wer eigene oder fremde Argumente nach Tagen oder Wochen noch einmal liest, erkennt deren Schwächen leichter als derjenige, der zum Beispiel auch wichtige Briefe stets unmittelbar nach der Unterschrift absendet oder sich von vornherein auf Telefonate beschränkt. Das Schreiben bremst unser gelegentlich vorschnelles Denken, es rückt unsere immer auch durch Gefühlsregungen, Denkfehler und Flüchtigkeit beeinträchtigten Gedanken von uns ab und bewahrt sie auf, so dass wir sie später mit klarerem und kühlerem Kopf prüfen können. Schreiben und Argumentieren stehen in einem engen Zusammenhang (O. Ludwig/ W. Menzel 1975: 10f.; J. Oxenham 1980: 19–84; K. Bayer 1982b: 148–152). Selbst mündliche Argumentationen stützen sich häufig auf schriftliche Vorbereitungen oder auf nebenbei aufgeschriebene Notizen; angemessen analysieren lassen sie sich nur, wenn sie auf Tonträger aufgezeichnet und verschriftlicht werden.

130 Es liegt auf der Hand, dass der erforderliche schriftliche oder schriftnahe Sprachgebrauch sich nicht spontan entwickelt, sondern unter anderem eine entsprechende Erziehung voraussetzt. Dazu bedarf es einer Schule, die über elementare Schreibtechniken hinaus schriftliches und auf Texte gestütztes Argumentieren fordert und fördert. Langfristig erfolgreich kann solche Förderung allerdings nur in einem schulischen, familiären und gesellschaftlichen Klima sein, in dem Argumentation belohnt wird und in dem alle – auch die jeweils Mächtigen! – bereit sind, sich auf Argumentationen einzulassen und deren Ergebnisse zu akzeptieren. Wer nicht wenigstens gelegentlich erfährt, dass er durch Argumentation und Kritik auch seine eigenen Interessen zur Geltung bringen kann, der wird das Argumentieren für überflüssig halten.

131 Welchen Stellenwert Argumentation und Argumentationskritik in den modernen westlichen Industrienationen und in der Bundesrepublik Deutschland haben, kann in dem folgenden kurzen Abschnitt nicht umfassend erörtert werden. Immerhin lassen sich aber einige vorläufige Hypothesen formulieren.

1.4.2 Erziehung zur Argumentation?

132 Eine pauschale Behauptung, moderne Erziehung in der Bundesrepublik Deutschland sei schlechthin argumentationsfeindlich, wäre gewiss unangemessen. Zunächst praktizieren Familien und Schulen nicht *die* Erziehung, sondern eine Fülle unterschiedlichster pädagogischer Verhaltensweisen, unter denen nicht wenige argumentatives Verhalten begünstigen. Darüber hinaus wurde in den letzten vierzig Jahren das Bildungssystem ständig ausgeweitet, so dass immer mehr Kinder und

Jugendliche in den Genuss verschiedenster Formen weiterführender Ausbildung kamen. Heute dürften deshalb weit mehr Jugendliche die sprachlichen und intellektuellen Voraussetzungen des Argumentierens erwerben; innerhalb und außerhalb der Schulen dürfte insgesamt weit mehr argumentiert werden als noch vor drei oder vier Jahrzehnten.

Dennoch sind auch eine Reihe gegenläufiger Tendenzen zu beobachten, die sich vor allem im sozialen und psychischen Bereich abzeichnen: Mit der Ausweitung des Bildungssystems seit den sechziger Jahren verband sich zum Teil eine Einebnung, zum Teil aber auch eine sinnvolle, ja notwendige Auffächerung der Leistungsmaßstäbe: Schul- und Studienabschlüsse sind heute häufig nur in formaler Hinsicht, nicht aber hinsichtlich der erworbenen Kompetenzen gleichwertig. Das hat die Folge, dass die Fähigkeitsprofile der Absolventen dieses Systems heute quantitativ und qualitativ weit weniger einheitlich sind als noch vor zwei oder drei Jahrzehnten. Solche Inhomogenität und eine vielfach rigorose Spezialisierung tragen in vielen Fällen dazu bei, dass Arbeitsgruppen in Industrie und Wirtschaft auf ein breiteres Reservoir unterschiedlicher Kompetenzen zurückgreifen und gerade dadurch kreativer sein können; oder dass Lehrerkollegien und Hochschulinstitute gerade wegen der ›Buntheit‹ ihres Personals den unterschiedlichen Interessen und Lernstrategien von Schülern und Studenten besser entgegenkommen können. Zudem kann angesichts der schnellen Entwicklung von Wissenschaft, Technik und Kommunikationssystemen niemand mehr – und nicht einmal auf einem eng begrenzten Gebiet – eine lückenlose Gesamtkompetenz beanspruchen: Auch insofern ist eine Kooperation unterschiedlich qualifizierter Frauen und Männer die einzig erfolgversprechende Arbeitsform. 133

Damit entstehen zweifellos neue Argumentationsanlässe. Zugleich wird es aber für einzelne Schüler, Studentinnen, Ingenieure, Lehrer oder Hochschullehrerinnen immer schwieriger, im Geflecht der verschiedenen, teilweise auch gegensätzlichen Leistungsmaßstäbe sich mit dem eigenen Arbeitsstil, dem eigenen Wissen, den eigenen Fähigkeiten und Grenzen akzeptiert zu fühlen und eine stabile Identität und ein stabiles Selbstbewusstsein zu entwickeln. Deshalb werden Argumentationssituationen nicht selten als angsteinflößend und bedrohlich erlebt – mit der Folge, dass der eigentlich dringend notwendige sachliche Meinungsaustausch durch Gefühls- und Beziehungskonflikte behindert oder völlig verdrängt wird. Wer zu selbständiger Abwägung von Argumenten zu bequem oder nicht in der Lage ist, wer zu unsicher ist, zu kritisieren oder sich der Kritik anderer zu stellen, zieht sich zudem meist gern unter das schützende Dach der gängigen Praxis oder der jeweils modischen Auffassungen zurück. 134

135 Für den Bereich der häuslichen Erziehung stellen Erziehungswissenschaftler zudem fest, dass in nicht wenigen Familien ein ›inkonsistenter‹ Erziehungsstil praktiziert wird: Immer mehr Eltern verhalten sich höchst inkonsequent; sie lockern ihre Selbstdisziplin, leben ›nach Lust und Laune‹, lassen ihre Kinder beliebig gewähren oder belohnen und bestrafen sie, wie es ihnen gerade in den Sinn kommt. Die Folge ist, dass es solchen Kindern nicht mehr gelingt, stabile Zusammenhänge zwischen ihrem eigenen Verhalten und den elterlichen Reaktionen herzustellen (vgl. Der Spiegel 4.6.1998: 126–137). Da die elementare Beziehung eines Kindes zu seinen Eltern Grundlage und Modell seines späteren Weltbildes ist, werden Kinder derart unberechenbarer Eltern wohl kaum Vertrauen in eine argumentative Berechenbarkeit ihrer Umwelt entwickeln können (J.–U. Rogge 1998). Andere Eltern sind dagegen durchaus bemüht, ihren Kindern konsequentes Verhalten vorzuleben und abzuverlangen. Auch hier bricht aber der Diskurs zwischen Eltern und Kindern nicht selten zu Beginn der Pubertät so plötzlich und radikal ab, dass dies nicht ausschließlich auf Pubertätskonflikte zurückgeführt werden kann.

136 Hier kommen verschiedene Ursachen in Frage: Traditionelle Milieus, die eine gewisse Einheitlichkeit familiärer Verhaltensnormen garantierten, haben sich in den letzten Jahrzehnten aufgelöst (H. Giesecke 1985: 33; H. Giesecke 1996: 18, 93–98, 114f.). Die Familienmitglieder folgen deshalb heute oft nicht mehr *einem* – traditionell häufig religiös bestimmten – Normensystem, sondern *unterschiedlichen* Normensystemen. Noch bedeutsamer ist, dass die Verhaltensnormen moderner Kinder immer früher und in immer noch wachsendem Umfang außerfamiliär bestimmt werden: Verschiedenste Kinder- und Jugendszenen und nicht zuletzt die entsprechenden Bild- und Tonmedien beeinflussen das Verhalten der Kinder bereits vom Kindergartenalter an (H. Giesecke 1985: 68–74; H. Giesecke 1996: 48–58).

137 Die nicht selten sehr unterschiedlichen Verhaltensnormen von Geschwistern innerhalb einer Familie geraten untereinander und mit den Verhaltensnormen der Eltern in Konflikt. Vielfalt und Widersprüchlichkeit von Wahrnehmungs-, Erklärungs- und Verhaltensmaßstäben fordern hier einerseits argumentative Auseinandersetzung geradezu heraus. Andererseits machen sie argumentative Auseinandersetzung extrem schwierig; häufig unterbleibt sie deshalb; faule Kompromisse werden geschlossen; vielfach breiten sich Resignation und Gleichgültigkeit aus. Elterliche Argumentation ist gegenüber dem Einfluss der Gleichaltrigen-Szene meist wenig erfolgreich, da die Szene zwar einerseits erheblichen Einfluss auf die Selbst- und Weltdeutung der Jugendlichen hat, aber andererseits, wie Hermann Giesecke pointiert

feststellt, »eine Konsumgemeinschaft, [aber] kein philosophisches Kolloquium ist.« (Giesecke 1996: 53)

Der Einfluss des Fernsehens verdient in diesem Zusammenhang besondere Aufmerksamkeit (N. Postman 1985: 83–140). Einerseits präsentieren Talkshows, Diskussionen, Wissenschaftssendungen oder Übertragungen von Parlamentsdebatten Kindern und Jugendlichen verschiedenste Formen der Argumentation, in denen Aussagen mehr, mitunter allerdings auch weniger vernünftig begründet werden. Andererseits ist eine Situation, in der bereits Kleinkinder jederzeit Zugang haben zu einer Fülle unterschiedlichster und einander zum Teil scharf widersprechender Auffassungen und kultureller Verhaltensmuster, völlig neu und in ihren Auswirkungen nur schwer einzuschätzen. Noch bis in die sechziger Jahre war das Programm der damals wenigen Fernsehsender wohlgeordnet, die Abfolge der Sendungen streng ritualisiert und in einem großen Teil der gesendeten Filme der jeweilige Bösewicht klar markiert. Heute stehen dagegen in den meisten Haushalten dreißig und mehr überwiegend von Werbebotschaften durchsetzte Programme zur Verfügung. Ganz unabhängig von deren Inhalten im einzelnen dürfte allein das krasse, übergangslose Nebeneinander der in jedem Augenblick verfügbaren Verhaltensmodelle bei Kindern Orientierungsschwierigkeiten und den Zweifel hervorrufen, ob sich in einer solchen Welt durch folgerichtiges Denken und Argumentieren Ordnung überhaupt noch herstellen lasse. Die für viele Kinder bis in die fünfziger und sechziger Jahre nützliche Illusion, die Welt sei grundsätzlich erklärbar, menschliches Verhalten sei grundsätzlich an klaren Maßstäben zu messen, kann sich jedenfalls angesichts der Fülle medial vermittelter Fakten und Fiktionen, aber auch angesichts der Vielfalt unterschiedlicher Argumentationsstile kaum noch entwickeln. 138

> Vieles spricht dafür, dass die Massenmedien im ganzen, je mehr sich ihre Informationsflut ausdehnen und zugleich spezialisieren wird, nicht zu einer eindimensionalen ›Massenkultur‹, sondern im Gegenteil zu einer kulturellen Differenzierung, ja Parzellierung der Gesellschaft führen werden, *so dass schon die Schüler immer weniger über gemeinsame TV-Erlebnisse kommunizieren können.* (H. Giesecke 1996: 39, Hervorhebung K.B.) 139

In fast allen Botschaften des Fernsehens kommt darüber hinaus dem Bild weit größere Bedeutung zu als der Sprache. Bilder aber argumentieren nicht. Sie beeinflussen unterschwellig. Auch wenn es durchaus eine Grammatik des Films gibt, so ist diese Grammatik doch weit weniger streng als die der Sprache. Filme sind deshalb einer argumentativen Überprüfung weit weniger zugänglich als sprachliche Texte. Es ist nicht ausgeschlossen, dass der Übergang von einer eher textbe- 140 zogenen zu einer überwiegend auf bewegte Bilder gestützten Sozialisation den Übergang von argumentativ-normorientierten zu eher unkritischen, leitbildorientierten Handlungsformen fördert (N. Postman 1983: 81–136; N. Postman 1985: 83ff.; W. Bergmann 1996; V. Flusser 1997: 21–40).

141 Diese Tendenz wird möglicherweise verstärkt durch eine Schule, die seit einigen Jahrzehnten bewährte Formen schriftlicher Argumentation zugunsten mündlicher Arbeitsformen vernachlässigt, häufig eher die mündliche Vertretung partikularer Interessen als die schriftgestützte Abwägung unterschiedlicher Standpunkte lehrt (K. Bayer 1985; K. Bayer 1987; C. Lasch 1995: 183–221) und vielfach Emotionalität auf Kosten der Rationalität bevorzugt (H. Giesecke 1996: 121ff., 141, 153f.).

142 Eine weitere Verringerung argumentativer Auseinandersetzung könnte sich aus der wachsenden Verrechtlichung familiärer und schulischer Beziehungen ergeben. Wo traditionelle Eltern – aus heutiger Sicht in vielen Fällen durchaus unangemessen autoritär und willkürlich – verboten und erlaubten, Taschengelder festsetzten und Ausbildungen mehr oder weniger ausreichend finanzierten, waren derart ›kurz gehaltene‹ Kinder darauf angewiesen, ihre Wünsche und Ansprüche ausführlich zu erläutern und zu begründen. Ganz ähnlich mussten Schüler – leider oft mit nur geringen Erfolgschancen – ihre Lehrer davon überzeugen, dass beispielsweise ihre Behandlung eines Aufsatzthemas, ihre Forderung nach Verschiebung einer Klassenarbeit oder ihr mündlicher Unterrichtsbeitrag eine gewisse Berechtigung hatte. Derartige Abhängigkeiten sind heute beseitigt oder jedenfalls entschärft: Konsum- und Ausbildungsansprüche (H. Giesecke 1996: 43–48, 84f., 101ff.) sind, wo sie nicht von vornherein unumstritten sind, so minutiös geregelt, Entscheidungs- und Beurteilungsspielräume von Lehrern durch Erlasse und Verordnungen so stark eingeschränkt, dass Kinder und Jugendliche immer weniger gezwungen sind, ihre Interessen argumentativ zu vertreten. Sie fordern in der Regel ganz unverblümt, was ihnen gemäß dem Konsens der Gleichaltrigen oder nach Gesetz und Erlass zusteht. Schüler etwa, die das Kurs- und Punktsystem der gymnasialen Oberstufe geschickt ausnutzen, müssen sich auf Argumentationen jedenfalls mit einem Teil ihrer Lehrer erst gar nicht mehr einlassen. Hier wird die – durchaus begrüßenswerte! – neue Rechtssicherheit erkauft mit dem Verzicht auf Formen argumentativer Auseinandersetzung, die in der Vergangenheit zweifellos häufig quälend und wenig erfolgreich waren, die aber andererseits in vielen Fällen die Entwicklung argumentativer Fähigkeiten gefördert haben. Was der Pädagoge Hermann Giesecke für die ökonomische und sexuelle Emanzipation von Jugendlichen feststellt,

könnte auch für einen Teil ihrer intellektuellen Emanzipation gelten: »Wenn die Emanzipation (...) kaum noch Anstrengung kostet, sondern in den Schoß fällt, ist sie historisch wie biographisch erledigt.« (H. Giesecke 1996: 46) So sind z. B. die Bereitschaft und die Fähigkeit vieler heutiger Studenten zu systematischer argumentativer Kritik weit geringer als die ihrer noch autoritär und in Abhängigkeit erzogenen Kommilitonen aus den fünfziger, sechziger und siebziger Jahren.

Auch unter den aktuellen Bedingungen entwickeln sich ohne Frage 143 verschiedenste Formen von Lebenstüchtigkeit und Intelligenz: Das Aufwachsen unter pluralistischen Sozialisationsbedingungen ist für moderne Kindern nicht *nur* schwierig; es bietet vielmehr durchaus auch neue Lernchancen (H. Giesecke 1996: 15, 65). Die hilfreiche Illusion einer einheitlichen Welt, der mit einem entsprechend einheitlichen und redlichen argumentativen Diskurs beizukommen wäre, ist aber endgültig zerbrochen. Die Argumente von Eltern und Politikern werden oft als brüchig, bisweilen als betrügerisch wahrgenommen. Schulische Argumentations*übungen* können jene Lernchancen nicht ersetzen, die sich ehemals in den *realen* Emanzipationskämpfen boten; schulische Übungen werden als oft lebensfremde pädagogische Veranstaltungen durchschaut. Die eigentlichen Probleme der Kinder und Jugendlichen erfordern dagegen häufig gerade nicht Argumentation, sondern schwierige Seelenarbeit, mühsames Ringen um Identität (H. Giesecke 1996: 59ff.), raffiniertes Ausnutzen oder Unterlaufen elterlicher und schulischer Normen (H. Kaulen 1997: 86ff.) und Anpassung an die Konsumgemeinschaft der Gleichaltrigen-Szene.

Zur Vertiefung: N. Postman 1983; N. Postman 1985; H. Giesecke 1985; H. Giesecke 1996; W. Bergman 1996; V. Flusser 1997

1.4.3 Gesellschaftliche Bedingungen des Argumentierens

Der Eindruck, die im vorigen Abschnitt angedeuteten Behinderungen 144 argumentativen Verhaltens beträfen ausschließlich Kinder und Jugendliche, wäre gewiss falsch. Auch Erwachsene sind in der Bundesrepublik einerseits mit einer großen Zahl von Argumentationen und Argumentationsanforderungen, andererseits aber bisweilen auch mit Bedingungen konfrontiert, die nicht gerade zu sorgfältiger Argumentation ermutigen.

Die Massenprogramme von Rundfunk und Fernsehen passen sich 145 im Bemühen um hohe Einschaltquoten und entsprechende Werbeeinnahmen immer mehr der geringen Aufmerksamkeitsspanne des Durchschnittszuschauers an, die mangels entsprechender Anforderungen immer noch weiter sinkt. Mehr und mehr Wortbeiträge werden auf ein Standardmaß von höchstens neunzig Sekunden verkürzt, das abgewogene Argumentation nicht mehr zulässt und meist eine plakative und emotionale Zuspitzung erzwingt.

146 Parteien und Politiker machen nahezu durchgängig die Erfahrung, dass eine Mehrheit der Wähler komplexe Argumentationen ablehnt und als Zeichen von Schwäche und mangelnder Tatkraft interpretiert. Auch besonnenere Politiker beschränken sich bei öffentlichen Auftritten deshalb inzwischen häufig auf wohlkalkulierte schlagwortartige Kurzäußerungen. Wahlkämpfe und ein größerer Teil der politischen Diskussion werden in der Berichterstattung der populären Medien mehr und mehr auf agitatorische und emotionalisierte Werbefeldzüge reduziert.

147 In politischen Argumentationen wird deshalb das Für und Wider der verschiedenen Handlungsalternativen nur selten redlich und annähernd vollständig abgewogen. Wer solche Abwägung dennoch unternimmt und etwa als Bürger offen auf den schwer lösbaren Widerspruch zwischen Asylanspruch und Asylmissbrauch, als Gewerkschafter auf das Spannungsverhältnis zwischen Lohnniveau und Wettbewerbsfähigkeit oder als Student auf den Konflikt zwischen Gleichheitsforderung und Leistungsunterschieden hinweist, muss sich vorwerfen lassen, er werde ›Beifall von der falschen Seite‹ erhalten und die Position des eigenen Lagers schwächen (Mohr 1998: 177). Verschiedenste ›politisch korrekte‹ Sprachregelungen schreiben politische Perspektiven vielfach von vornherein fest und stempeln Abweichler zu Außenseitern. Das führt dazu, dass die politische Diskussion selbst in privaten Gesprächen durch Einseitigkeit, Leisetreterei und ängstlichen Konformismus bestimmt wird. Es ist zwar bedauerlich und gefährlich, aber durchaus verständlich, dass in einer solchen Atmosphäre rechte und linke Radikale Erfolge verbuchen, weil sie – wenn auch mit verschärfter Einseitigkeit – Argumente formulieren, die anderswo gar nicht erst ausgesprochen werden dürfen.

148 Auch in den Universitäten als traditionellen Hochburgen argumentativer Rationalität ist Argumentation inzwischen alles andere als selbstverständlich. Die Politisierung der Geisteswissenschaften seit der zweiten Hälfte der sechziger Jahre wurde zwar zunächst überwiegend argumentativ begründet, führte aber bald zu einem Zerfall dieser Wissenschaften in unterschiedliche Lager. Insbesondere in den politisch brisanten Fächern der Lehrerausbildung zählten seither häufig nicht Argumente, sondern blanke Macht. Man unterschied kaum mehr zwischen deskriptiven und normativen Aussagen. Normativ-politische Prämissen wurden verschleiert; vor allem im Bereich der Pädagogik und der Didaktiken wurden politisch motivierte Unterrichtskonzepte als angebliche Ergebnisse wissenschaftlicher Forschung präsentiert. Statt zunächst die Wirksamkeit und die komplexen Folgen dieser

Konzepte zu erforschen, schrittweise Reformen vorzuschlagen und bei überwiegend negativen Erfahrungen gegebenenfalls auch ihre Rücknahme zu empfehlen, führte man erbitterte Kämpfe um Positionen in Instituten, Zeitschriftenbeiräten, Schulbuchredaktionen und in den Medien (H. Giesecke 1996: 136) – überwiegend mit dem Ziel, der vermeintlich fortschrittlichen eigenen Position möglichst schnell zum Sieg und in die Klassenzimmer zu verhelfen. Dabei wurde und wird zum Teil bis heute die Nüchternheit der Argumentation der Strategie und Taktik des universitären und bildungspolitischen Grabenkampfes geopfert.

Die Lagerbildung, die vielen Hochschullehrern Schutz vor irritierender Kritik und eine Linderung oder Lösung ihrer Identitätskonflikte bietet, reicht mancherorts bis in die einzelnen Institute: Bunte Mischungen progressiver, konservativer, feministischer, spontaneistischer, leistungsorientierter, weniger leistungsorientierter, eifrig publizierender oder gelassen privatisierender Wissenschaftler scharen jeweils unterschiedliche Studentengruppen um sich; die politischen, methodologischen und inhaltlichen Gegensätze werden häufig nicht diskutiert, sondern in einem mehr oder weniger feindseligen Nebeneinander verdeckt und verschleppt. Wer in einem solchen Institut studiert, wird schwerlich Vertrauen in die klärende Kraft der Argumentation und in den Nutzen von Argumentationsanalysen entwickeln. Einiges spricht dafür, dass sich in den letzten Jahren die universitären Bedingungen für kritische Argumentation durch die problematischen Reformversuche im Zuge des sogenannten ›Bologna-Prozesses‹ weiter verschlechtert haben (S. Liebermann/ Th. Loer 2006). 149

Die Ingenieurs- und Naturwissenschaften sind der Politisierung zwar weitgehend entgangen. Aber auch hier ergeben sich Irritationen: Zum Beispiel werden immer wieder durchaus gegensätzliche Gutachten zur Verträglichkeit von Technologien und Projekten vorgelegt, so dass vermutet werden muss, dass hin und wieder auch Naturwissenschaftler und Techniker politisch voreingenommene Urteile fällen. 150

Die Konsumwerbung, die zweifellos immer schon sachliche Produktinformation mit geschickten, mehr oder weniger unterschwelligen Appellen an die Gefühle potentieller Kunden verbunden hat, beschränkt sich heute in vielen Fällen auf die Vorspiegelung emotional und triebhaft besetzter Erlebnisräume. Während derartige Werbestrategien noch vor wenigen Jahren als bloße Desinformation und Manipulation kritisiert und als absurd empfunden worden wären, sind die Symbole und die virtuellen Welten der Werbung heute längst höchst reale und wirksame Bestandteile der gesellschaftlichen Realität. In den Weltbildern der Konsumenten füllen sie Räume, die ehemals von 151 mythischen und religiösen Bildern besetzt waren (K. Bayer 2004: 70–75). Gerade wegen ihres weitgehend sprachfreien und überwiegend bildlich-emotionalen Charakters sind sie argumentativer Kritik unzugänglich (N. Postman 1985: 154–173). Wo solche Kritik ehemals nahelag, ist sie längst durch massive Anzeigenkampagnen entkräftet und ihrer Grundlagen beraubt worden: Weil man zum Beispiel in den sechziger Jahren für den Übergang von einer bestimmten Situation zum Genuss von Alkohol noch einer argumentativen Rechtfertigung bedurfte, wurden Anzeigen vom Typ »Ich trinke X-Likör, weil es regnet/ weil es schneit/ weil die Sonne scheint usw.« geschaltet, um zu demonstrieren, dass *jeder beliebige* Grund den Genuss von X-Likör rechtfertige und dass folglich eine Begründung gar nicht mehr notwendig sei (E. Neumann et al. 1974: 138ff.).

152 Gewisse Zweifel an der Zukunft vernünftigen Argumentierens ergeben sich paradoxerweise auch angesichts der neuen weltweiten Informationsnetze. Im Internet etwa steht zweifellos eine bislang nie gekannte Fülle sinnvoll nutzbarer und vielfach durchaus argumentativ gestützter Informationen zur Verfügung. Aber gerade aus der Fülle und der vielfachen Vernetzung der Informationen ergeben sich auch Probleme: Die meisten Internetseiten enthalten zahlreiche Querverweise auf andere Seiten, denen man mit einem schnellen Mausklick folgen kann. Dabei sind die Bezüge zwischen den einzelnen Seiten ganz und gar unterschiedlich: Querverweise können auf Erläuterungen, Belege oder Bildmaterial zur gerade vorliegenden Seite deuten; ebenso können sie aber auch auf eher unwesentliche Nebenthemen, auf die Werbeseiten irgendwelcher Sponsoren oder auf gänzlich irrelevantes Material verweisen.

153 Auf diese Weise vermittelt das Internet zwar tatsächlich Information. Aber gerade ungeübte, konzentrationsschwache oder intellektuell weniger leistungsfähige Benutzer werden sich im Umgang mit den allgegenwärtigen Querverweisen – ganz ähnlich wie beim Hin- und Herschalten zwischen unterschiedlichen Fernsehprogrammen – an höchst bedenkliche, weil meist völlig beliebige Methoden des Übergangs von einer Information zur anderen gewöhnen. Auch kritischere Menschen erliegen immer häufiger der Faszination, die sich allein aus der massenhaften Verfügbarkeit meist graphisch ansprechend aufbereiteter Informationen ergibt. Die Buntheit der Internetseiten und die Zahl der von ihnen ausgehenden Querverweise sind unterhaltsam und vermitteln ein Gefühl von Macht und Informationsbesitz, das die Notwendigkeit argumentativer Prüfung allzu leicht vergessen lässt. Zugleich vermittelt aber die große Menge der häufig in perfektem Layout daherkommenden Informationen dem einzelnen den trügerischen Eindruck, alles Wichtige sei bereits vorhanden und formuliert,

auf seine persönliche Durchdringung und Kritik des Gelesenen komme es erst gar nicht mehr an (H. Giesecke 1998: 277–281; W. Bergmann 1996). Es gibt zudem Anhaltspunkte dafür, dass das menschliche Gehirn Informationen zunächst grundsätzlich unkritisch aufnimmt und erst Sekunden oder Sekundenbruchteile später kritisch bewertet (B. Bower 1993). Durch Ablenkung bei der Informationsaufnahme kann deshalb die notwendige Bewertung beeinträchtigt oder verhindert werden. Das multimediale Layout vieler kommerzieller Internetseiten, das jenes der Regenbogenpresse nachahmt und neuerdings häufig durch Klänge und Animationen noch übertrifft, könnte unkritisches Für-wahr-Halten fördern.

Die in Öffentlichkeit und Politik, aber auch bei den meisten Bürgern vertretene Einschätzung, Information sei etwas grundsätzlich Positives, ist falsch. Jeder hat die Erfahrung gemacht, dass zum Beispiel ein Sachbuch zwar leicht zu beschaffen ist, dass aber die eigentliche Mühe darin besteht, ihm die *brauchbaren* Informationen zu entnehmen. Es ist leicht, einen Artikel zu fotokopieren, mühsam dagegen, ihn zu lesen und seine *wichtigsten* Aussagen herauszufiltern. Beim Schreiben eines Aufsatzes ist am Ende nicht die oft umfangreiche Materialsammlung, sondern die zweckgebundene Auswahl und die prägnante Darstellung des *passenden* Materials wertvoll. Es reicht nicht, eine CD-ROM mit vielen Megabytes an Information zu kaufen; man muss sie auch *auswerten*. Aus Hunderten von Ergebnissen einer Internetrecherche muss man die drei oder vier wirklich *einschlägigen* herausfinden. 154

Wer vollmundig über eine heraufziehende ›Informationsgesellschaft‹ redet, sollte berücksichtigen, dass das eigentliche Problem meist nicht die Beschaffung, sondern die Verarbeitung und Selektion der Information ist. Brauchbare Weltbilder sind eben nicht unordentliche, überfüllte Informationsspeicher, sondern hochstrukturierte, ökonomisch arbeitende Systeme, die wir uns erarbeiten müssen, indem wir durch Abstrahieren, Schließen und Argumentieren die jeweils uninteressanten Informationen aussondern (N. Postman 1992: 80–101; T. Nørretranders 1997: 47–76). Die faszinierende Fülle der technisch verfügbaren Informationen täuscht heute nicht selten darüber hinweg, dass nicht Wissen, sondern eher planvolles Vergessen, nicht blindlings übernommene Fertigargumente, sondern nur selbständig nachvollzogene und geprüfte Argumente Erkenntnisfortschritt erlauben. 155

Schließlich haben gerade die unbestreitbaren Erfolge argumentativer Vernunft auf naturwissenschaftlichem und technischem Gebiet auch Zweifel und Skepsis hervorgerufen. Immer mehr Menschen halten Umweltschäden, Arbeitslosigkeit und verbreitete Desorientierung für unausweichliche Folgen einer ›kalten, zerstörerischen Ratio- 156 nalität‹, die den einzelnen Menschen belanglos und handlungsunfähig mache und sein Schicksal der Logik industrieller Produktion unterordne. Sie lehnen diese Logik deshalb ab und ersetzen sie durch mancherlei spontaneistische, religiös-esoterische oder poltitisch-aktionistische Orientierungen.

1.4.4 Krise der Rationalität?

157 Die Aufzählung ließe sich leicht fortsetzen und ergänzen. Wichtiger ist aber die grundsätzliche Frage, ob die genannten und weitere mögliche Hinweise etwa auf eine aktuelle Krise der Rationalität hindeuten. Dagegen spricht, dass es gewiss nie ein goldenes Zeitalter der Argumentation gegeben hat. Im Gegenteil: Über entwickelte Argumentationsfähigkeiten verfügten in der Vergangenheit stets nur kleine Eliten. Erst in den letzten Jahrzehnten kamen in den Industriegesellschaften immer mehr Menschen in den Genuss weiterführender Ausbildung. Wäre es deshalb nicht angebracht, eher von einem Aufschwung als von einer Krise der Rationalität zu sprechen?

158 Ein quantitativer – und in manchen Bereichen wohl auch qualitativer – Aufschwung ist zwar gewiss nicht zu leugnen. Zu bedenken ist aber, dass die ungebildeten Massen vergangener Zeiten ihr Leben an festgefügten mythischen oder religiösen Weltbildern oder an den starren Handlungsmustern der überlieferten Milieus ausrichten konnten. Insofern hatten diese Massen, wie unaufgeklärt und ausgebeutet ihre Existenz aus heutiger Sicht immer erscheinen mag, auch nur geringen Argumentationsbedarf; die jeweils herrschenden Eliten dürften zudem Argumente ihrer Untergebenen weder gewünscht noch geduldet haben. Die moderne Industriegesellschaft ist dagegen grundsätzlich auf die argumentative Rationalität jedes einzelnen Bürgers angewiesen; der Bürger muss Argumente zur Kenntnis nehmen und bisweilen auch selbst argumentieren, wenn er sich orientieren, seine Rechte wahrnehmen, am politischen Leben teilnehmen und Wahlentscheidungen treffen soll.

159 Solche Argumentation setzt jedoch bereits dann, wenn es in deskriptiven Argumenten um sachliche Aussagen geht, ein Interesse an der jeweiligen Konklusion und engagierten Zweifel an deren Richtigkeit voraus. Wo aber in modernen Gesellschaften Information und medial vermittelte Argumentation in geradezu bedrängendem Überfluss vorhanden sind und entsprechender Orientierungsmangel herrscht, wo bisweilen das Bedürfnis nach Gewissheit und sozialer Zugehörigkeit stärker ist als der Wunsch nach vorurteilsfreier Erkenntnis, dort wird man jene Auffassungen nur ungern nüchtern in Zweifel ziehen, denen man doch Sicherheit, Geborgenheit und Freun-

de verdankt. Wo bereits Schüler nicht etwa nur exemplarisch an wissenschaftliches Denken herangeführt, sondern mit den Ergebnissen unterschiedlichster Wissenschaften geradezu überschüttet werden, wo Lehramtsstudenten in sechs oder sieben Semestern neben Psychologie, Pädagogik und Soziologie zwei oder drei Unterrichtsfächer wissenschaftlich studieren sollen, da entwickeln sich oft nicht Neugier und Kritiklust, sondern Überdruss, Gleichgültigkeit und die Tendenz zum Rückzug auf ungeprüfte Vorurteile (K. Bayer 1991: 539–542).

Noch weit schwieriger sind häufig normative Argumentationen. 160
Die moralische und politische Auseinandersetzung über Handlungsalternativen setzt eine gewisse Übereinstimmung in den Wertsystemen und Interessen der Beteiligten voraus; nur dann können wir unseren Partner vielleicht davon überzeugen, dass unser Vorschlag *gemeinsamen* Zielen eher dient als der seine, dass also z. B. unser Urlaubsplan tatsächlich mehr Erholung verspricht. Gibt es dagegen keine gemeinsamen Ziele, so wird die Verständigung wesentlich mühsamer: Sucht der Partner etwa anders als wir nicht Erholung, sondern Zerstreuung, so müssen wir das Bemühen um Verständigung aufgeben oder einen neuen, weit schwierigeren Versuch unternehmen, Erholung und Zerstreuung vor dem Hintergrund allgemeinerer Lebensziele gegeneinander abzuwägen. Sollte man möglicherweise auf eine Verpflichtung hinweisen, nach dem Urlaub nicht erschöpft, sondern tatkräftig und erholt an seinen Arbeitsplatz zurückzukehren? Wird unser Partner eine solche Verpflichtung akzeptieren? Möglicherweise wird er unsere Argumente als unerlaubte Einmischung in seine persönlichen Angelegenheiten empfinden, so dass die Verständigung endgültig scheitert. Hier hat ausgerechnet die aufklärerisch-argumentative Kritik traditionell einheitlicher Weltbilder eine unübersehbare Fülle verschiedener Lebensentwürfe hervorgebracht und damit auch jene allgemeinsten normativen Übereinstimmungen zerstört, auf die eine argumentative Lösung normativer Konflikte angewiesen wäre.

Diese unsystematischen und lückenhaften Beobachtungen und Ü- 161
berlegungen rechtfertigen gewiss nicht die pauschale – und ganz offensichtlich falsche! – Behauptung, Argumentation finde nicht mehr statt. Nach wie vor wird in vielen Familien, Schulen, Universitäten, Parteigremien, Parlamenten und selbst an Stammtischen durchaus redlich und bisweilen bewundernswert folgerichtig argumentiert. Vielmehr geht es um die grundsätzliche Frage, ob in modernen westlichen Gesellschaften das enge Nebeneinander zahlreicher kultureller Subsysteme und die Fülle medial vermittelter Informationen über neue Argumentationsanlässe hinaus auch zunehmend die Kompetenz und die Bereitschaft zu argumentativer Verständigung hervorbringen; oder ob modernes Bildungssystem, kulturelle Differenzierung und Informa-

tionsüberschuss einen Rückzug auf das je eigene Weltbild und die Verweigerung gruppenübergreifender Argumentation begünstigen – worauf einige der oben genannten Anzeichen hindeuten.

162 Diese Frage kann hier nicht abschließend beantwortet werden. Aber auch Optimisten sollten Anzeichen einer immerhin möglichen Krise der Rationalität nicht mit Hinweisen auf die Ausweitung weiterführender Ausbildung oder auf die Zunahme medienvermittelter Argumentation abtun. Wenn die politischen und wissenschaftlichen Erfolge neuzeitlicher Rationalität wirklich in einer verhängnisvollen Dialektik die Grundlagen eben jener argumentativen Methode zerstörten, der sie sich doch verdanken, dann wäre dies höchst beunruhigend. Wer sich mit Argumentation und Argumentationsanalyse befassen will, tut deshalb gut daran, die genannten Erscheinungen zur Kenntnis zu nehmen und sein Engagement für argumentativen Sprachgebrauch sorgfältig zu begründen.

1.4.5 Argumentation als Machtausübung?

163 In den bisherigen Abschnitten wurden verschiedene Gründe angeführt, die Argumentation durchweg als etwas Erstrebenswertes erscheinen lassen:

- Argumentation ermöglicht die notwendige Kritik unserer schnellen, aber irrtums- und verführungsanfälligen Intuitionen.
- Für den Aufbau und den Gebrauch unserer Weltbilder spielen Argumente eine zentrale Rolle, vor allem bei Erklärungen und Voraussagen sowie bei der für die Erweiterung unseres Wissens entscheidenden Widerlegung von Hypothesen.
- Angesichts der unvermeidlichen Unsicherheit und Vorläufigkeit menschlicher Erkenntnis sind wir jederzeit dringend auf Kritik angewiesen.
- Argumentative Kritik bietet eine gewisse – wenn auch häufig nur geringe – Chance, hartnäckige Irrtümer und Vorurteile aufzubrechen.
- Argumentative Auseinandersetzung bietet eine relativ friedliche Methode der gewaltfreien Konfliktlösung.
- Argumentative Auseinandersetzung bietet eine Chance, Empathie zu entwickeln und fremde Positionen nicht einfach als fremd und böswillig abzulehnen, sondern ihre Begründungen nachzuvollziehen.

164 Neben diesen guten Gründen für das Argumentieren gibt es aber auch gewichtige Gegengründe. Ein sehr grundsätzlicher Einwand ergibt sich aus dem Umstand, dass Argumente über ihre Prämissen unvermeidlich immer schon das Weltbild dessen voraussetzen, der sie ver-

tritt. Mehr noch, sie setzen dieses Weltbild nicht nur voraus, sondern sie stellen einen beabsichtigten oder unbeabsichtigten Schritt zur *Durchsetzung* dieses Weltbildes dar. Die Begriffsnetze und Normensysteme menschlicher Weltbilder sind aber alles andere als objektiv und neutral: Sie sind vielmehr so konstruiert, dass sie zwar in ihren allgemeinsten Merkmalen für die *Spezies* Mensch, in ihrer näheren Ausgestaltung aber bereits nur mehr für die Menschen bestimmter *Kulturen und Gruppen* und in ihren ganz speziellen Ausprägungen sogar nur noch für *einzelne* Menschen nützlich sind. Deshalb ist jede nichttriviale Argumentation zum Pro und Contra einer Konklusion nicht nur eine Auseinandersetzung über diese Konklusion, sondern zugleich auch ein mehr oder weniger offenes Kräftemessen der beteiligten Weltbilder. Wer argumentiert, der tritt nicht nur für seine Ansichten in der gerade aktuellen Diskussion ein, sondern für das Weltbild, das ihm selbst nützt, aber deshalb nicht unbedingt auch seinen Gesprächspartnern Nutzen bringt. Insofern geht es beim Argumentieren unvermeidlich nicht nur um die Sache, sondern auch um Macht.

Eindrucksvolle Beispiele dafür lassen sich in der Geschichte der 165
verschiedensten Kolonisationen und Missionen finden: Europäische Kolonialherren und Missionare waren vielfach aus der Perspektive ihrer Weltbilder durchaus davon überzeugt, dass sie die besseren Argumente hatten, dass sie den ›Aberglauben‹ der Eingeborenen durch verlässlichere Erkenntnis, ein besseres politisches System und möglicherweise durch die einzig wahre Religion ersetzten. Zugleich ist aber heute vielfach offensichtlich, dass noch die friedlichsten Missionare durch Bildung und religiöse Erziehung der jeweiligen Eingeborenen die Macht ihrer Kirchen und den Einfluss ihrer europäischen Mutterländer ausgebaut haben. Der gleiche Mechanismus ist auch in Alltagsargumentationen wirksam. Wer für ein bestimmtes Urlaubsziel, für eine bestimmte Anschaffung, für die Wahl eines bestimmten Restaurants oder für eine bestimmte Tagesplanung plädiert und sich schließlich durchsetzt, besetzt damit – selbst wenn er tatsächlich die besseren Argumente vorgebracht haben sollte – unvermeidlich zugleich strategisch wichtige Positionen für das weitere Zusammenleben. Solche Machtausübung wird noch problematischer, wenn jemand sprachlich geschickter oder auch nur rücksichtsloser ist als seine Gesprächspartner. Möglicherweise obsiegen dann nicht die besseren, sondern die raffinierter oder lauter vorgebrachten Argumente.

Schließlich ist Argumentation überall dort fragwürdig, wo es um 166
Angelegenheiten des individuellen Gefühls und Geschmacks und um persönlichste Lebensentscheidungen geht. Wo der einzelne ohne Schaden für andere seinen Gefühlen, Vorlieben und spontanen Eingebungen folgt, kann man mit ihm darüber zwar gewiss zwanglose Ge-

spräche führen; auf eindringliche – und in solchen Fällen in der Regel indiskrete und wenig taktvolle – Argumentation sollte man dort aber grundsätzlich verzichten.

167 Diese Überlegungen sind geeignet, eine naive Argumentationseuphorie zu dämpfen. Die zu Beginn dieses Abschnitts angeführten Gründe für das Argumentieren sind zwar gewichtig: Argumentation ist ohne Zweifel ein nützliches Instrument der Erkenntnis und der Konfliktlösung. Aber die Anwendung dieses Instruments ist nicht ohne Nebenwirkungen: Wer argumentiert, übt Macht aus; auch die friedlichste Argumentation verweist auf eine Konkurrenz zwischen den Weltbildern der Beteiligten. Eine gänzlich herrschaftsfreie Interaktion zwischen Menschen als evolutionär entstandenen und deshalb unvermeidlich miteinander konkurrierenden Lebewesen (K. Bayer 1996: 1–32) ist allerdings auch gar nicht denkbar. Vernünftig erscheint allein ein Mittelweg, der utopische Erwartungen an einen herrschaftsfreien Diskurs meidet und sich zugleich hütet, jegliche Argumentation als bloße Machtausübung zu verteufeln. Bei der Suche nach diesem Mittelweg ist es hilfreich, sich Klarheit über Argumentformen und Argumentationsstrukturen zu verschaffen. Die beiden folgenden Kapitel sind aus vielerlei Gründen gewiss nicht geeignet, die Argumentationsfähigkeit des Lesers zu verbessern oder gar ihn das Argumentieren allererst zu lehren; sie sollten ihm nur eine erste Anleitung zur Untersuchung und Bewertung eigener und fremder Argumente bieten.

2. Der Aufbau von Argumenten

2.1 Semantische und kommunikationstheoretische Grundlagen

2.1.1 Formulierung, Aussage, Sachverhalt

Wer eine Brücke bauen will, wird zunächst die Beschaffenheit der Flussufer oder der Talhänge untersuchen, die der Brücke als Widerlager dienen sollen. Ebenso müssen wir, bevor wir uns im folgenden eingehend mit dem Übergang von den Prämissen zur Konklusion befassen, zunächst den Status dieser Einheiten klären. Prämissen und Konklusion eines Arguments sind Sätze. Da diese Sätze *formuliert* wurden, um etwas auszudrücken, kann man statt von Sätzen auch von **Formulierungen** sprechen (A. Naess 1975: 1–7). 168

Formulierungen können in unterschiedlichen Situationen und Zusammenhängen sehr unterschiedliche **Aussagen** ausdrücken. Die Formulierung »Ich möchte ein Schloss kaufen« wird in einer Eisenwarenhandlung sicher etwas ganz anderes ausdrücken als in einem exklusiven Maklerbüro; die Formulierung »Das sind süße Kätzchen« wird in einem Tierheim anders gemeint und verstanden als vor einem Weidenzweig. Ernste Missverständnisse sind nur deshalb *relativ* selten, weil Sprachgebrauch und Situationsdeutungen der Kommunikationsteilnehmer in der Regel *relativ* ähnlich sind und weil ihnen der jeweilige Kontext bekannt ist (K. Bayer 1996: 94–119). Reißt man Formulierungen aus ihrem Zusammenhang, so ist mit Missverständnissen zu rechnen. 169

Eine Formulierung wie »Maria ist schön« ist etwas anderes als die Aussage, die sie zum Ausdruck bringt. Formulierungen sind Wortketten. Aussagen sind dagegen Denkinhalte. Verschiedene Formulierungen wie »Maria ist schön«, »Maria is beautiful«, »玛丽很漂亮« oder »Maria est belle« können dieselbe Aussage ausdrücken; alle drücken aus, dass Maria schön ist. Umgekehrt kann ein und dieselbe Formulierung je nach Zusammenhang verschiedenen Aussagen Ausdruck geben: »Es ist acht Uhr« bedeutet morgens etwas anderes als abends. 170

Man kann zudem zwar sinnvoll von deutschen, englischen, chinesischen oder französischen Formulierungen sprechen; Aussagen gehören dagegen nicht einer einzelnen Sprache an; im obigen Beispiel ist die Aussage, dass Maria schön ist, die nicht einzelsprachlich gebundene Bedeutung, die den vier einzelsprachlichen Formulierungen gemeinsam ist. Schließlich kann man nicht von Formulierungen, son- 171 dern nur von Aussagen feststellen, sie seien wahr oder falsch: Der Satz »Maria ist schön« ist allenfalls grammatisch korrekt; die Aussage, dass Maria schön ist, ist dagegen wahr oder falsch – je nachdem, wie Maria aussieht und wie man ihr Aussehen beurteilt.

172 Aussagen unterscheiden sich nicht nur von den Formulierungen, die ihnen Ausdruck verleihen, sondern auch von den **Sachverhalten**, auf die sie sich beziehen. Während Aussagen als Denkinhalte psychische Größen sind, spricht man von Sachverhalten, wenn es um tatsächliche – oder auch nur um hypothetische bzw. vermeintliche! – Eigenschaften und Beziehungen von Dingen geht. Wir nennen Aussagen wahr oder falsch je nachdem, wie es um die entsprechenden Sachverhalte in der Wirklichkeit bestellt ist: Ist – wie bei »China liegt in Asien« – der Sachverhalt, auf den eine Aussage sich bezieht, tatsächlich gegeben, so handelt es sich um eine **Tatsache**; wir nennen die Aussage dann **wahr**. Ist – wie bei »China liegt in Europa« – der entsprechende Sachverhalt nicht gegeben, handelt es sich also nicht um eine Tatsache, so nennen wir die Aussage **falsch**. – Unsere Unterscheidungen lassen sich tabellarisch zusammenfassen:

173

Begriff	**Erläuterung**	**Beispiel**	**zuständige Wissenschaften**
‹**Formulierung**›, ‹**Satz**› einzelsprachlich z.B. deutsch, englisch, chinesisch, französisch, …	Wortkette, sprachliche Einheit	»Maria ist schön«, »Maria is beautiful«, »玛丽很漂亮« »Maria est belle«	Linguistik
‹**Aussage**› übereinzelsprachlich	Denkinhalt, kognitive Einheit	dass Maria schön ist. ‹Marias Schönheit›	Linguistik, Psychologie
‹**Sachverhalt**›, ggf. ‹**Tatsache**› kein Sprachbezug	tatsächliche oder auch nur hypothetische bzw. vermeintliche Eigenschaften oder Beziehungen von Dingen		einschlägige Einzelwissenschaften

Zur Vertiefung: A. Naess 1975: 1–10; G. Patzig 1970: 39–76; K. Bayer 1996: 94–119

2.1.2 Gebrauch und Erwähnung, Objektsprache und Metasprache

174 Diese Unterscheidung zwischen Formulierung, Aussage und Sachverhalt ist insofern schwierig, als wir uns auch über Aussagen und Sach-

verhalte stets nur mit Hilfe von Formulierungen verständigen können. Häufig ist es deshalb nützlich, die Formulierung »Maria ist schön« ausdrücklich von der Aussage, dass Maria schön ist, und dem Sachverhalt, dass Maria schön ist, abzuheben. In geschriebener Sprache hilft man sich durch den Gebrauch unterschiedlicher Schreibweisen: Formulierungen werden in doppelte Anführungszeichen eingeschlossen (»Maria ist schön«). Aussagen und Begriffe als Bestandteile von Aussagen werden mit einfachen Anführungszeichen (die Aussage ‹Maria ist schön›, der Begriff ‹Schönheit›) oder wie in der Tabelle durch die einleitende Konjunktion »dass« markiert. Im Normalfall, beim Sprechen über Sachverhalte, werden keine besonderen Markierungen verwendet.

Man unterscheidet in diesem Zusammenhang zwischen **Gebrauch** 175
und **Erwähnung** von Formulierungen (W. C. Salmon 1983: 240–242). Wenn wir über irgendwelche Sachverhalte in der Außenwelt sprechen, *gebrauchen* wir Formulierungen und *erwähnen* Dinge, etwa einen Stuhl oder eine Tasse. Manchmal sprechen wir dagegen über sprachliche Ausdrücke; dann erwähnen wir diese Ausdrücke. Um keine Verwirrung anzurichten, müssen wir stets deutlich markieren, ob wir Ausdrücke erwähnen oder gebrauchen. Wir dürfen nicht schreiben »Stuhl hat fünf Buchstaben« oder noch schlimmer »Der Stuhl hat fünf Buchstaben«, sondern wir müssen zunächst einen Namen für das Wort »Stuhl« bilden. Namen für sprachliche Ausdrücke bildet man, indem man diese Ausdrücke in Anführungszeichen setzt. Korrekt wären also » »Stuhl« hat fünf Buchstaben« oder »Das Wort »Stuhl« hat fünf Buchstaben«.

Wenn wir auf diese Weise die deutsche Sprache gebrauchen, um 176
uns über Ausdrücke der deutschen Sprache zu verständigen, dann dient uns die deutsche Sprache gleichzeitig als **Objektsprache** (als die Sprache, die das Objekt der Beschreibung ist) und als **Metasprache** (als die Sprache, die als Beschreibungsinstrument dient). Reibungslos funktioniert das aber nur dann, wenn wir in die Metasprache durch den Gebrauch von Anführungszeichen Namen für die zu beschreibenden Ausdrücke einführen.

Man kann leicht sehen, dass die Forderung nach dem korrekten 177
Gebrauch von Anführungszeichen keineswegs bloße Pedanterie ist. Wenn ein Schüler in einer Grammatikarbeit schreibt »Die dicke Irma ist ein schwer zu analysierendes Subjekt« oder »Die dicke Irma kann ich nicht einordnen«, wird man stutzen und sich fragen, ob von irgendeiner dicken Irma oder von der Wortfolge »die dicke Irma« die Rede ist. Ähnlich irritierend wären die Sätze »Ännchen von Tharau ist ein altes Lied« oder »Habe nun, ach! Philosophie, Juristerei und Medizin, und leider auch Theologie durchaus studiert kann ich nicht ohne

weiteres interpretieren« oder gar »Der Hund hat ebenso viele Beine wie Buchstaben«.

178

Begriff	Beispiel	Gebrauch und Erwähnung	Kommentar
‹Metasprache› Sprache, mit der man sich über eine andere Sprache, die Objektsprache, verständigt	»Das Wort »Hund« hat vier Buchstaben« – Die metasprachliche Aussage dient im Beispiel zur Verständigung über die objektsprachliche Aussage ⇓	Gebrauch des Namens »»Hund«« zur Erwähnung des Wortes »Hund«	⇐ Die nebenstehende *Erläuterung* gehört der Meta-Metasprache an: »»Hund«« wird gebraucht als Name zur Erwähnung des Namens »Hund« usf.
‹Objektsprache› Sprache, über die man sich mit Hilfe einer Metasprache verständigt	»Der Hund hat vier Beine« – Die objektsprachliche Aussage dient im Beispiel zur Verständigung über die Außenwelt ⇓	Gebrauch des Wortes »Hund« zur Erwähnung des Hundes	⇐ Diese *Erläuterung* gehört der Metasprache an. »Hund« wird gebraucht als Name zur Erwähnung des Wortes »Hund«.
‹Außenwelt›		entfällt	[Der Hund gebraucht allenfalls das Männchenmachen zur Erwähnung seines Gehorsams oder seines Wunsches nach Hundekuchen.]

179 Es gibt aber noch einen tieferen Grund für eine klare Unterscheidung von Gebrauch und Erwähnung. Sätze wie »Ich lüge« oder »Dieser Satz ist falsch« haben in der Vergangenheit lange philosophische Diskussionen ausgelöst, weil man nicht erkannte, dass in diesen Sätzen Gebrauch und Erwähnung unzulässig vermischt werden und sie also gleichzeitig objekt- und metasprachliche Funktion haben. Das führt zu irritierenden Widersprüchen (W. C. Salmon 1983: 246f.): Lügt derjenige, der sagt, dass er lügt, oder sagt er die Wahrheit? Ist ein Satz, der sich auf sich selbst bezieht und von sich selbst Falschheit behauptet, tatsächlich falsch oder doch wahr?

Zur Vertiefung: W. C. Salmon 1983: 240–247

2.1.3 Interpretation

Wenn wir argumentieren, tun wir gut daran, Prämissen und Konklusion so genau zu formulieren, dass Missverständnisse möglichst vermieden werden. Wenn wir etwa Argumente für einen Ausflug zusammentragen, dann sollte die Konklusion vielleicht nicht »Wir unternehmen einen Ausflug« lauten, sondern zum Beispiel »Wir unternehmen in der zweiten Septemberwoche einen Ausflug in den Schwarzwald«. Wenn wir die Konklusion so unpräzise wie im ersten Fall formulieren, werden wir vielleicht zunächst Einigkeit über den Ausflug erzielen; danach wird sich aber möglicherweise schon bald neuer Streit ergeben: Einige Gesprächsteilnehmer werden den September für ungeeignet oder den Schwarzwald für ein wenig attraktives Reiseziel halten. Dann müssen wir von neuem Argumente austauschen. Wir sollten uns also möglichst früh um angemessen präzise Formulierungen bemühen. 180

Im alltäglichen Leben nennt man die verschiedenen Weisen, eine Formulierung zu verstehen, Interpretationen. Wenn jemand sagt: »Irma ist heute wieder mächtig in Schwung«, so wird vielleicht ein Zuhörer so etwas wie »Irma ist heute wieder sehr aktiv«, ein anderer »Irma ist heute wieder sehr reizbar« und wieder ein anderer möglicherweise sogar »Irma macht heute wieder große Pläne« verstehen. Wenn wir in dieser Weise von Interpretationen reden, beziehen wir uns auf gedankliche Abläufe, die nicht beobachtet werden können. Untersuchen können wir Interpretationen aber erst, wenn wir sie mit Hilfe von Formulierungen zum Ausdruck gebracht haben. Wir werden deshalb die Bezeichnung »Interpretation« nicht auf unbeobachtbare Denkprozesse, sondern auf sprachliche Formulierungen anwenden: *Eine Formulierung* F_1 *ist demnach eine* **Interpretation** *einer Formulierung* F_0, *wenn* F_1 *in mindestens einem Zusammenhang dieselbe Aussage ausdrücken kann wie* F_0 (A. Naess 1975: 10–21). 181

Wenn F_1 eine Interpretation von F_0 ist, dann ist selbstverständlich umgekehrt auch F_0 eine Interpretation von F_1. Wenn dagegen F_1 und F_2 Interpretationen von F_0 sind, so muss F_2 deshalb durchaus keine Interpretation von F_1 sein, wie die folgenden Beispiele zeigen: 182

F_0: Peter kommt um sieben Uhr 183
F_1: Peter kommt um sieben Uhr abends
F_2: Peter kommt um sieben Uhr morgens

Das Nachdenken über mögliche Interpretationen einer Formulierung ist selbstverständlich kein Selbstzweck. In einem bestimmten Zusammenhang sind zu einer bestimmten Formulierung F_0 zwar oft zahlreiche Interpretationen F_i grundsätzlich möglich; von Belang sind aber nur die Interpretationen, die zu wesentlichen Missverständnissen füh- 184 ren können. In einer Skatrunde wird auf die Äußerung »Karl gibt« wohl kaum jemand mit der Frage »Wie? Beteiligt er sich an einer Spendenaktion?« reagieren. Die der Frage zugrundeliegende Interpretation ist in diesem Zusammenhang kaum angemessen; sie taugt nicht einmal für einen Kalauer und muss normalerweise nicht lange bedacht werden.

185 Die Interpretationsmöglichkeiten einer Formulierung hängen häufig davon ab, wie bestimmte in ihr verwendete **Bezeichnungen** interpretiert werden können. Beispiele für Bezeichnungen sind »Cäsar«, »die Münchener Frauenkirche«, »der gegenwärtige Bundeskanzler« oder »der Schilift am Hauptbahnhof Hannover«. Solche Ausdrücke können vergangene, gegenwärtige oder zukünftige Dinge bezeichnen; sie können selbst dann eine Bedeutung haben, wenn wie im letzten Beispiel kein Objekt existiert, das sie bezeichnen könnten. Wir wollen festlegen, dass *eine Bezeichnung* B_1 *genau dann eine Interpretation einer Bezeichnung* B_0 *ist, wenn aus einer Formulierung* F_0 *beim Austausch von* B_0 *durch* B_1 *eine neue Formulierung* F_1 *entsteht, die in mindestens einem Zusammenhang dieselbe Aussage ausdrücken kann wie* F_0. Im Beispiel:

F_0:	Peter schenkt Otto	seine Klapperkiste (B_0)
		⇓
F_1:	Peter schenkt Otto	sein altes Auto (B_1)

F_1 entsteht dadurch, dass in F_0 die Bezeichnung B_0 durch B_1 ersetzt wird. Die Formulierung F_1 ist eine Interpretation von F_0, weil durchaus ein Gesprächszusammenhang denkbar ist, in dem F_1 dieselbe Aussage ausdrücken kann wie F_0. Also ist nach unserer Festlegung die Bezeichnung B_1 auch eine Interpretation von B_0.
Zur Vertiefung: A. Naess 1975: 10–21

2.1.4 Propositionen: Referenz und Prädikation

186 Die Unterscheidung zwischen Formulierungen und Bezeichnungen hängt mit elementaren Grundoperationen menschlichen Denkens und Sprechens zusammen. Wenn wir einen noch so einfachen Inhalt denken oder sprachlich ausdrücken, müssen wir stets zwei Arten von Handlungen vollziehen: Zum einen müssen wir *auf ein Objekt oder auf mehrere Objekte Bezug nehmen*; immer müssen wir *über etwas* nachdenken oder sprechen. Man kann sich das an abweichenden Äußerungen wie

Ist schön
Kommt morgen
Kennt
Gibt

klarmachen, die zwar erkennen lassen, dass dort irgend etwas schön ist, morgen kommt, irgend etwas anderes kennt oder etwas an etwas gibt, aus denen aber nicht hervorgeht, wovon eigentlich die Rede ist.

Zum anderen müssen wir *über die Objekte, auf die wir Bezug nehmen, etwas aussagen*; wir müssen zum Ausdruck bringen, dass sie *bestimmte Eigenschaften* haben oder *in bestimmten Beziehungen* zueinander stehen. Wie notwendig auch dies ist, zeigen wiederum abweichende Äußerungen wie 187

Ich
Peter
Daniel Natalie Computer

in denen zwar durchaus klar wird, wovon die Rede ist, aus denen aber nicht hervorgeht, was über diese Gegenstände eigentlich gesagt werden soll.

Man nennt die Bezugnahme auf Objekte **Referenz**; das Ausdrücken von Eigenschaften einzelner Objekte oder von Beziehungen zwischen Objekten nennt man **Prädikation**. Eine vollständige Aussage, die sowohl referierende als auch prädizierende Teilausdrücke enthält, nennt man auch **Proposition**. Bei der ersten Gruppe von abweichenden Äußerungen oben handelt es sich um Prädikationen ohne Gegenstandsbezug, weil der Sprecher nicht auf Objekte referiert, über die durch die Prädikationen etwas ausgesagt würde. Bei der zweiten Gruppe von abweichenden Äußerungen handelt es sich um Gegenstandsbezüge ohne Prädikation, weil der Sprecher sich auf Gegenstände bezieht, ohne etwas über sie auszusagen. 188

Damit sind wir in der Lage, den Unterschied zwischen Formulierungen und Bezeichnungen klarer zu fassen. Formulierungen drücken vollständige Propositionen aus, die ihrerseits für Sachverhalte stehen. Bezeichnungen sind dagegen die Teile von Formulierungen, mit denen man auf jene Gegenstände referiert, über die in Propositionen etwas ausgesagt wird. In den einfachen Sätzen 189

[Peter] ist schön
[Otto] besucht [seinen Bruder]
[Ludwig] gibt [Irma] [ein Buch]

handelt es sich bei den eingeklammerten Ausdrücken jeweils um Bezeichnungen; die übrigen Ausdrücke dienen der Prädikation; und die einzelnen Sätze drücken jeweils eine vollständige Proposition aus; in einer Skizze:

190 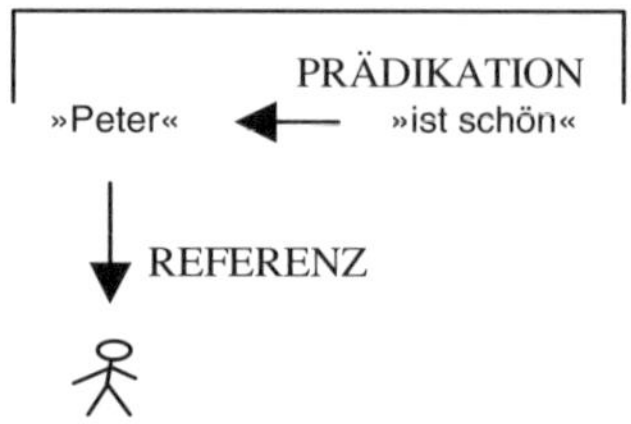

191 Bei Sätzen wie den folgenden sind die Verhältnisse etwas komplexer:

[Peter] behauptet, [dass Inge krank ist]
[Dass Inge krank ist,] macht [mich] traurig
Während [Inge krank ist], [versorgt Jürgen den Haushalt]

Man könnte auf den ersten Blick hin meinen, dass hier zwischen Formulierungen und Bezeichnungen nicht mehr unterschieden werden könne. Das hängt damit zusammen, dass ein Teil der Gegenstände, auf die in den Sätzen Bezug genommen und über die etwas ausgesagt wird, nicht mehr *einfache Objekte*, sondern ihrerseits *Sachverhalte* sind; deshalb *übernehmen Formulierungen die Funktion von Bezeichnungen*. Wir müssen deshalb unseren Referenzbegriff erweitern: *Referenz ist nicht nur die Bezugnahme auf Objekte, sondern auch die Bezugnahme auf Sachverhalte.* Im ersten Satz oben wird ausgesagt, dass zwischen Peter und Inges Kranksein die Beziehung des Behauptens besteht. Im zweiten Satz besteht zwischen Inges Kranksein und dem Sprecher die Beziehung des Traurigmachens; im dritten Satz besteht zwischen Inges Kranksein und der Versorgung des Haushaltes durch Jürgen die Beziehung der Gleichzeitigkeit. In einer Skizze:

192 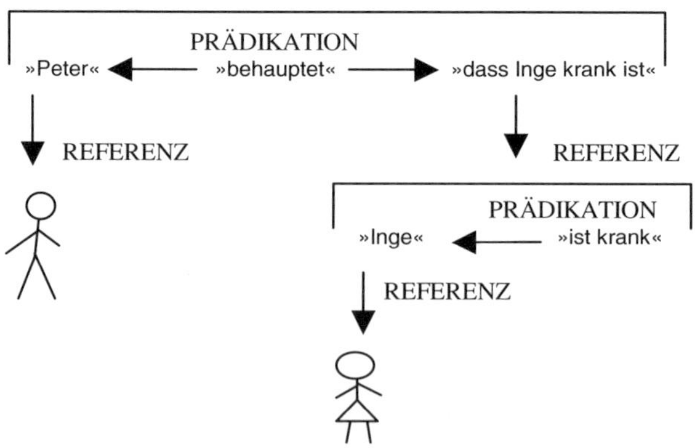

193 Die Ausdrücke »(dass) Inge krank ist« bzw. »Inges Kranksein« und »versorgt Jürgen den Haushalt« bzw. »Versorgung des Haushaltes durch Jürgen« dienen uns hier als Bezeichnungen für Sachverhalte. Zugleich handelt es sich auf der nächstniedrigeren Ebene um Formu-

lierungen, die ihrerseits wiederum Bezeichnungen enthalten. Wenn wir *die eingebetteten Bezeichnungen für Sachverhalte* mit *geschweiften Klammern* kennzeichnen, ergibt sich das folgende Bild:

[Peter] behauptet, {dass [Inge] krank ist}
{Dass [Inge] krank ist,} macht [mich] traurig
Während {[Inge] krank ist}, {versorgt [Jürgen] [den Haushalt]}

In den eingebetteten Formulierungen wird ausgesagt, dass Inge die Eigenschaft des Krankseins zukommt und dass zwischen Jürgen und dem Haushalt die Beziehung des Versorgens besteht.

Auch ohne eine detaillierte Analyse weiterer Beispiele lassen sich 194
die Hauptgründe für die Interpretierbarkeit von Formulierungen leicht erkennen. Formulierungen können zunächst mehrdeutig sein hinsichtlich der in ihnen vorkommenden *Bezeichnungen*. In Sätzen wie

Peter Schmidt wohnt in Hamburg
Die Studenten in Berlin haben Ferien

kann unklar sein, auf welche von mehreren Personen mit dem Namen »Peter Schmidt« der Sprecher sich bezieht oder ob neben den Studenten der Humboldt-Universität auch die der Freien Universität, der Technischen Universität und der Fachhochschulen gemeint sind. Formulierungen können darüber hinaus mehrdeutig sein hinsichtlich der *Ausdrücke, mit denen Eigenschaften und Beziehungen der bezeichneten Gegenstände ausgesagt werden.* In

Irma ist krank
Während Karl badete, saß Erna frierend am Ufer

bleibt völlig offen, ob Irma geistig oder körperlich, chronisch oder akut, schwer oder leicht usw. erkrankt ist bzw. ob der Sprecher nur ein zeitliches Zusammenfallen oder aber einen Gegensatz zwischen Karls Baden und Ernas Frieren ausdrücken will. Schließlich können komplexe Formulierungen mehrdeutig sein hinsichtlich der *Beziehungen zwischen den verknüpften oder eingebetteten Formulierungen.* In

Otto bat Angelika, ihre Bücher zu holen, um Klaus zu helfen

bleibt undeutlich, ob Otto selbst Klaus durch seine Bitte an Angelika helfen will oder ob er Angelika veranlassen möchte, Klaus zu helfen.

2.1.5 Scheineinigkeit und Scheinuneinigkeit

Es bedarf keiner großen Phantasie, sich klarzumachen, wie die Viel- 195
falt möglicher Interpretationen zu Missverständnissen führen und das Argumentieren behindern kann. Nicht selten beginnen die Missverständnisse schon, bevor überhaupt Argumente vorgetragen werden: Man ist sich dann eventuell nur **scheinbar einig**, so dass die eigentlich notwendige Argumentation unterbleibt – meist mit der Folge, dass

wenig später Enttäuschung und Streit entstehen. Oder man ist sich nur **scheinbar uneinig**, so dass eine ganz und gar überflüssige und oft – gerade wegen ihrer erst allmählich zutage tretenden Überflüssigkeit – belastende Diskussion entsteht (A. Naess 1975: 68–86). Zum Beispiel äußert ein Sprecher die Formulierung F_0 und hat dabei als Interpretation die Formulierung I_1 im Sinn. Sein Zuhörer interpretiert F_0 aber im Sinne der Formulierung I_2; wenn man ihn danach fragte, würde er sagen, dass I_2 für ihn etwas anderes bedeutet als I_1. Insofern liegt in jedem Fall ein Missverständnis vor. Legen wir die folgenden Beispielformulierungen zugrunde:

196 F_0: Das deutsche Steuersystem ist ungerecht
I_1: Das Steuersystem ist nur für Experten durchschaubar
I_2: Industrie und Besserverdienende erfüllen ihre Solidaritätspflichten nicht

197 Da der Sprecher F_0 im Sinne von I_1 geäußert hat, können wir davon ausgehen, dass er I_1 für wahr hält (Spalte 1). I_2 spielt für ihn keine Rolle; vielleicht hat er an diese Interpretation gar nicht gedacht. Der Hörer denkt seinerseits nicht an I_1; für die Einschätzung seiner Einigkeit oder Uneinigkeit mit dem Sprecher ist es aber wichtig, wie er I_1 beurteilen würde, wenn man ihn danach fragte (Spalte 2). Da der Hörer die Äußerung des Sprechers im Sinne von I_2 interpretiert, ist seine Beurteilung von I_2 (Spalte 3) wichtig für seine tatsächliche Reaktion. Die folgende Tabelle zeigt, welche Situationen entstehen können:

198

	Spalte 1	Spalte 2	Spalte 3	Spalte 4	Spalte 5	Spalte 6
	Sprecher	Hörer		tatsächlich einig?	verbal einig?	scheineinig/ scheinuneinig?
	akzeptiert:	akzeptiert:				
	I_1	I_1	I_2			
Zeile 1	ja	ja	ja	ja	ja	–
Zeile 2	ja	ja	nein	ja	nein	scheinuneinig
Zeile 3	ja	nein	ja	nein	ja	scheineinig
Zeile 4	ja	nein	nein	nein	nein	–

199 Wenn der Hörer sowohl I_1 als auch I_2 akzeptiert (Zeile 1) oder ablehnt (Zeile 4), herrschen trotz des grundsätzlichen Missverständnisses insofern klare Verhältnisse, als Sprecher und Hörer sich bezüglich der Aussageabsicht des Sprechers (I_1) tatsächlich einig bzw. uneinig sind (Spalte 4). Der Hörer wird, wenn auch aufgrund falscher Voraussetzungen, wahrscheinlich verbal angemessen reagieren (Spalte 5).

200 Kritischer wird es, wenn der Hörer I_1, aber nicht I_2 akzeptiert (Zeile 2). Dann wird er dem Sprecher widersprechen (Spalte 5), obwohl er bezüglich I_1 tatsächlich mit ihm einig ist (Spalte 4). Wenn er umge-

kehrt I_2, nicht aber I_1 akzeptiert (Zeile 3), wird er dem Sprecher zustimmen (Spalte 5), obwohl er mit ihm tatsächlich nicht einig ist (Spalte 4). In diesen Fällen (Spalte 6) liegen **Scheinuneinigkeit** (Zeile 2) und **Scheineinigkeit** (Zeile 3) vor.
Zur Vertiefung: A. Naess 1975: 68–86

2.1.6 Präzisierung

Formulierungen mit allzu großem Interpretationsspielraum sollte man 201
angesichts solcher Schwierigkeiten bei Bedarf präzisieren, indem man sie durch Formulierungen mit geringerem Interpretationsspielraum ersetzt (A. Naess 1975: 22–67). Nehmen wir an, die Formulierungen I_1 bis I_n seien Interpretationen einer unpräzisen Formulierung F_U:

202

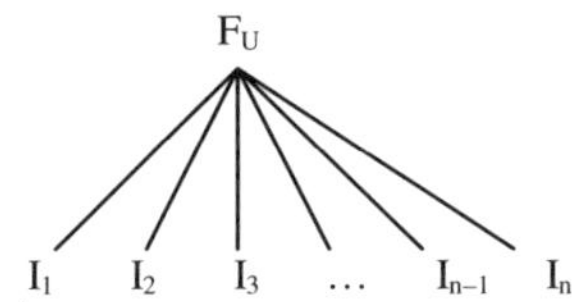

Nehmen wir weiter an, insbesondere die Interpretation I_n gebe zu 203
Missverständnissen Anlass; wir ersetzen deshalb F_U durch eine Formulierung F_P, die diese missverständnisträchtige Interpretation I_n nicht zulässt:

204

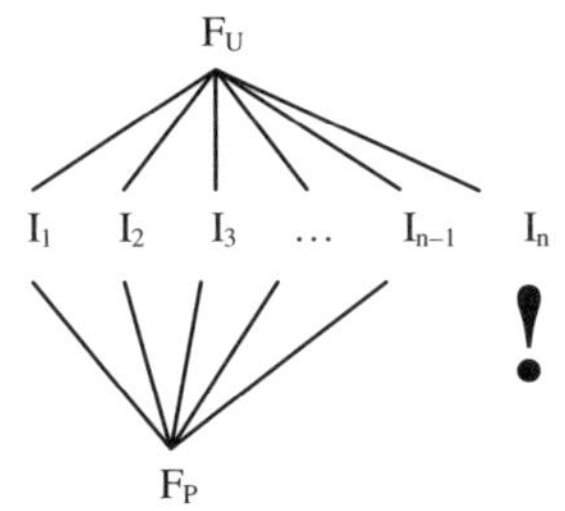

Wir können dann sagen, F_P sei präziser als F_U und also eine **Präzisie-** 205
rung von F_U. Wenig nützlich wäre es dagegen gewesen, wenn wir eine neue Formulierung $F_?$ gewählt hätten, die an Stelle der unerwünschten Interpretation I_n eine neue Interpretation, z.B. I_0, zuließe, die nicht Interpretation von F_U ist:

206

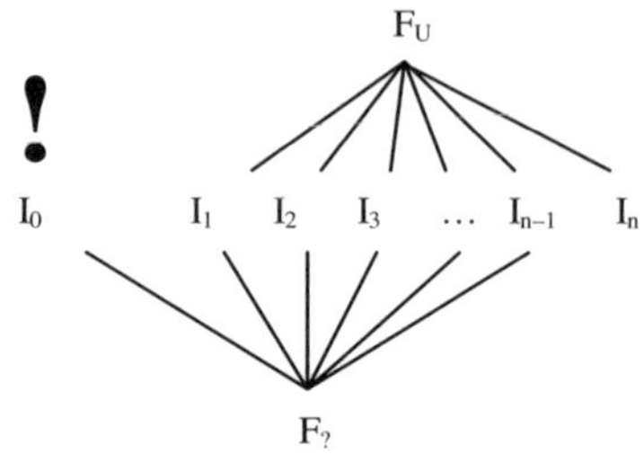

207 Denn dann wäre die bei I_n ausgeräumte Mehrdeutigkeit durch die neu hinzugetretene Interpretation I_0 von $F_?$ sozusagen ›durch die Hintertür‹ wieder hereingekommen: $F_?$ wäre keine Präzisierung von F_U.

208 Greifen wir noch einmal auf unser obiges Beispiel zurück. Die Formulierung F_0 »Peter kommt um sieben Uhr« ist missverständlich, weil sie sich sowohl auf den Abend (I_1) als auch auf den Morgen (I_2) beziehen kann. Die Formulierung F_1 »Peter kommt um sieben Uhr abends« wäre hier durchaus eine angemessene Präzisierung, weil sie ausschließt, dass Peter morgens kommt (I_2). Das würde sinngemäß auch für F_2 »Peter kommt um sieben Uhr morgens« gelten. Eine Formulierung $F_?$ »Peter kommt abends« wäre dagegen als Präzisierung ungeeignet, weil sie neue Interpretationen wie »Peter kommt um acht Uhr abends« (I_3) oder »Peter kommt um sechs Uhr abends« (I_4) zuließe.

209

Ausgangsformulierung		**angemessene Präzisierung** (schließt Interpretation I_2 aus)		**misslungene Präzisierung** (schließt zwar Interpretation I_2 aus, führt dafür aber z.B. I_3 und I_4 ein)	
F_0	»Peter kommt um sieben Uhr«	F_1	»Peter kommt um sieben Uhr abends«	$F_?$	»Peter kommt abends«
2 Interpretationen		**1** Interpretation		mindestens **3** Interpretationen	
I_1	»Peter kommt um sieben Uhr abends«	I_1	»Peter kommt um sieben Uhr abends«	I_1	»Peter kommt um sieben Uhr abends«
I_2	»Peter kommt um sieben Uhr morgens«	!			
				I_3 !	»Peter kommt um acht Uhr abends«
				I_4 !	»Peter kommt um sechs Uhr abends«

Es bietet sich an, die Interpretationsmengen beliebiger Formulierungspaare F_1 und F_2 in Mengendiagrammen darzustellen: 210

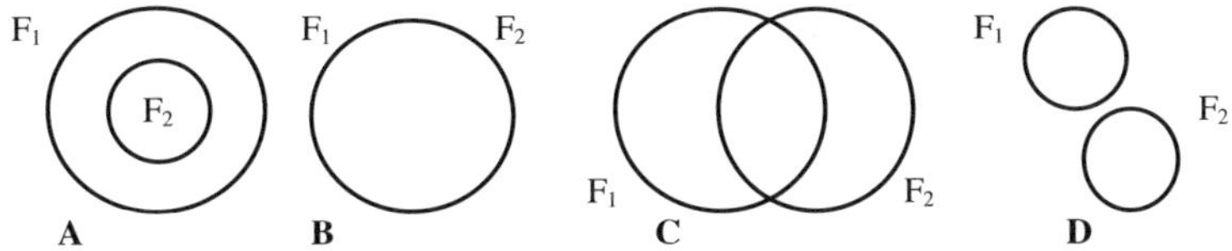

Bei A ist die Interpretationsmenge von F_2 tatsächlich geringer als die von F_1; F_2 hat darüber hinaus keine Interpretationen, die nicht auch Interpretationen von F_1 sind; F_2 ist eine Präzisierung von F_1. Bei B sind beide Interpretationsmengen gleich; die Formulierungen sind gleich präzise. Bei C schließt F_2 zwar bestimmte Interpretationen von F_1 aus; F_2 hat aber Interpretationen, die nicht Interpretationen von F_1 sind; F_2 ist also nicht präziser als F_1. Bei D haben F_1 und F_2 schließlich keine Interpretationen gemeinsam; sie lassen sich hinsichtlich ihrer Präzision nicht sinnvoll vergleichen. 211

In unserem Beispiel haben wir uns bewusst auf wenige Interpretationsmöglichkeiten für F_0 beschränkt. F_0 ließe zweifellos noch weitere Interpretationen zu: Wie ist »Peter kommt …« zu interpretieren? Kommt dieser Peter in die Schule? In die Universität? In ein Restaurant? Welcher Peter ist gemeint? usw. 212

Warum soll man solche Überlegungen anstellen? Handelt es sich dabei nicht eher um ein Betätigungsfeld für Pedanten? Wenn etwa ein paar Studenten um 18.30 Uhr in einer Gaststätte sitzen und auf ihren Kommilitonen Peter warten, dann ist die Formulierung »Peter kommt um sieben« gewiss präzise genug. Wer hier eine Formulierung gebrauchte wie »Der am 26.5.1987 in Göttingen geborene Peter Huber wird heute um neunzehn Uhr abends im Gilde-Brauhaus in Hannover eintreffen«, gäbe sich in der Tat als Pedant zu erkennen. – Betrachten wir dagegen die Formulierung 213

Das neue Sportcoupé von XYZ ist ein umweltfreundliches Auto

Man wird kaum leugnen können, dass Formulierungen dieser Art in der Werbung und in vielen Gesprächen häufig eine wichtige Rolle spielen. Wie ist der Satz »Das neue Sportcoupé von XYZ ist ein umweltfreundliches Auto« zu interpretieren? Wie präzise ist diese Formulierung? Welche Interpretationen lässt sie zu? Hier lassen sich sehr unterschiedliche Interpretationen nennen:

- Das neue Sportcoupé von XYZ verbraucht wenig Benzin. 214
- Das neue Sportcoupé von XYZ produziert geringe Abgasmengen.
- Das neue Sportcoupé von XYZ besitzt einen besonders wirksamen Katalysator.

- Das neue Sportcoupé von XYZ besteht aus wiederverwendbaren Materialien.
- Das neue Sportcoupé von XYZ ist besonders korrosionsbeständig.
- Das neue Sportcoupé von XYZ hat eine günstigere Energiebilanz als ein Schnellzug.
- Das neue Sportcoupé von XYZ wurde mit geringem Energieaufwand produziert.
- Das neue Sportcoupé von XYZ ist ein Dieselfahrzeug.
- Das neue Sportcoupé von XYZ bietet vier bis fünf Personen Platz.
- Das neue Sportcoupé von XYZ ist in naturnahen Farben lackiert.
- Das neue Sportcoupé von XYZ verzichtet auf extreme Beschleunigungswerte.
- Das neue Sportcoupé von XYZ verzichtet auf extreme Geschwindigkeit.
- Das neue Sportcoupé von XYZ erlaubt Fahrten in die unberührte Natur.
- usw.

215 Bereits diese unvollständige Liste zeigt, wie unpräzise die Ausgangsformulierung ist. Wer sie in die Welt setzt, riskiert – oder provoziert absichtlich – Missverständnisse. Wer sie unüberlegt akzeptiert oder nachplappert, pflanzt solche Missverständnisse fort und lässt sich womöglich zum Kauf des Sportcoupés überreden, ohne sich von dessen behaupteter Umweltfreundlichkeit wirklich überzeugt zu haben. Sobald wir aber in eine Argumentation über die Vorzüge des Sportcoupés eintreten, werden wir uns wohl oder übel über die Art der behaupteten Umweltfreundlichkeit klar werden und also präzisieren müssen.

216 Betrachten wir als weiteres Beispiel die normative Formulierung

Bildung für alle!

die als kurzer, zündender Slogan für ein komplexes politisches Programm steht. Slogans auf Flugblättern, Transparenten und Wahlplakaten sind durchaus legitime Mittel politischer Propaganda. So unangebracht deshalb die Forderung wäre, solche Propagandatexte grundsätzlich zu präzisieren, so notwendig ist es für deren Adressaten, sich über die mit ihnen verbundenen Programme klar zu werden. Der Slogan lässt eine große Zahl unterschiedlicher Interpretationen zu:

217

- Historische, literarische und sprachliche Bildung für alle!
- Berufsausbildung für alle!
- Bildung für Kinder und Jugendliche bis zum fünfundzwanzigsten Lebensjahr!
- Bildung für Kinder, Jugendliche und Erwachsene!
- Bedingungslose staatliche Gesamtfinanzierung aller Bildungsaktivitäten!
- Leistungsabhängige staatliche Gesamtfinanzierung aller Bildungsaktivitäten!
- Zeitlich begrenzte staatliche Finanzierung von Bildungsaktivitäten!

- Staatliche Finanzierung aller Begabten, die strenge Eingangstests bestehen!
- Staatliche Zuschüsse zu selbstfinanzierter Bildung!
- Staatliche Finanzierung einer Grundbildung für alle!
- usw.

Es wäre offensichtlich wenig sinnvoll, Argumente für den Slogan 218 »Bildung für alle!« zu suchen. Die Forderung ist so unpräzise, dass zu Beginn eines Gesprächs Scheineinigkeit und Scheinuneinigkeit unausweichlich wären; im weiteren Verlauf wäre immer wieder unklar, auf welche der möglichen Interpretationen sich der jeweilige Sprecher bezöge. Sobald wir die Ebene der bloßen Propaganda verlassen, müssen wir also auch hier präzisieren.

2.1.7 Kosten, Nutzen und Chancen von Präzisierungen

Wenn auf einer Schiffsreise alle Beteiligten wissen, wovon die Rede 219 ist, dann ist es ohne Zweifel unsinnig, statt »Colette ist übel« zu sagen »Die am 13.12.1970 in Heidenheim geborene und mit uns auf dieser Fähre nach Helgoland reisende Colette Schulze leidet aufgrund des hohen Seeganges an einer Störung ihres vegetativen Nervensystems mit Schwindel und Erbrechen«. Auch wenn wir ein politisches Plakat für unsere Partei entwerfen, kommt es nicht auf Präzision, sondern auf knappe, eingängige Sprache an. Wenn wir dagegen Argumente für eine Behauptung oder Forderung sammeln, dann muss häufig die entsprechende Konklusion präzisiert werden. Allerdings geht diese Präzisierung der Argumentation keineswegs immer voraus: Oft führen gerade erst verschiedene Begründungsversuche zur Präzisierung der Konklusion.

Was nützt es aber, wenn die neue Formulierung zwar präzise ist, 220 unsere Adressaten aber hoffnungslos überfordert? Was nützt es andererseits, wenn eine Formulierung einfach ist, zugleich aber so unpräzise, dass sie bestenfalls scheinbares Verstehen und scheinbares Einverständnis erzeugt? Ob wir unsere Formulierungen präzisieren müssen oder nicht, hängt anscheinend von der jeweiligen Situation ab (A. Naess 1975: 34–38). Bei der Entscheidung für eine mehr oder weniger präzise Formulierung spielen verschiedene Fragen eine Rolle:

Kann der Interpretationsspielraum einer Formulierung in der gege- 221 benen Situation überhaupt zu Missverständnissen führen? Lohnt sich also die Präzisierung? Hilft sie, Missverständnisse zu verhüten? Bei der oben erörterten Behauptung über die Umweltfreundlichkeit eines Sportcoupés und bei dem Slogan »Bildung für alle!« gewiss; bei der Formulierung »Irma ist übel« aber wohl nicht.

222 *Ist die präzisere Formulierung für unsere Adressaten sprachlich verständlich?* Präzision ist nicht umsonst zu haben. Je präziser wir formulieren, um so länger, komplexer, unter Umständen fachsprachlicher und deshalb schwerverständlicher wird in vielen Fällen die Formulierung. Schon bei dem Versuch, alltägliche Sätze wie »Die Sonne geht auf« zu präzisieren, entsteht leicht ein längerer und nicht ganz einfacher Text; etwa: »Aufgrund der Rotation der Erde um ihre Achse wird unser gegenwärtiger Standort auf der Erdoberfläche aus dem infolge der ausschließlich geradlinigen Ausbreitung des Sonnenlichts bislang vom Sonnenlicht nicht erreichten Bereich jetzt in den vom Sonnenlicht bestrahlten Bereich gedreht: Die Sonne wird über dem östlichen Horizont sichtbar«. Schon dieser Text wird für manche Adressaten nur schwer lesbar, die in ihm enthaltene Aussage nur schwer nachvollziehbar sein. Wer allerdings einem Kind auf die Frage nach dem Sonnenaufgang eine vernünftige Antwort geben will, wird um entsprechend komplexe Gedanken wohl nicht herumkommen.

223 *Welche Denkanstrengung fordert die präzisere Formulierung von den Adressaten?* Die Interpretationen der Sportwagenwerbung und des Bildungsslogans sowie die relativ präzise Beschreibung des Sonnenaufgangs mögen auch bei nachdenklicheren Lesern Verunsicherung, vielleicht auch eine Art von schlechtem Gewissen ausgelöst haben: Muss man tatsächlich über derart viele Sachverhalte und Möglichkeiten nachdenken, wenn man sinnvoll über Umweltfreundlichkeit, Bildung oder den Sonnenaufgang sprechen will? Sind die dort vorgenommenen Differenzierungen nicht übertrieben? Oder hätte man über diese Dinge vielleicht doch längst einmal nachdenken sollen? Umweltschützer, Bildungspolitiker und Astronomen werden solche Themen ganz selbstverständlich intensiver durchdacht haben als Laien. Andererseits gibt es Situationen, in denen auch der Laie Entscheidungen treffen oder Fragen beantworten muss, die solches Durchdenken voraussetzen (A. Naess 1975: 48–51).

224 Einfache Rezepte gibt es hier nicht. Wir haben oben festgestellt, dass Lebewesen keinerlei direkten Zugang zu ihrer Außenwelt haben. Das gilt selbstverständlich auch für den Zugang des Menschen zu seinen Mitmenschen. Obwohl der einzelne Mensch durch andere beeinflusst wird, ist er beim Aufbau seines Weltbildes doch so vollständig auf sich selbst angewiesen, dass dieses Weltbild sich unvermeidlich von den Weltbildern aller anderen Menschen unterscheiden muss: Kein Mensch hat je in den Kopf eines anderen eindringen können, um die Welt durch die Augen des anderen zu sehen. Trotz aller Kommunikationsanstrengungen bleiben wir in uns selbst allein (K. Bayer 1996: 94–119). Man darf sich deshalb Formulierungen nicht etwa als Transportbehälter vorstellen, mit denen wir Information aus unserem

Kopf einfach in fremde Köpfe übertragen könnten. Eine Formulierung besteht aus materiellen Zeichen, aus Folgen von Luftschwingungen oder Tintenfleckchen auf Papier, die den Adressaten anregen sollen, in seinem Kopf aus den dort bereits vorhandenen Elementen einen Gedanken zu konstruieren. Welcher Gedanke dies schließlich sein wird, hängt deshalb ab von der gewählten Formulierung, ebenso aber auch von diesen im Kopf des Adressaten bereits vorhandenen Elementen und von dessen Sprachkompetenz. Die äußerliche Übereinstimmung der standardisierten Zeichen unserer Sprache lässt uns nur allzu leicht eine Übereinstimmung des Gemeinten mit dem Verstandenen vermuten, von der in Wirklichkeit nicht die Rede sein kann. Durch die Wahl einer präziseren Formulierung können wir deshalb den Adressaten nicht ohne weiteres auch zur Konstruktion eines präziseren Gedankens veranlassen.

Wir werden deshalb stets den aktuellen Präzisierungsbedarf sowie 225
den eigenen und fremden Sprach- und Gedankenaufwand gegeneinander abwägen müssen, bevor wir uns für eine bestimmte Formulierung entscheiden. In jedem Fall tun wir aber gut daran, auch nach entsprechenden Präzisierungen die Möglichkeiten der Kommunikation nicht zu überschätzen und mit Missverständnissen und Misserfolgen zu rechnen.

Nützlich sind Präzisierungen aber noch in einem anderen Zusam- 226
menhang. Wenn jemand etwas sagt, dann kann man häufig durch die Bitte um Präzisierung herausbekommen, ob er sich bei seiner Formulierung wirklich etwas gedacht hat. Die gestelzte Rückfrage »Könntest du das bitte einmal präzisieren?« dürfte wahrscheinlich eher Widerstand provozieren. Weit besser wirkt meist die offene Frage »Wie meinst du das?« oder eine Auswahl möglicher Interpretationen »Ist das Sportcoupé von XYZ umweltfreundlich, weil es wenig Benzin verbraucht? Oder weil es einen besonders wirksamen Katalysator hat? Oder weil es aus wiederverwendbaren Materialien besteht?« usw. Man merkt bei der Reaktion auf solche Frage meist sehr schnell, ob der Gesprächspartner – oder man selbst! – vor dem Sprechen nachgedacht oder nur »gedankenloses Gewäsch« (A. Naess 1975: 33) von sich gegeben hat. Wer auf Nachfragen nur mit »Weiß ich auch nicht« oder »Darüber habe ich mir noch keine Gedanken gemacht« antworten kann, ist gut beraten, sich die Sache noch einmal zu überlegen.
Zur Vertiefung: A. Naess 1975: 22–67

2.1.8 Definitionen

Will man sich situationsangemessen präzise ausdrücken, zugleich aber 227
überlange Formulierungen vermeiden, so sind gelegentlich **Definitio-**

nen von Nutzen (A. Naess 1975: 87–115; W. C. Salmon 1983: 247–264). Durch eine Definition legt man fest, dass eine – in der Regel kürzere – Formulierung oder Bezeichnung, das **Definiendum**, in einem bestimmten Zusammenhang auf dieselbe Weise interpretiert werden soll wie eine andere – meist längere und relativ präzise – Formulierung oder Bezeichnung, das **Definiens**. Man sagt etwa:

»Chemiker« bedeutet »ein Mensch, der sich in der Chemie auskennt«

228 Der Nutzen solcher Definitionen liegt auf der Hand: In der Folge kann man sich ökonomisch des kurzen Definiendums bedienen, dabei aber zugleich mit der Präzision des Definiens formulieren. Wenn zudem alle Teilnehmer eines Gesprächs oder alle Mitglieder einer Gruppe eine bestimmte Definition akzeptieren, dann sind Missverständnisse, Scheineinigkeit und Scheinuneinigkeit wenigstens hinsichtlich des definierten Ausdrucks weniger wahrscheinlich.

229 In der oben gegebenen Definition von »Chemiker« wird das Definiendum durch ein Definiens erläutert, in dem die für Chemiker charakteristischen Eigenschaften ‹Menschsein› und ‹sich in der Chemie auskennen› genannt werden. Zum einen wird meist angegeben, unter welchen nächsthöheren Begriff (genus proximum) die durch das Definiendum bezeichneten Objekte fallen, im Beispiel »ein Mensch«; zum anderen wird die besondere Eigenschaft (differentia specifica) angegeben, durch die sich diese Objekte von den übrigen unter das genus proximum fallenden Objekten unterscheiden, im Beispiel »der sich in der Chemie auskennt«. Man nennt die für die Bedeutung eines Wortes insgesamt charakteristischen Eigenschaften auch *Intension* und spricht deshalb bei solchen Definitionen von *intensionalen Definitionen.*

230 Es gibt aber noch eine weitere Art der Definition. Statt Eigenschaften zu nennen, könnte man auf eine größere Zahl von Chemikern hinweisen, auf R. Boyle, K. Scheele, J. Priestley, J. von Liebig, L. Meyer, C. Gerhardt und viele andere. Die Menge der Dinge, auf die sich ein Wort bezieht, nennt man seine *Extension*, eine Definition durch sprachliche oder nichtsprachlich-gestische Hinweise auf diese Menge heißt deshalb *extensionale Definition.*

231 Es ist wichtig, sich klarzumachen, dass Definitionen – anders als etwa die deskriptiven Bedeutungsangaben in einem Wörterbuch – *normative* Sätze sind. Definitionen sind metasprachliche *Vorschläge* für den Gebrauch bestimmter Ausdrücke; sie drücken mögliche Konventionen oder Gebrauchsregeln aus und sind insofern nicht wahr oder falsch, sondern bestenfalls mehr oder weniger nützlich oder brauchbar. Insbesondere bieten sie nicht etwa Einsichten in das ›wahre Wesen‹ der durch das Definiendum bezeichneten Gegenstände (K. R. Popper 1958, Bd. II: 20–30). Es lohnt sich deshalb nicht, über Defini-

tionen zu streiten. Eher sollte man sich bemühen, Einverständnis über einen klaren und ökonomischen Gebrauch von Ausdrücken zu erzielen. Allgemein gilt: In Fragen der Terminologie sollte man flexibel, ja nachgiebig sein, in der Sache dagegen entschieden.

Zur Vertiefung: A. Naess 1975: 87–115; W. C. Salmon 1983: 247–264

2.2 Die logische Analyse von Argumenten

2.2.1 Prämissen und Konklusion, Haltbarkeit und Relevanz

Wie wir schon festgestellt haben, besteht ein Argument aus einer 232
Konklusion und einer oder meist mehreren Prämissen (W. C. Salmon 1983: 7–19). Die Konklusion ist eine Aussage, die durch die Prämissen gestützt werden soll. Die Prämissen sind Aussagen, die als Gründe zur Stützung der Konklusion angegeben werden. In dem schon verwendeten Beispiel

Alle Katzen können klettern
Tina ist eine Katze
↓ Also kann Tina klettern

sind »Alle Katzen können klettern« und »Tina ist eine Katze« die Prämissen und »Also kann Tina klettern« die Konklusion; die drei Sätze bilden zusammen das Argument. In der Alltagssprache wird der Begriff ‹Argument› weniger einheitlich verwendet: Er bezieht sich dort manchmal wie in der Logik auf die *Gesamtheit aus Prämissen und Konklusion*, manchmal, da im Alltag häufig statt vollständiger Argumente nur einzelne Prämissen genannt werden, nur auf *einzelne Prämissen* (so auch Naess 1975). Man sagt dann gelegentlich, »Tina ist eine Katze« sei ein Argument für die Behauptung »Tina kann klettern«. Wir werden im folgenden zunächst dem oben erläuterten Sprachgebrauch der Logik folgen; bei der Analyse von Alltagsargumentationen im dritten Kapitel werden wir der Einfachheit halber auch einzelne Prämissen kurz als Argumente bezeichnen.

Es liegt auf der Hand, dass die Prämissen in einer besonderen Be- 233
ziehung zur Konklusion stehen müssen, wenn sie die Konklusion stützen sollen. In dem etwas merkwürdigen Argument

München liegt in Deutschland
Bäume sind Pflanzen
↓ Also ist der Mount Everest der höchste Berg der Erde

ist eine solche Beziehung offensichtlich nicht gegeben. Obwohl Prämissen und Konklusion wahr sind, ist das Argument nicht korrekt. Das nicht minder merkwürdige Argument

Alle Bäume sind Reptilien
Alle Gänseblümchen sind Bäume
↓ Also sind Gänseblümchen Reptilien

ist dagegen durchaus korrekt: Die Prämissen sind geeignet, die Konklusion zu stützen; *wenn* die Prämissen wahr sind, *dann* muss auch die Konklusion wahr sein. Hier sind allerdings sowohl die Prämissen als auch die Konklusion falsch.

234 Beide Beispielargumente sind merkwürdig, aber aus sehr unterschiedlichen Gründen. Bei der Analyse von Argumenten müssen deshalb zwei Gesichtspunkte scharf voneinander getrennt werden. Einerseits sind Prämissen Aussagen, in denen Sachverhalte behauptet werden; bei diesen Sachverhalten kann es sich um Tatsachen handeln oder nicht. In dieser Hinsicht können Prämissen wahr oder falsch sein. Wenn die Prämissen falsch sind, dann sind sie nur *angebliche* Gründe; sie können deshalb die Konklusion nicht stützen. Die Konklusion »Gänseblümchen sind Reptilien« wird deshalb nicht gestützt, weil die Prämissen »Alle Bäume sind Reptilien« und »Alle Gänseblümchen sind Bäume« offensichtlich falsch sind. Man spricht in diesem Zusammenhang von der **Haltbarkeit** der Prämissen: Die Prämissen »Alle Bäume sind Reptilien« und »Alle Gänseblümchen sind Bäume« sind nicht haltbar.

235 Andererseits müssen die Prämissen – ganz unabhängig von ihrer Haltbarkeit – in der schon genannten besonderen Beziehung zur Konklusion stehen, die garantiert, dass bei wahren Prämissen auch die Konklusion wahr sein muss. Wenn eine solche Beziehung nicht gegeben ist, mögen die Prämissen für sich zwar durchaus haltbar sein; sie können die Konklusion aber wegen ihrer fehlenden Beziehung zur Konklusion nicht stützen. Die Prämissen »München liegt in Deutschland« und »Bäume sind Pflanzen« sind wahr und mithin haltbar, stehen aber in keinerlei Beziehung zur Höhe des Mount Everest. In diesem Zusammenhang spricht man von der **Relevanz** der Prämissen. Die Prämissen »München liegt in Deutschland« und »Bäume sind Pflanzen« sind für die Konklusion »Der Mount Everest ist der höchste Berg der Erde« nicht relevant.

236 Die Unterscheidung zwischen Haltbarkeit und Relevanz ist keineswegs nur für Logiker, sondern auch für Alltagsmenschen von Interesse. Es ist bemerkenswert, wie etwa Juristen und Theologen oft mit großer Sorgfalt auf die Korrektheit ihrer Argumente und also auf die *Relevanz* ihrer Prämissen achten, die *Haltbarkeit* dieser Prämissen dagegen überhaupt nicht in Frage stellen – wenn auch aus sehr unterschiedlichen Motiven. Juristen müssen aus gutem Grund geltende Gesetze als Prämissen ihrer Argumente akzeptieren. Theologen wollen oder dürfen von den Glaubenssätzen ihrer Religionsgemeinschaf-

ten als Prämissen ihrer Argumente nicht abweichen (K. Bayer 2004: 50-53). Insofern denken und argumentieren beide Gruppen in bestimmten Zusammenhängen auf sehr spezielle und eingeschränkte Weise. Hier und in ähnlichen Fällen ist Vorsicht geboten: Eine korrekte oder gar brillante Logik garantiert nur dann wahre Konklusionen, wenn auch die Prämissen wahr sind.

Umgekehrt kommt es bisweilen vor, dass politische Redner, Werbefachleute, nicht selten auch schlichte Zeitgenossen im privaten Kreis zunächst *haltbare* Prämissen vortragen, um am Ende zu einer Konklusion überzugehen, für die diese Prämissen überhaupt *nicht relevant* sind. Dann besteht die Gefahr, dass wir uns durch die unbestrittene Haltbarkeit der Prämissen einlullen lassen und schließlich auch die oft durchaus zweifelhafte Konklusion für wahr halten. Sehen wir uns ein Beispiel an: 237

China ist ein Flächenstaat
China ist ein asiatisches Land
Niedersachsen ist ein Flächenstaat
Niedersachsen liegt in Norddeutschland
↓ Also sollte Niedersachsen seine wirtschaftlichen Beziehungen zu China verstärken

Wie immer man über die wirtschaftlichen Beziehungen zwischen Niedersachsen und China denkt, aus den – sämtlich haltbaren – Prämissen lässt sich keine Forderung bezüglich der wirtschaftlichen Beziehungen dieser Länder ableiten. Manchmal ist die Irrelevanz der Prämissen für die Konklusion weit weniger offensichtlich: 238

Alle Gewalttäter waren maskiert
Peter Meier war maskiert
↓ Also gehört Peter Meier zu den Gewalttätern

Hier scheinen die Prämissen auf den ersten Blick die Konklusion zu stützen. Bei näherem Hinsehen kann man sich aber klarmachen, dass die Prämisse »Alle Gewalttäter waren maskiert« keineswegs das gleiche bedeutet wie »Alle Maskierten waren Gewalttäter«. Peter Meier kann also durchaus maskiert gewesen sein, ohne zu den Gewalttätern zu gehören; die Prämissen mögen haltbar sein, relevant für die Konklusion sind sie aber nicht. Nebenbei ist zu erkennen, wie gefährlich gelegentlich mangelnde Präzision werden kann. Stellen wir uns vor, das Argument wäre – etwa bei einer erregten Diskussion im Anschluss an eine gewalttätige Demonstration – weit weniger präzise formuliert worden: 239

Gewalttäter oder Maskierte, ist doch alles dasselbe. Die hatten alle Masken
Der Peter Meier war auch so einer
↓ Der Peter Meier ist natürlich auch ein Gewalttäter

240 Damit wäre der entscheidende Unterschied zwischen »Alle Gewalttäter waren maskiert« und »Alle Maskierten waren Gewalttäter« verwischt worden; es wäre nicht einmal mehr klar gewesen, ob die Gewalttäterschaft von Peter Meier nicht von vornherein feststand (»war auch so einer«). Die mangelnde Präzision der Formulierungen hätte dann leicht über die Irrelevanz der Prämissen hinweggetäuscht. Ob Peter Meier nun schuldig ist oder nicht: Aus den vorliegenden Prämissen lässt sich eine Schuld nicht begründen. Offensichtlich ist es notwendig, Prämissen und Konklusion jedenfalls so präzise zu formulieren, dass Haltbarkeit und Relevanz angemessen beurteilt werden können.

Zur Vertiefung: W. C. Salmon 1983: 7–19

2.2.2 Die Aufgabe der Logik

241 Logik und Argumentationstheorie beschäftigen sich nicht mit der Haltbarkeit, sondern mit der Relevanz von Prämissen (W. C. Salmon 1983: 12ff.). Welchen Sinn hat diese Einschränkung ihres Gegenstandsbereichs auf die *Beziehungen* zwischen Prämissen und Konklusion? Wird damit die entscheidende Frage nach der tatsächlichen *Wahrheit* von Prämissen und Konklusion nicht ausgeblendet? Wen interessiert es schon, dass in einem Argument mit falschen Prämissen und falscher Konklusion wie

Alle Bäume sind Reptilien
Alle Gänseblümchen sind Bäume
↓ Also sind Gänseblümchen Reptilien

die Beziehung zwischen Prämissen und Konklusion korrekt ist? Das Beispiel lässt immerhin erkennen, warum die Logik sich mit der Wahrheit von Prämissen und Konklusion gar nicht befassen kann: Im Beispiel müsste sie sich zur Prüfung der einzelnen Aussagen auf das Gebiet der Biologie begeben; in anderen Fällen müsste sie physikalische, psychologische oder linguistische Urteile fällen. Kurz, eine Logik, die sich mit der Wahrheit einzelner Aussagen befasste, müsste zu einer unüberschaubaren obersten Gesamtwissenschaft werden, die alle anderen Wissenschaften und deren Probleme einschlösse.

242 Ist die Logik dann vielleicht eine Denk- und Argumentationslehre, die uns im einzelnen Fall sagt, wie wir zu argumentieren haben? Auch hier werden unsere Erwartungen enttäuscht: Wenn wir argumentieren wollen, sind zunächst Einfallsreichtum und Phantasie, manchmal auch Geistesblitze gefragt. Die Entwicklung eines Arguments ist ein Prozess der Entdeckung: Manchmal hat man zunächst die Konklusion im Kopf. Dann muss man entsprechende Gründe suchen. Manchmal reichen die ersten Gründe nicht aus, so dass man weitere Gründe auf-

treiben muss. Ein anderes Mal geht man von bestimmten Aussagen aus und muss erst noch entdecken, welche Konklusion aus diesen Aussagen abzuleiten ist. Dann wieder hat man vage Assoziationen, die sich nur langsam zu einem Argument zusammenfügen. Man beschreitet Irrwege, korrigiert sich und macht neue Versuche. Bisweilen hat man morgens beim Aufwachen ein fertiges Argument im Kopf, das man noch am Vortag nicht hat zustande bringen können. Es wäre deshalb fatal, wenn wir versuchten, unsere spontanen Gedanken auf ein Prokrustesbett aus logischen Regeln zu spannen. Bei der Entdeckung jener Schlüsse, die wir anschließend zu Argumenten versprachlichen, kann uns die Logik nicht helfen (G. Frege 1966a: 30f.; W. C. Salmon 1983: 29–32).

Noch in einer anderen Hinsicht hilft die Logik nicht weiter: Weil 243
sie die Beziehungen zwischen Prämissen und Konklusion ausschließlich unter dem Gesichtspunkt der Relevanz betrachtet, fallen in ihren Gegenstandsbereich auch nur die Teile von Aussagen, die Einfluss auf die Beziehung zwischen Prämissen und Konklusion haben. Die Aussage

Nicht einmal Natalie ist es gelungen, den Hasen wieder einzufangen

wird aus logischer Perspektive reduziert auf die Aussage

Natalie ist es nicht gelungen, den Hasen einzufangen

Die Wörter »nicht einmal« haben keinen Einfluss auf die Wahrheit der 244
ausgedrückten Aussage; deshalb spielen sie bei der logischen Analyse keine Rolle. Dabei tragen sie durchaus eine Bedeutung; sie geben dem Adressaten einen beiläufigen Hinweis, einen ›Wink‹ (G. Frege 1966a: 37), dass Natalie noch am ehesten in der Lage gewesen wäre, den Hasen einzufangen. Hier transportiert der Satz

Nicht einmal Natalie ist es gelungen, den Hasen wieder einzufangen

sozusagen huckepack eine weitere Aussage, etwa:

Natalie wäre eher als andere in der Lage gewesen, den Hasen wieder einzufangen

Diese weitere Aussage kann erkannt, formuliert, später in einem Ge- 245
spräch oder in einem geschriebenen Text sogar durchaus als Prämisse oder Konklusion eines Arguments wieder aufgenommen und *dann dort* auch logisch bedeutsam werden. Für die logische Analyse *des ursprünglichen Satzes* in seiner Eigenschaft als Prämisse oder Konklusion eines Arguments spielt sie aber keine Rolle, weil sie für die Wahrheit oder Falschheit dieses Satzes nicht von Bedeutung ist (G. Frege 1966a: 36ff.).

Wenn die Logik aber weder eine umfassende Superwissenschaft, 246
noch eine elementare Denklehre, noch ein Instrument zur Analyse

komplexer Satzbedeutungen sein kann, welchen Nutzen kann sie dann bringen? Wir haben schon gesehen, wie fehlerträchtig alltägliche Schlüsse und Argumente sind. Angesichts dieser Fehlerträchtigkeit der Alltagslogik dient die wissenschaftliche Logik vor allem als ein *Instrument der Kritik*. Sie gibt uns Mittel an die Hand, korrekte Argumente von unkorrekten zu unterscheiden. Sie bietet keine Abkürzungen zur Erkenntnis; sie macht die mühsamen Wege der Beobachtung, des Denkens, des Lernens, des Formulierens und Interpretierens und der wissenschaftlichen Forschung nicht überflüssig, – wohl aber ein wenig sicherer. Wie nützlich solch kritische Absicherung ist, wird zum Beispiel jeder ermessen können, der wie jener fiktive Peter Meier vor Gericht freigesprochen wurde, weil Polizei und Gericht die Unkorrektheit eines Arguments wie

Alle Gewalttäter waren maskiert
Peter Meier war maskiert
↓ Also gehörte Peter Meier zu den Gewalttätern

zu durchschauen vermochten. Ebenso verdanken wir die Entdeckung des Kindbettfiebers, die Einführung lebensrettender Hygienemaßnahmen und den anschließenden medizinischen Fortschritt der logisch korrekten Kritik, die Ignaz Semmelweis an den Annahmen der damaligen Medizin und an seinen eigenen Hypothesen übte (D. Føllesdal et al. 1988: 54–60).

247 Wie aber kann eine Logik, die das obige Gänseblümchen-Argument mit falschen Prämissen und falscher Konklusion als korrekt ansieht, diese kritische Funktion erfüllen? Eine Logik also, die auch das Argument

Hannover liegt in Brasilien
Brasilien liegt in Deutschland
↓ Also liegt Hannover in Deutschland

mit falschen Prämissen und einer wahren Konklusion als durchaus korrekt bezeichnen würde? Macht die Logik denn überhaupt eine vernünftige Aussage über die Beziehungen zwischen Prämissen und Konklusion? Eine solche Aussage gibt es – wie schon gesagt – durchaus: *Wenn in einem korrekten Argument die Prämissen wahr sind, so ist das ein guter Grund, auch die Konklusion für wahr zu halten.* Ein korrektes Argument kann falsche Prämissen und eine falsche Konklusion haben; es kann auch falsche Prämissen und eine wahre Konklusion haben. Aber *ein korrektes Argument kann niemals wahre Prämissen und eine falsche Konklusion haben. Es erlaubt uns, von wahren Prämissen sicher zu einer wahren Konklusion überzugehen.* Eben das aber haben wir in unseren Vorüberlegungen als das Ziel unserer Schlüsse und Argumente erkannt: Es geht uns jeweils um den Übergang von etwas, das wir schon wissen oder zu wissen glauben, zu

etwas Neuem. Die Logik verschafft uns kein neues Wissen; aber sie hilft uns, solche Übergänge zuverlässig zu machen und trügerische, falsche Übergänge zu erkennen oder von vornherein zu meiden.
Zur Vertiefung: W. C. Salmon 1983: 12ff.

2.2.3 Argumente in der Alltagssprache

Man kann hier einwenden, dass die logische Kritik von Argumenten 248
zwar in der Tat nützlich, aber nicht wirklich praktikabel sei. Denn im Alltag und selbst in wissenschaftlichen Abhandlungen treten Argumente kaum einmal säuberlich eingerückt auf, so dass man sie möglicherweise gar nicht als Argumente erkennt. Nicht immer folgt zudem die Konklusion ordentlich auf die Prämissen; und Konklusionen sind so gut wie nie mit einem Pfeil, einem »Also …« oder dem lehrerhaften »quod erat demonstrandum (was zu beweisen war)« markiert. Muss die – an sich durchaus wünschenswerte – Kritik von Argumenten nicht daran scheitern, dass die Argumente meist gar nicht als Argumente zu erkennen sind? Dieser Einwand ist stichhaltig. In der Tat bedarf es oft einiger Übung und Mühe, wenn man Argumente in Alltagsgesprächen, Zeitungsartikeln, politischen Reden oder wissenschaftlichen Texten auffinden will. Wer reflektiert argumentieren und fremde Argumente durchschauen will, muss zunächst lernen, Argumente und ihre Bestandteile zu erkennen (W. C. Salmon 1983: 16–19).

Dazu ist es notwendig, Prämissen und Konklusion voneinander zu 249
unterscheiden. Das ist nicht immer ganz einfach, weil Prämissen und Konklusion in den unterschiedlichsten Reihenfolgen auftreten können. Das Argument

Alle Läufer haben Ausdauer 250
Karl ist Läufer
↓ Also hat Karl Ausdauer

könnte sehr unterschiedlich vorgebracht werden:

- Karl ist Läufer. Karl hat Ausdauer. Alle Läufer haben nämlich Ausdauer. 251
- Alle Läufer haben Ausdauer. Karl ist Läufer. Folglich hat Karl Ausdauer.
- Karl läuft viel. Er ist Läufer. Wer viel läuft, kann lange durchhalten. Karl hat bestimmt Ausdauer.
- Karl hat wie alle Läufer Ausdauer.
- Karl hat Ausdauer, weil alle Läufer Ausdauer haben.
- Karl ist schließlich Läufer. Er muss einfach Ausdauer haben.
- Als Läufer hat Karl Ausdauer. usw.

252

Hinweise auf Prämissen	
Indikator	**Beispiel**
weil	…, *weil* Karl Läufer ist
da	…, *da* Karl Läufer ist
denn	…, *denn* Karl ist Läufer
als	*Als* Läufer …
ja	Karl ist *ja* Läufer.
doch	Karl ist *doch* Läufer.
in Anbetracht der Tatsache, dass …	*In Anbetracht der Tatsache, dass* Karl Läufer ist, …
unter Berücksichtigung des Umstandes, dass …	*Unter Berücksichtigung des Umstandes, dass* Karl Läufer ist, …
erstens (zweitens usw.)	*Erstens* ist Karl Läufer.
alle	*Alle* Läufer haben Ausdauer.
jeder	*Jeder* Läufer hat Ausdauer.

253 Manchmal helfen bestimmte Wörter und Wendungen, Prämissen und Konklusion aufzufinden. Die Tabellen führen einige dieser sprachlichen Indikatoren auf. Die obigen Beispiele zeigen aber, dass man in Alltagsargumenten darüber hinaus wichtige Prämissen häufig nicht ausführlich nennt, wohl weil man sie für selbstverständlich hält.

254

Hinweise auf Konklusionen	
Indikator	**Beispiel**
folglich	*Folglich* hat Karl Ausdauer.
deshalb	*Deshalb* hat Karl Ausdauer.
also	Karl hat *also* Ausdauer.
ergo	*Ergo*: Karl hat Ausdauer.
infolgedessen	*Infolgedessen* hat Karl Ausdauer.
daher	*Daher* hat Karl Ausdauer.
eben	…, hat Karl *eben* Ausdauer.
und so … natürlich	*Und so* hat Karl *natürlich* Ausdauer.
daraus folgt, dass	*Daraus folgt, dass* Karl Ausdauer hat.
daraus ergibt sich, dass	*Daraus ergibt sich, dass* Karl Ausdauer hat.
es ist zu folgern, dass	*Es ist zu folgern, dass* Karl Ausdauer hat.
muss	Karl *muss* Ausdauer haben.
kann es gar nicht anders sein, als …	…, *kann es gar nicht anders sein, als* dass Karl Ausdauer hat.
zwingt zu der Annahme, dass	… *zwingt zu der Annahme, dass* Karl Ausdauer hat.

In dem Argument 255

Petra hat Grippe
(...)
↓ Also hat Petra Fieber

setzt der Sprecher selbstverständlich voraus, dass Grippe mit Fieber verbunden ist. Das vollständige Argument lautet also:

Petra hat Grippe
Wer Grippe hat, hat Fieber
↓ Also hat Petra Fieber

Während hier das Fehlen der Prämisse kaum stören dürfte, ist das folgende Beispiel problematisch: 256

Herr Mayer fährt einen Sportwagen
(...)
↓ Da wird Herr Mayer wohl zu schnell gefahren sein

Die hier implizit zugrundeliegende Prämisse, dass Sportwagenfahrer zu schnell fahren, ist in ihrer allgemeinsten Form »Alle Sportwagenfahrer fahren immer zu schnell« mit Sicherheit falsch. Formuliert man das Argument vollständig:

Herr Mayer fährt einen Sportwagen
Alle Sportwagenfahrer fahren immer zu schnell
↓ Da wird Herr Mayer wohl zu schnell gefahren sein

so wird die Schwäche dieser Prämisse offensichtlich – und damit kritisierbar. Bleibt sie dagegen unausgesprochen, so besteht die Gefahr, dass sie unbemerkt und unkritisiert durchgeht. Es lohnt sich deshalb, Argumente auf ihre impliziten Prämissen hin zu untersuchen. In vielen Fällen wird man zwar feststellen, dass diese Prämissen unproblematisch und eben tatsächlich selbstverständlich sind; gelegentlich werden aber gerade hier Vorurteile und Pseudogesetzmäßigkeiten eingeschmuggelt, die zu falschen Konklusionen führen.

Eine andere Schwierigkeit ergibt sich daraus, dass in Alltagsargumenten gelegentlich sogar die Konklusion nicht ausformuliert wird. 257

Der Junge hatte Hunger
Die Äpfel in der Auslage des Geschäfts leuchteten verführerisch
Mehr muss ich wohl nicht sagen
↓ (...)

Besonders dann, wenn der Sprecher die Unvollständigkeit seines Arguments nicht wie im Beispiel durch eine Formulierung wie »Mehr muss ich wohl nicht sagen« markiert, akzeptiert der Hörer das Argument 258

Der Junge hatte Hunger
Die Äpfel in der Auslage des Geschäfts leuchteten verführerisch
↓ *Also hat der Junge die Äpfel gestohlen*

möglicherweise so, als wäre es vollständig vorgebracht worden. Vielleicht bemerkt er im Beispiel gar nicht, dass das Argument nur korrekt wäre, wenn man die ebenfalls nicht ausgesprochene und höchst problematische Prämisse »Wer Hunger hat, stiehlt Lebensmittel« voraussetzte. Das vollständige Argument lautete also:

Der Junge hatte Hunger
Die Äpfel in der Auslage des Geschäfts leuchteten verführerisch
Wer Hunger hat, stiehlt Lebensmittel
↓ *Also hat der Junge die Äpfel gestohlen*

259 Der Unterschied zum tatsächlich vorgebrachten Argument

Der Junge hatte Hunger
Die Äpfel in der Auslage des Geschäfts leuchteten verführerisch
(...)
Mehr muss ich wohl nicht sagen
↓ (...)

ist beträchtlich. Solche lückenhaften Argumente sind aus mindestens zwei Gründen bedenklich. Zum einen fallen sie dem Adressaten häufig nicht weiter auf, veranlassen ihn aber zu fehlerhaften Schlüssen. Zum anderen entzieht sich der Sprecher der Kritik, indem er die problematischen Teile seines Arguments nicht ausdrücklich formuliert. Unter Umständen kann er sich mit einem »Das habe ich ja gar nicht gesagt« oder »Alles Unterstellungen!« aus der Affäre ziehen.

260 Ein solches Verhalten ist allerdings wenig fair: Jeder Sprecher ist auf die Kooperation des Adressaten angewiesen (H. P. Grice 1979; A. Linke et al. 1994: 195–200). Wenn der Adressat nicht bereit wäre, Schlüsse zu ziehen, könnte er nicht einmal den Zusammenhang der Prämissen »Der Junge hatte Hunger« und »Die Äpfel in der Auslage des Geschäfts leuchteten verführerisch« verstehen (S.–P. Ballstaedt et al. 1981: 77–82). Der Sprecher muss sich darauf verlassen können, dass der Adressat sein Wissen über hungrige Menschen, Äpfel usw. anwendet und selbständig einen Zusammenhang zwischen den beiden Sätzen herstellt. Gerade diese Kooperationsbereitschaft des Adressaten nutzt der Sprecher aber böswillig aus, wenn er ihn bewusst und in manipulativer Absicht anregt, problematische Prämissen zu ergänzen und fragwürdige Schlüsse zu ziehen. Der Adressat muss während des Zuhörens seine vielfach miteinander vernetzten Wissensbausteine immer wieder durch entsprechende Schlüsse verknüpfen und neu ordnen. Diese kooperativen Schlussaktivitäten missbraucht der Sprecher unter Umständen für seine Zwecke in einer Weise, die es schwer macht, ihm auf die Schliche zu kommen.

261 Bevor wir Alltagsargumente analysieren können, haben wir also vier wichtige Schritte zu vollziehen (W. C. Salmon 1983: 19):

1. Wir müssen die Argumente als *Argumente erkennen*. Wir müssen bemerken, dass der Sprecher eine Aussage nicht nur behauptet, sondern sie als Konklusion aus bestimmten Prämissen präsentiert.
2. Wir müssen in oft recht unterschiedlich aufgebauten Argumenten *Prämissen und Konklusion auffinden und* trotz häufig nur spärlicher sprachlicher Markierung *voneinander unterscheiden*.
3. Wir müssen nicht ausformulierte, aber gleichwohl verwendete *Prämissen und* gegebenenfalls sogar eine fehlende *Konklusion ergänzen*.
4. Wir sollten das Argument *in einer vollständigen und expliziten Form niederschreiben*, damit wir prüfen können, ob seine Prämissen tatsächlich geeignet sind, die Konklusion zu stützen.

Erproben wir dieses nicht immer ganz einfache Verfahren an einem Argument des knapp fünfjährigen Jonas: 262

> Der Papa hat nur getan, als ob er schläft. Gerade noch war bei ihm Licht, und so schnell kann kein Mensch einschlafen. (R. Rössler/ O. E. Rössler 1994: 46)

Die Aussagen stehen offensichtlich in einem Zusammenhang. Jonas behauptet nicht nur, sein Vater habe sich schlafend gestellt (»Der Papa hat nur getan, als ob er schläft.«), sondern er begründet seine Behauptung. Es handelt sich also um ein Argument.

In diesem Argument folgt die Konklusion (»Der Papa hat nur getan, als ob er schläft.«) nicht auf die Prämissen, sondern sie geht ihnen voran. Jonas nutzt ein durchaus gebräuchliches Muster: Er stellt zunächst eine Behauptung auf und stützt sie anschließend durch Gründe (»Gerade noch war bei ihm Licht, und so schnell kann kein Mensch einschlafen.«). Wir können das Argument in einer vorläufigen Form niederschreiben: 263

Gerade noch war bei ihm Licht
So schnell kann kein Mensch einschlafen
↓ Der Papa hat nur getan, als ob er schläft

Bereits in der ursprünglichen Form und erst recht in dieser Normalform kann man das Argument durchaus verstehen – allerdings nur dann, wenn man Ergänzungen vornimmt und selbständig Schlüsse zieht: 264

Gerade noch war bei ihm Licht
Jetzt ist das Licht aus
Das Licht muss gerade erst ausgeschaltet worden sein
Nur der Papa selbst kann das Licht ausgemacht haben
Also war der Papa gerade noch wach
So schnell [*in der Zeit zwischen »gerade noch« und »jetzt«*] kann kein Mensch einschlafen
↓ Der Papa hat nur getan, als ob er schläft

265 Die Rekonstruktion des vollständigen Arguments wirkt pedantisch. Aber sie zeigt immerhin, welche unausgesprochenen Zwischenschritte der Fünfjährige vollzogen haben und welche Prämissen sein Adressat also ergänzen muss. Bei genauer Betrachtung fehlen im Originalargument nicht nur Prämissen, sondern zwei komplette Hilfsargumente:

Gerade noch war bei Papa Licht
Jetzt ist das Licht aus
↓ Das Licht muss gerade erst ausgeschaltet worden sein

Das Licht muss gerade erst ausgeschaltet worden sein
Nur der Papa selbst kann das Licht ausgemacht haben
↓ Also war der Papa gerade noch wach

266 Dass Prämissen und Hilfsargumente nicht etwa nur für Logiker von Interesse sind, sondern auch in Alltagsgesprächen und sogar mit Kindern durchaus zum Thema werden können, kann man sich leicht klarmachen. Vielleicht ist Jonas enttäuscht, weil sein Vater sich schlafend gestellt hat. Dabei könnte sein Verdacht durchaus unbegründet sein. In diesem Fall könnte seine Mutter ihm gegebenenfalls klarmachen, dass eine seiner Prämissen falsch war. Zunächst könnte die explizite Prämisse »So schnell kann kein Mensch einschlafen« falsch sein: Es gibt tatsächlich Menschen, die innerhalb weniger Sekunden einschlafen können. Auch die implizite Prämisse »Nur der Papa selbst kann das Licht ausgemacht haben« muss nicht wahr sein: Die Mutter könnte das Licht im Zimmer des schlafenden Vaters gelöscht haben. Hier fördert der sorgfältige Umgang mit Argumenten nicht nur sachliche Erkenntnis, sondern auch das wechselseitige Verstehen.
Zur Vertiefung: H. P. Grice 1979; W. C. Salmon 1983: 16–19

2.2.4 Entdeckung und Begründung

267 Nehmen wir an, die Mutter hätte Jonas tatsächlich darauf hingewiesen, dass sein Vater gelegentlich von einem Augenblick auf den anderen einschläft, dass also eine seiner Prämissen falsch ist. Jonas könnte antworten: »Immer nimmst du Papa in Schutz, weil du mit Papa verheiratet bist!« oder »Du willst mich ja nur trösten!« Jonas äußert damit Vermutungen über die *Motive* seiner Mutter. Ähnlich könnte die Mutter Jonas unterstellen, er nehme nur deshalb an, sein Vater habe sich schlafend gestellt, weil er in der letzten Zeit ohnehin immer wieder an seinem Vater herummäkele. Vielleicht werden beide über diese Unterstellungen nicht glücklich sein; denn in erster Linie geht es Jonas und seiner Mutter wohl darum, ob der Vater tatsächlich geschlafen hat oder nicht. Das Gespräch verschiebt sich aber entgegen dieser Intention von der Frage nach der *Wahrheit* dieser Behauptung in Richtung

auf die *Motive*, die den Sohn zu seiner Behauptung und die Mutter zur Zurückweisung seiner Prämisse bewegt haben.

Motive, die uns zu einer Behauptung veranlassen, sind etwas ganz anderes als die Argumente, mit denen wir die Behauptung begründen. 268
Logik und Wissenschaftstheorie unterscheiden deshalb sorgfältig zwischen dem **Entdeckungszusammenhang** und dem **Begründungszusammenhang** einer Behauptung (W. C. Salmon 1983: 25–32; H. Albert 1968: 37–41). Zum Entdeckungszusammenhang gehören all jene *psychischen, sozialen, historischen etc. Faktoren*, die dazu führen, dass jemand eine Behauptung aufstellt. Zum Begründungszusammenhang gehören die *Argumente*, mit denen diese Behauptung gestützt wird. Entdeckungs- und Begründungszusammenhang müssen strikt auseinandergehalten werden. Wie eine Behauptung zustande gekommen ist, sagt in der Regel nichts über ihre Wahrheit oder Falschheit.

Den fiktiven Dialog zwischen Jonas und seiner Mutter würde es 269
wahrscheinlich nicht gerade erleichtern, wenn beide Entdeckungs- und Begründungszusammenhang miteinander vermengten. Die Ausgangsfrage nach dem tatsächlichen oder vermeintlichen Schlaf des Vaters bliebe dann vielleicht ungeklärt. Statt dessen träten möglicherweise zusätzliche Beziehungsprobleme wie Eifersucht des Sohnes oder Unzufriedenheit der Mutter über die Beziehung zwischen Vater und Sohn in den Vordergrund.

Auch im Unterricht, in wissenschaftlichen oder politischen Diskus- 270
sionen ist eine Vermischung von Entdeckungs- und Begründungszusammenhang äußerst schädlich: Ob eine Aussage am Schreibtisch, in der Badewanne, im Halbschlaf oder auf einem Spaziergang erdacht wurde, ob sie von einem Europäer oder Afrikaner, einem Mann oder einer Frau stammt, ist für die Frage nach ihrer Wahrheit nicht von Bedeutung. Eine Behauptung ist nicht deshalb falsch, weil sie von einem schwachen Schüler aufgestellt wird. Ebenso ist eine Behauptung nicht bereits deshalb abzulehnen, weil sie vom Vertreter einer radikalen oder auch nur der jeweils gegnerischen Partei aufgestellt wird. Und schließlich ist eine Behauptung nicht deshalb richtig, weil sie von einem berühmten oder einflussreichen Wissenschaftler präsentiert wird. In all diesen Fällen müssten die Behauptungen durch Argumente begründet oder widerlegt werden. Hinweise auf die Motive, den sozialen Rang oder die Parteizugehörigkeit des Sprechers dürften den sachlichen Meinungsaustausch dagegen eher behindern. Man bezeichnet den Versuch, Einzelheiten des Entdeckungszusammenhangs unangemessen in den Begründungszusammenhang zu übertragen, als **genetischen Fehlschluss**.

271 Die Wahrheit einer Aussage hängt also nicht mit den Umständen ihrer Entdeckung zusammen, sondern mit den Argumenten, die zu ihrer Begründung vorgebracht werden. Diese Einsicht sollte uns aber nicht veranlassen, die Reichweite logischer Argumentanalysen zu überschätzen. Wenn wir die Korrektheit oder Inkorrektheit eines Arguments nachgewiesen haben, so wissen wir noch nichts über die Wahrheit oder Falschheit seiner Konklusion. Unkorrekte Argumente sagen in keinem Fall etwas über ihre Konklusion aus. Und da in korrekten Argumenten die Konklusion nur dann mit Sicherheit wahr ist, wenn auch die Prämissen wahr sind, erlauben auch korrekte Argumente uns nur dann eine Aussage über die Wahrheit ihrer Konklusion, wenn wir davon ausgehen können, dass die Prämissen wahr sind.

272 Wenn wir etwa herausfinden, dass ein Argument nicht korrekt ist oder dass seine Prämissen falsch sind, dann können wir nur behaupten, dass dieses Argument nicht zur Begründung seiner Konklusion taugt; aber damit ist keineswegs bewiesen, dass die Konklusion falsch ist! Das Argument

Hannover liegt in Brasilien
Amerika liegt in Deutschland
↓ Also liegt Hannover in Deutschland

hat zwei falsche Prämissen; zudem sind die Prämissen nicht geeignet, die Konklusion zu stützen. Die Konklusion ist dennoch wahr. Unsere Analyse zeigt *nur*, dass die Behauptung, Hannover liege in Deutschland, durch *dieses* Argument nicht zu begründen ist. *Andere* Argumente wie

Hannover liegt in Niedersachsen
Niedersachsen liegt in Deutschland
↓ Also liegt Hannover in Deutschland

leisten diese Begründung durchaus – allerdings nur, wenn wie im Beispiel seine Prämissen wahr sind. Obwohl also mit dem *Nachweis einer misslungenen Begründung* nicht zugleich auch die Falschheit ihrer Konklusion bewiesen ist, lässt sich die Falschheit einer Aussage durchaus nachweisen. Dazu bedarf es allerdings eines *korrekten Arguments* und *wahrer Prämissen*. Zum Beispiel haben wir bereits gesehen, wie wissenschaftlicher Fortschritt gerade nicht durch positive Begründungen, sondern durch den Ausschluss falscher Hypothesen zustande kommt (W. C. Salmon 1983: 214–239). Für solche Negativbegründungen benutzt man dann korrekte Argumente der Form

273 Wenn Hypothese H richtig ist, dann musste das ihr gemäß vorausgesagte Ereignis E eintreffen
Das vorausgesagte Ereignis E ist nicht eingetroffen
↓ Also ist Hypothese H nicht richtig

aus denen sich die Falschheit der Hypothese ergibt, so dass sie für den weiteren Verlauf der Forschung ausgeschlossen werden kann. Dieser

Ausschluss ist aber nicht aufgrund der bloßen Korrektheit des Arguments möglich, sondern nur dadurch, dass man empirisch das Nichteintreffen des vorausgesagten Ereignisses E feststellt. Negativ- wie Positivbegründungen sind stets nur möglich, wenn man neben der Relevanz der Prämissen auch ihre Haltbarkeit in die Betrachtung einbezieht.

Auch in einer weiteren Hinsicht sollte man die Leistungen logi- 274
scher Analysen nicht überschätzen. Unsere einleitenden Überlegungen haben ergeben, dass unsere Erkenntnis auf einem freien Spiel von Intuition, Phantasie, Kreativität und Scharfsinn beruht und dass argumentative Begründung nicht bei unseren anfänglichen Eingebungen, Phantasien, Hypothesen und Geistesblitzen, sondern erst bei deren nachträglicher Kontrolle und Kritik von Bedeutung ist. Die Schlüsse, welche die ersten Phasen des Erkenntnisprozesses bestimmen, sind dem Entdeckungszusammenhang zuzurechnen; ihre bewundernswerte Produktivität verdanken sie gerade ihrer Spontaneität und Freiheit; logischer Analyse sind sie unzugänglich. Schulmeisterliche Versuche, das Denken an strenge logische Regeln zu binden, würden deshalb das Denken behindern und schließlich ganz ersticken (K. Bayer 1996: 158–165). Die Logik ist deshalb keine Denklehre, sondern ein bescheidenes Instrument zur Überprüfung von Denkergebnissen (W. C. Salmon 1983, S. 29–32).

Zur Vertiefung: W. C. Salmon 1983: 25–32; H. Albert 1968: 37–41

2.3 Deduktive Argumente

2.3.1 Die Funktion deduktiver Argumente

Wir haben bereits gesehen, dass in deduktiven Schlüssen die Wahrheit 275
der Prämissen zwar die Wahrheit der Konklusion garantiert, dass die Konklusion aber nichts besagt, was nicht schon, wenigstens implizit, in den Prämissen enthalten gewesen wäre. Wer weiß, dass alle Menschen sterblich sind und dass Alfons ein Mensch ist, der weiß implizit bereits auch, dass Alfons sterblich ist. Insofern dient das deduktive Argument

Alle Menschen sind sterblich
Alfons ist ein Mensch
↓ Also ist Alfons sterblich

nicht der Erweiterung, sondern bestenfalls der Erläuterung und Entfaltung unseres Wissens. Allerdings, so haben unsere Überlegungen ergeben, wären unsere Weltbildapparaturen ohne deduktive Argumente nicht funktionsfähig. Ohne sie wären Voraussagen und Erklärungen ebenso unmöglich wie das Verstehen unserer Mitmenschen. Jeden Augenblick müssen wir aus verallgemeinerten Annahmen über die Welt konkrete Aussagen *deduzieren*, um uns bestimmte Vorfälle zu erklären oder um zukünftige vorauszusagen, um unser Wissen neu zu organisieren oder um etwa den Zusammenhang eines Texte zu erschließen. Weltbilder ohne Verallgemeinerungen, in denen endlose Listen mit einzelnen Fakten gespeichert wären:

Alfons ist sterblich
Maria ist sterblich
Daniel ist sterblich
Irma ist sterblich
...

sind ganz und gar unökonomisch und deshalb unbrauchbar. Da wir aber nun einmal auf ökonomische Verallgemeinerungen wie »Alle Menschen sind sterblich« angewiesen sind, sind wir auch von deduktiven Schlüssen und Argumenten abhängig, mit denen wir unser verallgemeinertes Wissen auf aktuelle Situationen anwenden.

276 Zudem sind die Ergebnisse deduktiver Argumente keineswegs immer so selbstverständlich und trivial, wie unsere einfachen Beispiele vermuten lassen. In der wissenschaftlichen Forschung, bei der Aufklärung von Verbrechen oder im Kriminalroman (vgl. B. Brecht 1967a) sind häufig alle wichtigen Fakten und alle einschlägigen allgemeinen Gesetzmäßigkeiten bereits bekannt. Dennoch bedarf es oft erheblicher Kreativität und einigen Scharfsinns, um aus dem vorliegenden Wissen die geeigneten Prämissen auszuwählen und aus diesen Prämissen jene Aussagen zu deduzieren, die einen Fortschritt bringen. Aus einer ungeordneten Menge von Aussagen wie

277

1. Am Tatort fanden sich Motorradspuren.
2. Der Täter trug einen Bart.
3. X hat für die Tatzeit ein zuverlässiges Alibi.
4. Das Opfer muss seinen Mörder gekannt haben.
5. V, X und W hatten Zugang zum Tatort.
6. X besitzt ein rotes Motorrad.
7. Der Mord muss von V, W oder X begangen worden sein.
8. Der Mord ereignete sich am 14. April.
9. V und W tragen Bärte.
10. X ließ sich am 16. April seinen Bart abnehmen.
11. Bei V wurde ein Messer mit Blutspuren des Opfers gefunden.
12. V war dem Opfer mit Sicherheit nicht bekannt.

müssen zunächst die Aussagen herausgefiltert werden, die für die Ermittlung des Täters relevant sind. Dafür gibt es unterschiedliche Wege. Man kann zunächst X als Täter ausschließen, weil er ein zuverlässiges Alibi hat (Aussage 3). Weil das Opfer seinen Mörder gekannt haben muss (Aussage 4) und V dem Opfer mit Sicherheit nicht bekannt war (Aussage 12), kommt auch V als Täter nicht in Frage. Da der Mord von V, W, oder X begangen wurde (Aussage 7), kann also nur W der Mörder gewesen sein. Für diese Konklusion sind alle übrigen Aussagen als Prämissen nicht erforderlich. Wie das blutige Messer in den Besitz von V gelangte (11), wie die Motorradspuren an den Tatort gelangten (Aussage 1), ob das Motorrad von X (Aussage 6) diese Spuren hinterlassen hat oder warum X sich nach dem Mord (Aussage 8) seinen Bart abnehmen ließ (Aussage 10), mag interessant sein; und die übrigen Informationen über Bärte (Aussagen 2 und 9) liefern bestenfalls eine zusätzliche Bestätigung; die Identität des Mörders lässt sich aber auch ohne diese Informationen erschließen.

Das einfache Beispiel demonstriert immerhin, dass durch Deduktionen eine zunächst keineswegs offensichtliche Lösung gefunden werden kann, dass es auf dem Weg zu dieser Lösung einige Mühe kostet, die erforderlichen Prämissen auszuwählen, und dass diese Auswahl wiederum durch Hilfsdeduktionen erleichtert werden kann. Es lohnt sich offenbar doch, sich intensiver mit deduktiven Argumenten zu befassen. 278

Zur Vertiefung: F. v. Kutschera/ A. Breitkopf (1971): 12f.

2.3.2 Gültigkeit und Argumentform

Korrekte deduktive Argumente nennt man **gültig** (W. C. Salmon 1983: 41–49). Aber welche deduktiven Argumente sind gültig? Wie lassen sich gültige von **ungültigen** deduktiven Argumenten unterscheiden? Eine Möglichkeit bestünde darin, jedes irgendwann einmal auftauchende Argument aufzuschreiben und zu untersuchen. Wir erhielten dann eine ungeordnete, offene Liste von Argumenten, zum Beispiel: 279

280

Wenn Tina eine Katze ist, kann sie klettern
Tina ist eine Katze
↓ Also kann Tina klettern

Wenn es regnet, ist die Straße nass
Es regnet
↓ Also ist die Straße nass

Wenn es ein Gewitter gibt, donnert es
Es donnert
↓ Also gibt es ein Gewitter

Wenn dies ein Baum ist, ist es ein Reptil
Dies ist ein Baum
↓ Also ist dies ein Reptil

Wenn Irma Grippe hat, hat Irma Fieber
Irma hat Fieber
↓ Also hat Irma Grippe

Wenn Peter ein Dieb ist, ist er maskiert
Peter ist maskiert
↓ Also ist Peter ein Dieb

Wenn dies ein Fliegenpilz ist, ist es giftig
Dies ist ein Fliegenpilz
↓ Dies ist giftig

Wenn es regnet, ist die Straße nass
Die Straße ist nass
↓ Also regnet es

281 In der Tat könnten wir versuchen, die Argumente nun einzeln zu analysieren. Vorteilhafter ist es aber, wenn wir das gleiche Verfahren anwenden, das auch den übrigen Aufbau unserer Weltbilder bestimmt: Üblicherweise bilden wir Klassen von Objekten nach bestimmten Merkmalen, die für unseren Umgang mit diesen Objekten jeweils wichtig sind. Ebenso bilden wir Klassen von Argumenten nach eben jenen Merkmalen, die über die Gültigkeit der Argumente entscheiden. Die Gültigkeit eines Arguments wird aber nicht durch die jeweiligen Inhalte seiner Prämissen und seiner Konklusion, sondern durch seine *Form* bestimmt. Das bietet den Vorteil, dass wir, hat sich eine solche Form erst als gültig erwiesen, von allen Argumenten dieser Form sagen können, dass sie gültig sind. Bei der Bildung von Argumentklassen richten wir uns deshalb nach der **Argumentform**. Spätestens wenn wir unsere Beispiele in eine knappe Telegrammstilversion bringen, fällt auf, dass bestimme Argumente jeweils einander ähnlich sind, so dass wir die acht Argumente nach ihrer Form in zwei Klassen zusammenfassen können. Vier Argumente weisen die Form A und vier weitere die Form B auf:

282

Argumentform A:	**Wenn p, dann q.** **p.** **↓ Also q.**
Volltext	Telegrammstil
Wenn Tina eine Katze ist, kann sie klettern. Tina ist eine Katze. ↓ Also kann Tina klettern.	Wenn Katze, dann Klettern. Katze. ↓ Also Klettern.
Wenn dies ein Fliegenpilz ist, ist es giftig. Dies ist ein Fliegenpilz. ↓ Dies ist giftig.	Wenn Fliegenpilz, dann giftig. Fliegenpilz. ↓ Also giftig.
Wenn dies ein Baum ist, ist es ein Reptil. Dies ist ein Baum. ↓ Also ist dies ein Reptil.	Wenn Baum, dann Reptil. Baum. ↓ Also Reptil.
Wenn es regnet, ist die Straße nass. Es regnet. ↓ Also ist die Straße nass.	Wenn Regen, dann nass. Regen. ↓ Also nass.

Argumentform B:	Wenn p, dann q. q. ↓ Also p.	283
Volltext	Telegrammstil	
Wenn jemand ein Dieb ist, ist er maskiert. Peter ist maskiert. ↓ Also ist Peter ein Dieb.	Wenn Dieb, dann maskiert. Maskiert. ↓ Also Dieb.	
Wenn Irma Grippe hat, hat Irma Fieber. Irma hat Fieber. ↓ Also hat Irma Grippe.	Wenn Grippe, dann Fieber. Fieber. ↓ Also Grippe.	
Wenn es ein Gewitter gibt, donnert es. Es donnert. ↓ Also gibt es ein Gewitter.	Wenn Gewitter, dann Donner. Donner. ↓ Also Gewitter.	
Wenn es regnet, ist die Straße nass. Die Straße ist nass. ↓ Also regnet es.	Wenn Regen, dann nass. Nass. ↓ Also Regen.	

Dass die Argumente in dieser Weise den Klassen A und B zugeordnet 284
werden können, ist leicht nachzuvollziehen. Woher wissen wir aber, ob die Argumentformen A und B gültig sind? Bevor wir in einem der folgenden Abschnitte beweisen, dass Argumentform A gültig, Argumentform B aber ungültig ist, müssen wir uns zunächst mit einem Appell an Intuition und Einsicht behelfen.

Die erste Prämisse der Argumentform A besagt, dass immer, wenn 285
p der Fall ist, auch q der Fall sein muss. Wenn also gemäß der zweiten Prämisse p der Fall ist, so muss – wie in der Konklusion behauptet – q der Fall sein. Deshalb gilt für alle Argumente mit der Argumentform A, dass ihre Konklusion wahr sein muss, wenn ihre Prämissen wahr sind. Dass die Gültigkeit der Argumente tatsächlich nicht vom Inhalt der Einzelaussagen, sondern nur von ihrer Form abhängt, ist zu erkennen, wenn wir für »p« und »q« bedeutungslose Ausdrücke wie »Ardu« und »Bula« einsetzen:

Wenn Ardu, dann Bula
Ardu
↓ Also Bula

Welche Bedeutung man auch immer mit »Ardu« und »Bula« ver- 286
knüpft: Wenn die Prämissen wahr sind, muss offensichtlich auch die Konklusion wahr sein. – Dass die Argumentform B nicht gültig ist und also einen sogenannten **deduktiven Fehlschluss** darstellt, lässt sich mit Hilfe der **Methode des Gegenbeispiels** zeigen. Für das Argument

Wenn es regnet, ist die Straße nass
Die Straße ist nass
↓ Also regnet es

lassen sich Situationen konstruieren, bezüglich derer die Prämissen durchaus wahr sind, die Konklusion aber falsch ist. Die erste Prämisse über den Zusammenhang zwischen Regen und nasser Straße kann wahr sein; und auch die zweite Prämisse, die das Nass-Sein der Straße behauptet, kann zutreffen, ohne dass es deshalb tatsächlich regnen muss: Es könnte einen Rohrbruch gegeben haben; oder ein Reinigungsfahrzeug könnte vorbeigefahren sein. Solche Situationen lassen sich für Argumente der Argumentform A nicht konstruieren. Wenn die erste Prämisse über den Zusammenhang zwischen Regen und nasser Straße wahr ist und auch die zweite Prämisse, es regne, zutrifft, dann muss die Straße nass sein.

287 Bei der Anwendung der Methode des Gegenbeispiels ist allerdings eine gewisse Vorsicht geboten. Man könnte in dem *gültigen* Argument

Alle Katzen sind Säugetiere
Alle Säugetiere haben ein Herz mit vier Kammern
↓ Alle Katzen haben ein Herz mit vier Kammern

die Argumentform

p
q
↓ r

erkennen und für diese Form zahlreiche Gegenbeispiele finden, etwa das offensichtlich ungültige Argument

Im Frühling blühen die Bäume
Katzen sind Säugetiere
↓ Hangzhou liegt in China

Daraus, dass zwei beliebige Sätze p und q wahr sind, lässt sich über die Wahrheit eines beliebigen dritten Satzes r gewiss nichts ableiten. Das Argument

Alle Katzen sind Säugetiere
Alle Säugetiere haben ein Herz mit vier Kammern
↓ Alle Katzen haben ein Herz mit vier Kammern

hat aber noch eine weitere Argumentform

Alle U sind V
Alle V sind W
↓ Alle U sind W

die – wie wir noch sehen werden – durchaus gültig ist. Gegen diese gültige Argumentform lassen sich keine Gegenbeispiele finden.

288 Auf den ersten Blick mag es verwirren, dass ein Argument mehrere teils ungültige und teils gültige Formen haben kann. Man kann sich aber schnell klarmachen, dass es auch im Alltag meist unterschiedliche Möglichkeiten gibt, an Gegenständen Merkmale und Formen

hervorzuheben, von denen oft nur *eine* bedeutsam ist. Bei einer Fahrkartenkontrolle in der Stadtbahn könnte Ulrike auf ihr Alter, auf die grüne Farbe ihres Kleides, auf ihre Schuhgröße, auf ihre Monatskarte, auf ihr blondes Haar oder auf ihr neues Parfüm hinweisen – sämtlich Merkmale, die ihr tatsächlich zukommen. Der Kontrolleur wird aber ausschließlich die Monatskarte und nicht Alter, Kleid, Schuhgröße, Blondheit und Parfüm als Nachweis akzeptieren.

Wir dürfen deshalb auch Argumente nicht vorschnell für ungültig 289
halten, nur weil *eine* ihrer Formen ungültig ist. Wir müssen vielmehr sorgfältig prüfen, ob sie möglicherweise irgendeine andere Form aufweisen, die sie als gültig erweist. Sonst verführen wir wie ein Kontrolleur, der stur erklärte: »Blondinen haben in der Stadtbahn keine Sonderrechte!« und Ulrikes Monatskarte gar nicht zur Kenntnis nähme. Wie im Alltag bedarf es bei der Analyse von Argumenten einigen Wissens und einiger Übung, um jeweils die entscheidenden formalen Merkmale herauszufinden.

Zur Vertiefung: W. C. Salmon 1983: 41–49

2.3.3 Konditionale Argumente

Die im letzten Abschnitt behandelten Argumentformen A und B gehö- 290
ren zu den sogenannten **konditionalen Argumenten** (W. C. Salmon 1983: 49–62). Konditionale Argumente sind dadurch gekennzeichnet, dass sie **Konditionalaussagen** enthalten. Beispiele für Konditionalaussagen sind:

Wenn es regnet, dann ist die Straße nass
Wenn jetzt Mai ist, dann ist der nächste Monat Juni
Wenn jemand Grippe hat, dann hat er Fieber

Solche Aussagen bestehen aus zwei Teilen: Den mit »wenn« eingelei- 291
teten Teil nennt man **Antecedens**, den mit »dann« eingeleiteten nennt man **Konsequens**. Obige Beispiele sind in der Normalform

Wenn p, dann q

aufgeschrieben. In der Alltagssprache treten Konditionalaussagen aber in recht verschiedenen Formen auf. Man muss vielleicht einige Augenblicke nachdenken, um die folgenden Formen als logisch gleichwertig zu erkennen:

Wenn es regnet, dann ist die Straße nass 292
Die Straße ist nass, wenn es regnet
Nur wenn die Straße nass ist, regnet es
Es regnet nur dann, wenn die Straße nass ist –

Neben den weiter oben schon behandelten Argumentformen A und B 293
zeigen die folgenden Tabellen noch zwei weitere konditionale Argu-

mentformen C und D. Alle vier Argumentformen haben als erste Prämisse jeweils die Konditionalaussage »Wenn p, dann q«.

294		**A: Bejahung des Antecedens**	
	gültig	Argumentform:	Beispiel:
		Wenn p, dann q. p. ↓ Also q.	Wenn es gewittert, donnert es. Es gewittert. ↓ Also donnert es.
		B: Bejahung des Konsequens	
	ungültig	Argumentform:	Beispiel:
		Wenn p, dann q. q. ↓ Also p.	Wenn es gewittert, donnert es. Es donnert. ↓ *Also gewittert es.*
		Fehler:	Gegenbeispiel:
		Falsche Konklusion bei wahren Prämissen möglich!	Wenn es gewittert, donnert es. Es donnert. *Es gewittert aber nicht*; es donnert dennoch, zum Beispiel wegen einer Explosion.
295		**C: Verneinung des Konsequens**	
	gültig	Argumentform:	Beispiel:
		Wenn p, dann q. Nicht q. ↓ Also nicht p.	Wenn es gewittert, donnert es. Es donnert nicht. ↓ Also gewittert es nicht.
		D: Verneinung des Antecedens	
	ungültig	Argumentform:	Beispiel:
		Wenn p, dann q. Nicht p. ↓ Also nicht q.	Wenn es gewittert, donnert es. Es gewittert nicht. ↓ *Also donnert es nicht.*
		Fehler:	Gegenbeispiel:
		Falsche Konklusion bei wahren Prämissen möglich!	Wenn es gewittert, donnert es. Es gewittert nicht. *Es donnert aber dennoch*, zum Beispiel wegen einer Explosion.

296 Die Unterschiede kommen dadurch zustande, dass mit der zweiten Prämisse jeweils entweder das Antecedens p oder das Konsequens q entweder bejaht oder verneint wird. Die **Bejahung des Antecedens** (A) und die **Verneinung des Konsequens** (C) in der oberen Tabelle sind gültige Argumentformen, die **Bejahung des Konsequens** (B) und die **Verneinung des Antecedens** (D) im unteren Teil dagegen Fehlschlüsse.

297 Dass B und D ungültige Formen sind, zeigen die Gegenbeispiele in den entsprechenden Tabellenzeilen: Offensichtlich sind Situationen

denkbar, in denen bei Argumenten dieser Formen die Prämissen wahr sind und die Konklusion falsch ist. Vielleicht ist jemand versucht, solche Situationen auch für A und C zu konstruieren und darauf hinzuweisen, dass Gewitter doch gar nicht notwendig mit Donner verbunden seien. Das mag zwar stimmen, wäre aber kein angemessenes Beispiel gegen die Formen A und C. Ein solches Beispiel müsste eine Situation beschreiben, in der *die Prämissen wahr wären, die Konklusion aber falsch.* Die Behauptung und selbst der Nachweis, dass die konditionale *Prämisse falsch* sei, ist aber kein solches Gegenbeispiel: *Wenn* die Prämisse »Wenn es gewittert, donnert es« wahr ist, *dann* muss es bei Gewitter donnern (A) bzw. dann kann es sich bei fehlendem Donner eben nicht um ein Gewitter handeln.

Es kann nicht schaden, hier ein weiteres Mal zu fragen, ob derartige Analysen nicht auf bloße Spitzfindigkeit hinauslaufen. Die getroffenen Unterscheidungen spielen zweifellos nur dann eine Rolle, wenn in der ersten Prämisse die Aussagen p und q in einer Konditionalaussage des Typs 298

Wenn p, dann q

miteinander verknüpft sind. Handelte es sich bei der ersten Prämisse dagegen um eine Bikonditionalaussage des Typs

Wenn p, dann q *und* Wenn q, dann p

so wären unsere Unterscheidungen bedeutungslos. Wenn p und q auf diese Weise wechselseitig miteinander verbunden wären, so könnte beliebig von p auf q, von q auf p, von nicht-p auf nicht-q und von nicht-q auf nicht-p geschlossen werden. Und gewiss gibt es Situationen, in denen solche bikonditionalen Verknüpfungen zwischen Sachverhalten angenommen werden können. Wir können etwa getrost davon ausgehen, dass Weihnachtsfeiern in der Weihnachtszeit und umgekehrt in der Weihnachtszeit Weihnachtsfeiern stattfinden.

Andere Sachverhalte sind dagegen keineswegs so einfach verknüpft, dass wir unser Verhalten durch eine bloße Assoziation der entsprechenden Aussagen angemessen orientieren könnten. Am Freitagnachmittag herrscht zwar meist starker Straßenverkehr; aber nicht jeder starke Straßenverkehr findet am Freitagnachmittag statt. Wer sein Weltbild ausschließlich auf bikonditionale Assoziationen aufbauen wollte, müsste hier zum Beispiel davon ausgehen, dass der Freitagnachmittag mit dem starken Straßenverkehr und der starke Straßenverkehr mit dem Freitagnachmittag verknüpft sei, sich entsprechend durch starken Verkehr am Montagmorgen überraschen lassen und aus seinen Beobachtungen schließen, es müsse wohl Freitag sein; fiele dagegen ein verkehrsarmer Feiertag auf den Freitag, so müsste er wohl oder übel annehmen, es handele sich gar nicht um einen Freitag. 299

Hier ermöglichen bikonditionale Assoziationen also bestenfalls unsichere, prüfungsbedürftige Hypothesen wie

Der Straßenverkehr ist sehr stark. Ist heute etwa Freitag?

300 Da ein Denken, das sich auf solche Assoziationen beschränkte, den Verhältnissen in der Welt ganz offensichtlich nicht angemessen wäre, können wir auf konditionale Aussagen keinesfalls verzichten. Konditionale Argumente aber sind nur in der Form der Bejahung des Antecedens (A) und der Verneinung des Konsequens (C) gültig. Behandelten wir die Verneinung des Antecedens (B) und die Bejahung des Konsequens (D) als gültig, so verspielten wir eben jene Erkenntnisvorteile, die mit der notwendigen Unterscheidung zwischen Konditional und Bikonditional verbunden sind. Wer diese Unterscheidung und die Kritik der Fehlschlüsse B und D aufgibt, macht sich weniger klug, als er sein könnte.

Zur Vertiefung: W. v. O. Quine 1969: 38–44; W. C. Salmon 1983: 49–62

2.3.4 Übertragung der Falschheit von der Konklusion auf die Prämissen: Reductio ad absurdum

301 Wir sind bisher davon ausgegangen, dass man gültige Argumente nutzt, um beim Übergang von den Prämissen zur Konklusion die Wahrheit der Prämissen auf die Konklusion zu übertragen. Bisweilen ist man aber auch daran interessiert, etwas über den Wahrheitswert der Prämissen eines Arguments zu erfahren (H. Albert 1968: 12). Im Zusammenhang mit dem hypothetisch-deduktiven Verfahren haben wir schon mehrfach Argumente vom Typ

Wenn Hypothese H richtig ist, dann musste das ihr gemäß vorausgesagte Ereignis E eintreffen
Das vorausgesagte Ereignis E ist nicht eingetroffen
↓ Also ist Hypothese H nicht richtig

betrachtet, mit denen man die Falschheit einer Hypothese erweisen kann. Bisher haben wir das Argument als ein konditionales Argument mit Verneinung des Konsequens (C) formuliert, das die Falschheit der Hypothese H beweist. Diesem Argument liegt aber ein anderes zugrunde. Hypothesen verknüpfen in der Regel eine Situation eines bestimmten Typs, charakterisiert durch bestimmte Randbedingungen, mit einem bestimmten Ereignis, etwa

Wenn jemand an Grippe erkrankt, dann hat er Fieber

302 Zur Überprüfung dieser Hypothese wird man einzelne Fälle untersuchen. Eventuell findet man einen Grippekranken, der kein Fieber hat. Dann lautet unser Argument

Wenn jemand an Grippe erkrankt, dann hat er Fieber (Prämisse 1)
Dieser Patient ist an Grippe erkrankt (Prämisse 2)
↓ Also hat dieser Patient Fieber

Dieses konditionale Argument mit Bejahung des Antecedens (A) ist 303
zweifellos gültig. Wir wissen, dass die im Antecedens der Hypothese beschriebenen Randbedingungen gegeben sind: Prämisse 2 ist offensichtlich wahr. Unsere Beobachtung ergibt aber, dass der Patient *kein* Fieber hat: Die Konklusion, nämlich die Voraussage, der Patient werde Fieber haben, ist offensichtlich falsch. Da aber in einem gültigen Argument, wenn die Prämissen wahr sind, auch die Konklusion wahr sein muss, bleibt nur der Schluss, dass Prämisse 1 falsch ist. Damit haben wir die Falschheit der Konklusion auf Prämisse 1 übertragen.

304

Aussagentyp	**Argument**	**Aussage**	**Wahrheitswert**
Hypothese	Prämisse 1	Wenn jemand an Grippe erkrankt, dann hat er Fieber.	← FALSCH!
Randbedingung	Prämisse 2	Dieser Patient ist an Grippe erkrankt.	← WAHR! (gemäß Beobachtung)
Voraussage	Konklusion	↓ Also hat dieser Patient Fieber.	← FALSCH! (gemäß Beobachtung)

Ganz ähnlich verfährt man bei der sogenannten **Reductio ad absurdum** (W. C. Salmon 1983: S. 63–68). Man versucht dann, die Wahrheit einer These p auf indirektem Wege dadurch zu beweisen, dass man die Falschheit ihrer Verneinung nicht-p beweist. Die Falschheit von nicht-p demonstriert man über ein Hilfsargument: In dieses Hilfsargument setzt man nicht-p als Prämisse ein und deduziert aus nicht-p und einer oder mehreren weiteren, offensichtlich wahren Prämissen einen offensichtlich falschen Satz. Wenn das Hilfsargument formal korrekt ist, wenn seine übrigen Prämissen wahr sind und wenn seine Konklusion falsch ist, dann muss wie im vorausgehenden Beispiel die Falschheit der Konklusion auf die zweifelhafte Prämisse nicht-p übertragen werden. Wenn aber nicht-p falsch ist, so ist indirekt bewiesen, dass die Ausgangsthese p wahr ist. 305

Die Reductio ad absurdum wird – auch im Alltag – weit häufiger 306
verwendet, als man angesichts der lateinischen Bezeichnung vielleicht meinen könnte. Nehmen wir an, wir stehen mit einem Gesprächspartner vor einem defekten Auto und wollen beweisen, dass die Batterie leer ist. Unsere These lautet also »Die Batterie ist leer«. Nun formulieren wir deren Verneinung »Die Batterie ist nicht leer« und tragen unser Hilfsargument vor: »Wenn die Batterie nicht leer ist, leuchtet die Kontrolllampe. Die Batterie ist nicht leer. Also leuchtet die Kontrolllampe«. Da wir gleichzeitig beobachten, dass die Kontrolllampe *nicht* leuchtet, ist die Konklusion des Hilfsarguments falsch. Da das

Hilfsargument korrekt ist, können bei falscher Konklusion nicht alle Prämissen wahr sein. Die Wahrheit der Prämisse »Wenn die Batterie nicht leer ist, leuchtet die Kontrolllampe« ergibt sich aus der Konstruktion des Autos bzw. aus der entsprechenden Schaltskizze in der Betriebsanleitung. Also muss die Prämisse »Die Batterie ist nicht leer« falsch sein. Damit ist unsere These »Die Batterie ist leer« indirekt bewiesen, – so lange wir davon ausgehen können, dass Leitungen und Kontrolllampe nicht defekt sind.

307

Reductio ad absurdum		
These p: Die Batterie ist leer.		
Hilfsargument mit der Verneinung der These als Prämisse		
nicht-p.	Die Batterie ist nicht leer.	FALSCH!
Wenn nicht-p, dann q.	Wenn die Batterie nicht leer ist, leuchtet die Kontrolllampe.	WAHR! (gemäß Betriebsanleitung)
q.	↓ Die Kontrolllampe leuchtet.	FALSCH! (gemäß Beobachtung)
Da q falsch ist, muss auch nicht-p falsch sein: Also gilt die These p.		

Zur Vertiefung: H. Albert 1968: 8–28, bes. 12; W. C. Salmon 1983: 63–68

2.3.5 Wahrheitstafeln und Gültigkeit

308 Die Methode der **Wahrheitstafeln** ist ein sehr einleuchtendes und wirkungsvolles Verfahren, die Gültigkeit bzw. Ungültigkeit einzelner Argumentformen zu untersuchen. Auch wer im übrigen nur geringes Interesse an formalen Strukturdarstellungen hat, sollte sich wenigstens mit den Grundzügen dieses Verfahrens vertraut machen (W. C. Salmon 1983: 72–87). Es ist einfach vorteilhaft, wenn man die Gültigkeit von Argumenten auch selbst prüfen kann und nicht in jedem Fall auf die Aussagen von Experten angewiesen ist.

309 Die meisten Argumente, die wir bisher untersucht haben, enthielten Sätze, die wir ohne weiteres durch »p«, »q« usw. symbolisieren konnten: Die innere Struktur dieser Sätze spielte dabei keine Rolle, so dass in Darstellungen wie

Wenn p, dann q
p
↓ Also q

alles für die Untersuchung der Argumente Wichtige enthalten war. Die Methode der Wahrheitstafeln stellt einzelne Aussagen durch Buchstaben wie »p«, »q« und »r« dar und beschreibt dann, wie durch unterschiedliche **Verknüpfungen** solcher elementaren Aussagen komplexe Aussagen entstehen. Dabei wird der Wahrheitswert einer komplexen Aussage allein durch die Wahrheitswerte der in sie eingehenden elementaren Aussagen bestimmt. Verschiedene Möglichkeiten, elementare Aussagen miteinander zu verknüpfen, haben wir schon kennen gelernt.

310

Name	**Form**	**Beispiel**	**symbolisch**
Negation	nicht-p	Peter ist *nicht* krank.	¬p
Konjunktion	p und q	Otto arbeitet *und* Irma verreist.	p∧q
(nicht-ausschließende) Disjunktion	p oder q	Karl geht spazieren *oder* Richard spielt Fußball.	p∨q
(materiales) Konditional	wenn p, dann q	*Wenn* Elsa schnarcht, *dann* schläft sie.	p⊃q
(materiales) Bikonditional	p genau dann, wenn q	Es friert *genau dann, wenn* die Temperatur unter 0° Celsius fällt.	p≡q

Die Logik legt den Gebrauch solcher Verknüpfungen durch Tabellen fest, in denen für jede mögliche Verteilung der **Wahrheitswerte** ‹wahr› (W) und ‹falsch› (F) auf die verknüpften elementaren Aussagen angegeben ist, welchen Wahrheitswert die Verknüpfung erhält. Für die **Negation**, eine sogenannte einstellige Verknüpfung, in die nur eine einzige elementare Aussage p eingeht, lautet die Tabelle: 311

312

	Negation
p	**¬p**
W	F
F	W

Die Negation von p ist falsch, wenn p wahr ist, und wahr, wenn p falsch ist. Für die zweistelligen Verknüpfungen gelten die folgenden Tabellen: 313

314

			Konjunktion	**Disjunktion**	**Konditional**	**Bikonditional**
	p	**q**	**p∧q**	**p∨q**	**p⊃q**	**p≡q**
1	W	W	W	W	W	W
2	W	F	F	W	F	F
3	F	W	F	W	W	F
4	F	F	F	F	W	W

Die Festlegungen für **Konjunktion**, **Disjunktion** und **Bikonditional** leuchten unmittelbar ein: Die Konjunktion p∧q (»p und q«) ist nur dann wahr, wenn p und q beide wahr sind (1), in den drei übrigen möglichen Fällen (2–4) falsch. Die Disjunktion p∨q (»p oder q«) ist wahr, wenn p und q beide wahr sind (1) und wenn entweder nur p (2) oder nur q (3) wahr ist; sie ist falsch, wenn p und q beide falsch sind (4). Beim Bikonditional p≡q (»p genau dann, wenn q«) müssen p und 315 q jeweils den gleichen Wahrheitswert haben (1, 4), damit die Verknüpfung wahr ist, in den anderen Fällen (2, 3) ist sie falsch.

316 Weniger einleuchtend sind auf den ersten Blick die Festlegungen für das **Konditional**. Es ist gerade noch einzusehen, dass die konditionale Verknüpfung $p \supset q$ (»wenn p, dann q«) wahr sein muss, wenn p und q beide wahr sind (1). Und es ist selbstverständlich, dass nicht p wahr und q falsch sein (2) darf: Auch in der Umgangssprache verstehen wir den Satz »Wenn es regnet, ist die Straße nass« so, dass es nicht der Fall sein darf, dass es regnet, ohne dass zugleich die Straße nass ist. Dass die konditionale Verknüpfung aber auch dann wahr sein soll, wenn p falsch und q wahr ist (3) und wenn p und q falsch sind (4), ist irritierend. Damit wären Sätze wie

Wenn Peking in Amerika liegt, liegt Hannover in Niedersachsen (3)

und

Wenn Peking in Amerika liegt, liegt Hannover in Australien (4)

gegen unser Sprachgefühl durchaus wahr. Die Schwierigkeit ergibt sich daraus, dass die umgangssprachliche »Wenn-dann«-Verknüpfung eine *inhaltliche* Verbindung zwischen den Aussagen p und q voraussetzt, während die logische Definition des Konditionals eben nicht die Inhalte, sondern ausschließlich die *Wahrheitswerte* von p und q berücksichtigt. Die logische Verknüpfung ist insofern schwächer als die umgangssprachliche »Wenn-dann«-Verknüpfung. Hinsichtlich der Wahrheitswerte der verknüpften Aussagen stimmt sie allerdings durchaus mit unseren alltäglichen Intuitionen über eine Folgebeziehung überein. Wenn wir zwei Aussagen mit »wenn ..., dann ...« verbinden, so meinen wir zunächst, dass nicht die erste wahr und die zweite falsch sein darf. Die inhaltliche Verbindung, die wir darüber hinaus meinen, ist uns zwar meist wichtig; dass sie in den obigen Sätzen fehlt, macht diese Sätze schwer akzeptabel. Aber die inhaltliche Beziehung ist unter den Gesichtspunkt der Wahrheitswerte nicht von Interesse (W. C. Salmon 1983: 78ff.; G. Patzig 1970: 20–25).

317 Ähnliches gilt im übrigen auch für die Konjunktion. Wenn wir umgangssprachlich sagen: »Peter schälte einen Apfel *und* aß ihn«, wollen wir in der Regel nicht nur die Wahrheit der beiden Sätze »Peter schälte einen Apfel« und »Peter aß einen Apfel«, sondern auch eine zeitliche Abfolge ausdrücken. Auch hier ist die logische Verknüpfung schwächer; die zeitliche Abfolge als mögliche inhaltliche Beziehung der Sätze bleibt unberücksichtigt (vgl. R. Posner 1979).

318 Die konditionale Verknüpfung zweier Sätze p und q drückt also aus, dass nicht zugleich p wahr und q falsch sein darf. Eine solche konditionale Verknüpfung besteht, wie wir schon festgestellt haben, zwischen den Prämissen und der Konklusion eines gültigen deduktiven Arguments: In einem korrekten Argument können nicht die Prä-

missen wahr und die Konklusion zugleich falsch sein (W. C. Salmon 1983: 96). Man kann deshalb die Methode der Wahrheitstafeln nutzen, um die Gültigkeit von Argumentformen zu untersuchen. Betrachten wir zunächst die folgende Wahrheitstafel für die komplexe Aussage »p oder nicht-p«:

319

Tautologie 1 (gültig)			
	p oder nicht-p		
p	**p∨¬p**	➔	➔
W	W∨¬W	W∨F	W
F	F∨¬F	F∨W	W

In der linken Spalte sind die beiden möglichen Wahrheitswerte für p aufgeführt. In der mittleren Spalte wurden diese Wahrheitswerte in die Aussage p∨¬p eingesetzt. Und in den beiden letzten Spalten werden die Wahrheitswerte Schritt für Schritt (➔) exakt nach den oben getroffenen Festlegungen über den Gebrauch der Verknüpfungszeichen »∨« und »¬« ausgerechnet. Das Ergebnis: Für alle möglichen Verteilungen der Wahrheitswerte auf p ist die Aussage p∨¬p wahr. Das sagt auch die Intuition: Ein Satz ist unweigerlich entweder wahr oder nicht wahr. Welche Inhalte die Aussage p auch immer haben mag und ob sie nun wahr oder falsch ist, p∨¬p ist immer wahr. Eine komplexe Aussage wie p∨¬p, die unabhängig von den Wahrheitswerten der in sie eingehenden elementaren Aussagen stets wahr ist, nennt man **Tautologie** (W. C. Salmon 1983: 94–97). Die folgende Tabelle enthält ¬(p∧¬p) als weiteres Beispiel: Die Tautologie ¬(p∧¬p) besagt, dass eine Aussage nicht gleichzeitig wahr und falsch sein kann: 320

321

Tautologie 2 (gültig)			
	nicht (p und nicht-p)		
p	**¬(p ∧¬p)**	➔	➔
W	¬(W∧¬W)	¬F	W
F	¬(F∧¬F)	¬F	W

Mit der gleichen Methode können wir nun verschiedene Formen konditionaler Argumente untersuchen. In der bisherigen Schreibweise 322

Wenn p, dann q
p
↓ Also q

ersetzen wir zunächst das deutsche »wenn … dann« durch das Verknüpfungszeichen »⊃« und tilgen das »also«:

p⊃q
p
↓ q

323 Da zwischen den Prämissen und der Konklusion eines gültigen deduktiven Arguments eine konditionale Verknüpfung besteht, können wir nun die Konjunktion der Prämissen (in eckigen Klammern »[...]«) bilden und diese Konjunktion über ein Konditional mit der Konklusion verknüpfen:

$[(p \supset q) \wedge p] \supset q$,

in – unvermeidlich umständlichen – Worten:

Wenn gilt, (wenn p dann q) und p, dann gilt q

324

Bejahung des Antecedens (gültig)					
		wenn **[(wenn p dann q) und p]** ***dann*** **q**			
p	**q**	**[(p⊃q)∧p]⊃q**	**➔**	**➔**	**➔**
W	W	[(W⊃W)∧W]⊃W	[W∧W]⊃W	W⊃W	W
W	F	[(W⊃F)∧W]⊃F	[F∧W]⊃F	F⊃F	W
F	W	[(F⊃W)∧F]⊃W	[W∧F]⊃W	F⊃W	W
F	F	[(F⊃F)∧F]⊃F	[W∧F]⊃F	F⊃F	W

325 In der Tabelle ist wieder schrittweise (➔) ausgerechnet, welche Wahrheitswerte dieser komplexe Ausdruck für die verschiedenen Verteilungen der Wahrheitswerte auf p und q annehmen kann. Offensichtlich ist $[(p \supset q) \wedge p] \supset q$ für alle möglichen Verteilungen der Wahrheitswerte auf p und q wahr. Das Schlussschema der Bejahung des Antecedens ist also eine Tautologie. Welche Aussagen man für p und q auch immer einsetzt: Wenn $p \supset q$ und p wahr sind, dann muss auch q wahr sein. – Die Untersuchung der Bejahung des Konsequens führt dagegen zu einem anderen Ergebnis: Wenn p falsch und q wahr ist, so ist trotz wahrer Prämissen $p \supset q$ und q die Konklusion p falsch. Das Schlussschema der Bejahung des Konsequens ist *keine* Tautologie; es garantiert *nicht*, dass bei wahren Prämissen auch die Konklusion wahr ist.

326

Bejahung des Konsequens (ungültig)					
		wenn **[(wenn p dann q) und q)]** ***dann*** **p**			
p	**q**	**[(p⊃q)∧q]⊃p**	**➔**	**➔**	**➔**
W	W	[(W⊃W)∧W]⊃W	[W∧W]⊃W	W⊃W	W
W	F	[(W⊃F)∧F]⊃W	[F∧F]⊃W	F⊃W	W
F	W	[(F⊃W)∧W]⊃F	[W∧W]⊃F	W⊃F	F !
F	F	[(F⊃F)∧F]⊃F	[W∧F]⊃F	F⊃F	W

327

Verneinung des Konsequens (gültig)					
		wenn [(wenn p dann q) und nicht-q] *dann* nicht-p			
p	**q**	**[(p⊃q)∧¬q]⊃¬p**	**→**	**→**	**→**
W	W	[(W⊃W)∧¬W]⊃¬W	[W∧F]⊃F	F⊃F	W
W	F	[(W⊃F)∧¬F]⊃¬W	[F∧W]⊃F	F⊃F	W
F	W	[(F⊃W)∧¬W]⊃¬F	[W∧F]⊃W	F⊃W	W
F	F	[(F⊃F)∧¬F]⊃¬F	[W∧W]⊃W	W⊃W	W

328

Verneinung des Antecedens (ungültig)					
		wenn [(wenn p dann q) und nicht-p] *dann* nicht-q			
p	**q**	**[(p⊃q)∧¬p]⊃¬q**	**→**	**→**	**→**
W	W	[(W⊃W)∧¬W]⊃¬W	[W∧F]⊃F	F⊃F	W
W	F	[(W⊃F)∧¬W]⊃¬F	[F∧F]⊃W	F⊃W	W
F	W	[(F⊃W)∧¬F]⊃¬W	[W∧W]⊃F	W⊃F	F !
F	F	[(F⊃F)∧¬F]⊃¬F	[W∧W]⊃W	W⊃W	W

In der gleichen Weise lassen sich auch Verneinung des Konsequens 329
und Verneinung des Antecedens analysieren. Die Ergebnisse decken sich mit den bisherigen – allerdings mit dem wichtigen Unterschied, dass die Gültigkeit bzw. Ungültigkeit der Argumentformen nun ohne irgendwelche Appelle an Intuition und Einsicht präzise errechnet werden kann.

Zur Vertiefung: W. C. Salmon 1983: 72–87; F. von Kutschera/ A. Breitkopf 1971: 17–28

2.3.6 Kategorische Aussagen und Syllogismen

Bei den Argumenten, die wir bisher näher untersucht haben, kam es 330
auf inhaltliche Einzelheiten der in ihnen vorkommenden Teilaussagen nicht an, so dass wir diese ohne weiteres durch Buchstaben wie »p« oder »q« ersetzen konnten, – solange wir nur konsequent jeweils einen bestimmten Satz durch einen bestimmten Buchstaben ersetzten. Bei anderen Argumenten sind inhaltliche Einzelheiten der Teilaussagen dagegen durchaus entscheidend:

Alle Säugetiere haben ein Herz
Alle Hasen sind Säugetiere
↓ Alle Hasen haben ein Herz

Die Intuition sagt uns, dass das Argument gültig ist. Wenn wir aber in 331
der ersten Prämisse das Wort »alle« durch das Wort »einige« ersetzten, so wäre das Argument nicht mehr gültig:

Einige Säugetiere haben ein Herz
Alle Hasen sind Säugetiere
↓ Alle Hasen haben ein Herz

332 Die Aussage, dass einige Säugetiere ein Herz haben, lässt die Möglichkeit offen, dass es auch Säugetiere ohne Herz gibt. Die Prämissen schließen nicht aus, dass die Hasen oder einige Hasen zu diesen herzlosen Säugetieren gehören. Die vorliegende Einführung in die Argumentationslehre kann und soll einen systematischen Grundkurs in Logik (W. C. Salmon 1983; W. v. O. Quine 1969; F. v. Kutschera/ A. Breitkopf 1971; H. Reichenbach 1966) nicht ersetzen. Argumente wie die vorstehenden kommen aber so häufig vor, dass man wenigstens einen kurzen Blick auf ihre Strukturen und die Bedingungen ihrer Gültigkeit werfen sollte.

333 Aussagen wie »Alle F sind G« oder »Einige F sind G« beschreiben jeweils Beziehungen zwischen der Menge der Gegenstände, die F sind, und der Menge der Gegenstände, die G sind. Solche Aussagen nennt man **kategorische Aussagen**. Man unterscheidet vier Arten kategorischer Aussagen, deren Bedeutung sich am leichtesten durch *Mengendiagramme* illustrieren lässt. In der graphischen Darstellung repräsentieren die beiden Kreise jeweils die Menge der F und die Menge der G. Der Bereich, in dem sich die beiden Kreise überschneiden, enthält die Menge der Gegenstände, die sowohl F als auch G sind. Ist ein Bereich *schraffiert*, so ist er *leer*: In diesem Bereich gibt es keine Gegenstände. Ist ein Bereich *weiß*, so *wissen* wir über den Bereich *nichts*. Enthält ein Bereich ein Kreuz (X), so ist er *nicht leer*.

334 Die logischen Konventionen für den Gebrauch der Ausdrücke »alle« und »einige« sind präziser als die der Umgangssprache: Eine allgemein-affirmative Aussage vom Typ »Alle F sind G« impliziert nicht, dass es überhaupt Objekte mit der Eigenschaft F oder G gebe; sie besagt nur, dass es keine Objekte gibt, die F sind, ohne G zu sein. Insofern stehen weiße Flächen tatsächlich für fehlende Information. Partikulare Aussagen vom Typ »Einige F sind G« bzw. »Einige F sind keine G« besagen nicht mehr, als dass der Überschneidungsbereich von F und G bzw. der Bereich von F, der sich nicht mit G überschneidet, nicht leer ist; er muss also wenigstens ein Objekt, aber nicht unbedingt mehrere enthalten.

335

Kategorische Aussagen		
	affirmativ	**negativ**
allgemein	Alle Affen sind Tiere.	Kein Baum ist ein Stein.
	Alle F sind G.	Kein F ist G.
	F (Affen) G (Tiere) 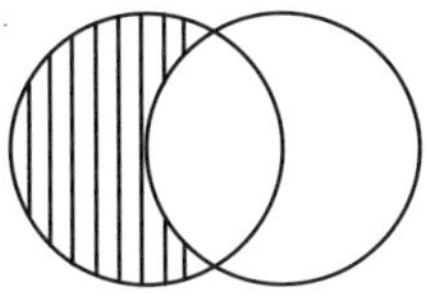	F (Bäume) G (Steine) 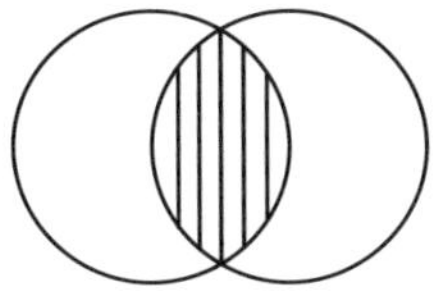
partikular	Einige Hunde sind Terrier.	Einige Autos sind keine PKW.
	Einige F sind G.	Einige F sind keine G.
	F (Hunde) G (Terrier) 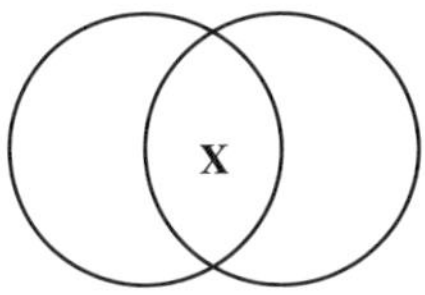	F (Autos) G (PKW) 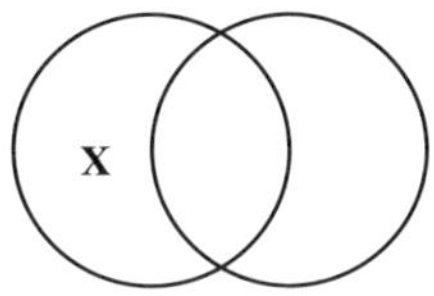

Jede kategorische Aussage ist entweder affirmativ oder negativ und 336
entweder allgemein oder partikular:

- *Allgemein-affirmative Aussagen* vom Typ »Alle F sind G« drücken aus, dass es kein F gibt, das nicht auch G ist. Es gibt keinen Affen, der nicht auch Tier ist. Deshalb ist der Teil des Affen-Kreises, der sich nicht mit dem Tier-Kreis überschneidet, schraffiert: Diese Menge ist leer.
- *Allgemein-negative Aussagen* vom Typ »Kein F ist G« drücken aus, dass es kein F gibt, das auch G wäre. Hier ist der Überschneidungsbereich des Baum-Kreises mit dem Stein-Kreis schraffiert: Diese Menge ist leer.
- *Partikular-affirmative Aussagen* vom Typ »Einige F sind G« drücken aus, dass es wenigstens einen Gegenstand gibt, der sowohl F als auch G ist. Das Kreuz im Überschneidungsbereich des Hund-Kreises mit dem Terrier-Kreis signalisiert, dass diese Menge nicht leer ist.
- *Partikular-negative Aussagen* vom Typ »Einige F sind nicht G« drücken aus, dass es wenigstens einen Gegenstand gibt, der F, aber nicht G ist. Das Kreuz in dem Teil des Auto-Kreises, der sich nicht mit dem PKW-Kreis überschneidet, signalisiert, dass diese Menge nicht leer ist.

337 Argumente, die wie

Alle Säugetiere haben ein Herz
Alle Hasen sind Säugetiere
↓ Alle Hasen haben ein Herz

aus kategorischen Aussagen bestehen, nennt man **kategorische Syllogismen**. In diesen Syllogismen geht es jeweils um die Verhältnisse zwischen drei unterschiedlichen Mengen F, G und H. Man kann diese Syllogismen recht einfach dadurch auf ihre Gültigkeit hin untersuchen, dass man die Aussagen ihrer Prämissen in einem Mengendiagramm darstellt. Zunächst tragen wir die erste Prämisse »Alle Säugetiere haben ein Herz« ein. Wir schraffieren dazu (senkrecht) den Teil des Säugetier-Kreises, der sich nicht mit dem Herzbesitzer-Kreis überschneidet. Dieser Bereich ist leer.

338

339 Anschließend tragen wir die zweite Prämisse »Alle Hasen sind Säugetiere« ein. Dazu schraffieren wir (waagerecht) den Teil des Hasen-Kreises, der sich nicht mit dem Säugetier-Kreis überschneidet. Auch dieser Bereich ist leer.

340

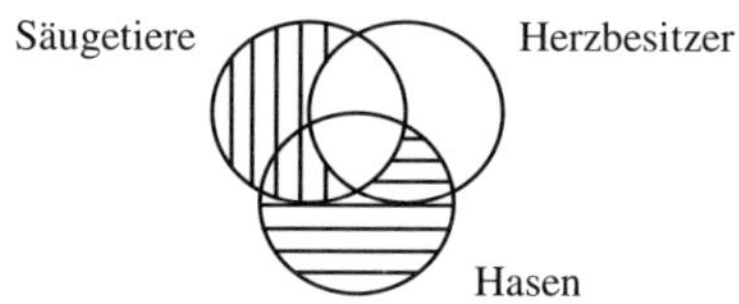

341 Nun haben wir die Aussagen beider Prämissen dargestellt und können überprüfen, ob das Ergebnis der Konklusion »Alle Hasen haben ein Herz« entspricht. Und in der Tat gibt es keine nicht-leeren Teilmengen der Hasenmenge, die nicht auch Teile der Herzbesitzer-Menge sind. – Erproben wir die Methode nun an dem offensichtlich falschen Syllogismus

Alle Frauen sind Menschen
Alle Männer sind Menschen
↓ Alle Frauen sind Männer

342 Zunächst tragen wir wieder die erste Prämisse »Alle Frauen sind Menschen« ein. Wir schraffieren dazu (senkrecht) den Teil des Frauen-Kreises, der sich nicht mit dem Menschen-Kreis überschneidet. Dieser Bereich ist leer.

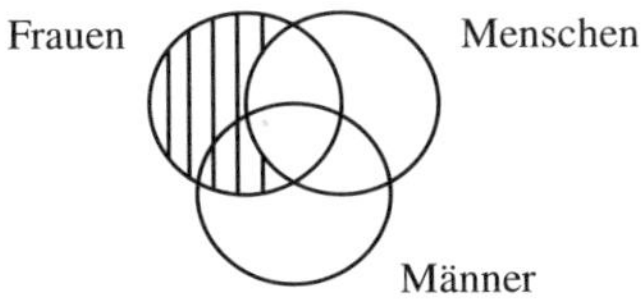

343

Anschließend tragen wir die zweite Prämisse »Alle Männer sind Menschen« ein. Dazu schraffieren wir (waagerecht) den Teilbereich des Männer-Kreises, der sich nicht mit dem Menschen-Kreis überschneidet. Auch dieser Bereich ist leer. 344

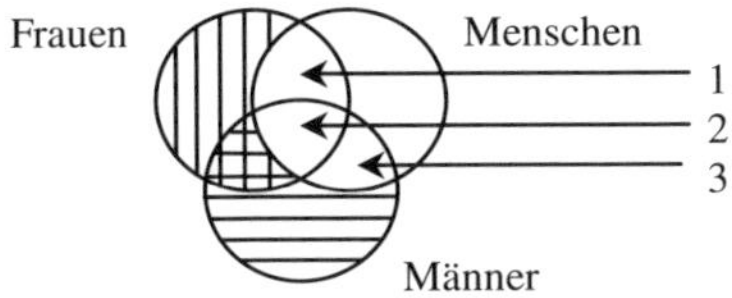

345

Das entstandene Diagramm lässt erkennen, dass es im Teilbereich 1 durchaus Frauen geben kann, die nicht Männer sind, und dass es im Teilbereich 3 Männer geben kann, die nicht Frauen sind. Zudem drückt das Diagramm nach den getroffenen Festlegungen nicht etwa aus, dass der Teilbereich 2 irgendwelche Elemente enthält. Der Syllogismus erweist sich also erwartungsgemäß als ungültig. 346

Diagramme sind nicht nur bei der Überprüfung vorliegender Syllogismen, sondern auch dann sehr hilfreich, wenn man herausbekommen will, welche Konklusion sich aus gegebenen Prämissen ableiten lässt. Nehmen wir an, uns seien zunächst nur die beiden Prämissen 347

Manche Imker sind Künstler
Kein Chemiker ist ein Imker

gegeben (W. F. Allman 1993: 46f.). Die erste Prämisse »Manche Imker sind Künstler« lässt sich wie folgt darstellen:

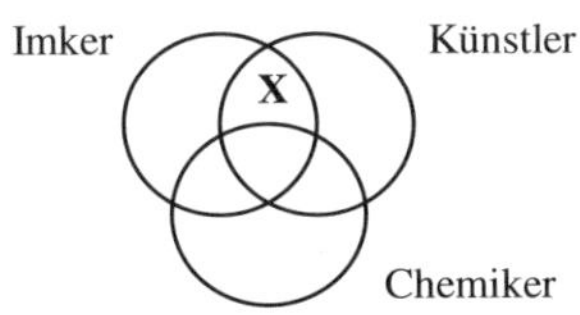

348

Der linsenförmige Überschneidungsbereich des Imker-Kreises mit dem Künstler-Kreis ist nicht leer; es gibt mindestens ein Objekt, das Imker und Künstler ist. Die zweite Prämisse »Kein Chemiker ist ein Imker« wird wiedergegeben, indem wir den Überschneidungsbereich des Imker-Kreises mit dem Chemiker-Kreis schraffieren. 349

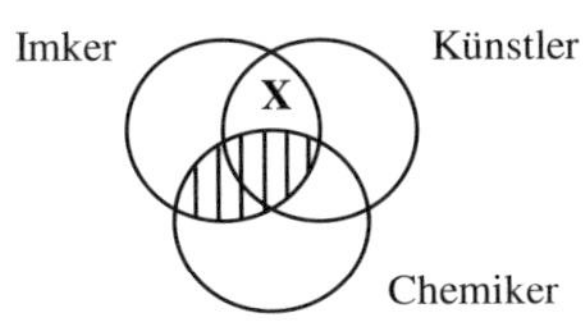

350

351 Aus dem Diagramm ergibt sich als mögliche Konklusion »Einige Künstler sind keine Chemiker«. Wie das Kreuz andeutet, gibt es Künstler, die Imker sind. Da aber kein Chemiker ein Imker ist, sind diese existierenden Imker-Künstler keine Chemiker.

352 An diesem Beispiel zeigt sich ein weiteres Mal, dass die Ergebnisse deduktiver Argumente keineswegs immer trivial sind. Für viele Menschen wird überhaupt erst durch die präzise Formulierung der Prämissen und die graphische Darstellung des Arguments erkennbar, dass hier eine logische Schlussfolgerung möglich ist (W. F. Allman 1993: 47). Darüber hinaus täuscht die Einfachheit der Beispiele: Dass mit dem oben untersuchten Argument

Alle Frauen sind Menschen
Alle Männer sind Menschen
↓ Alle Frauen sind Männer

etwas nicht stimmen kann, sagt uns in erster Linie unser Wissen über die Welt: Frauen sind eben keine Männer. Vor allem durch diesen Konflikt der Konklusion mit unserem Weltwissen werden wir möglicherweise schließlich auch auf die Ungültigkeit des Arguments aufmerksam. Hätte dagegen ein Verkäufer beim Kauf eines Computers dahergeredet: »Alle Prozessoren sind Chips. Und alle Thyristoren sind auch Chips. Also sind die Prozessoren praktisch alle Thyristoren, da müssen Sie sich gar keine Sorgen machen«, so wäre uns der nur scheinbar korrekte Übergang von den Prämissen zur Konklusion im Eifer des Gefechtes möglicherweise gar nicht aufgefallen. Je weniger wir uns in einem bestimmten *Themenbereich* auskennen, je weniger wir die Falschheit einer Konklusion *inhaltlich* und also ganz unabhängig vom vorgebrachten Argument beurteilen können, um so mehr sind wir darauf angewiesen, die Gültigkeit des Arguments *anhand seiner formalen Struktur* zu untersuchen. Der Nutzen logischer Analysen zeigt sich vor allem auf inhaltlich unvertrautem Gebiet und besonders dann, wenn wir manipuliert oder betrogen werden sollen. Man sollte deshalb einführende Analysen unvermeidlich einfacher Argumente nicht leichtfertig als überflüssig abtun: Solche Analysen haben etwas vom Trockenschwimmen oder von den Schwimmbewegungen in einem seichten Übungsbecken, die nicht an sich, sehr wohl aber im Hinblick auf das Überleben in tieferen und gefährlicheren Gewässern sinnvoll sind.

353 Einige der bei Syllogismen häufig auftretenden *Fehlschlüsse* lassen sich verhältnismäßig leicht durchschauen, wenn man sich die Bedeutungen ihrer kategorischen Teilaussagen sorgfältig klarmacht und bei Bedarf die entsprechenden Diagramme zeichnet. Ein typischer Fehlschluss besteht darin, dass man aus zwei allgemeinen Prämissen auf eine partikulare Konklusion schließt:

Kein anständiger Mensch lügt
Alle anständigen Menschen spenden Geld
↓ Einige anständige Menschen spenden Geld

Allgemeine kategorische Aussagen sagen nichts über die Existenz irgendwelcher Objekte aus: Die Prämissen behaupten nicht, dass es anständige Menschen überhaupt gibt. Eine solche Behauptung ist aber in der Konklusion enthalten. Also handelt es sich nicht um ein gültiges deduktives Argument. 354

Ein anderer typischer Fehlschluss liegt vor, wenn sich das Prädikat der Konklusion auf alle Elemente einer Menge bezieht, während es in der entsprechenden Prämisse nur auf einige Elemente dieser Menge bezogen ist: 355

Alle Niedersachsen *sind Deutsche*
Kein Bayer ist Niedersachse
↓ Kein Bayer ist Deutscher

Das Prädikat der Konklusion (»ist Deutscher«) sagt etwas über alle Deutschen aus, dass nämlich keiner von ihnen Bayer sei. Das Prädikat der ersten Prämisse (»sind Deutsche«) sagt dagegen nicht über alle Deutschen, sondern nur über alle Niedersachsen etwas aus. Da auch die zweite Prämisse über die Gesamtheit der Deutschen nichts aussagt, geht der Gehalt der Konklusion über den Gehalt der Prämissen hinaus. Also handelt es sich nicht um ein gültiges deduktives Argument. 356

Eine weitere Form des syllogistischen Fehlschlusses haben wir bereits untersucht. Er hängt damit zusammen, dass darin der sogenannte Mittelausdruck, der in beiden Prämissen vorkommt und ihren Zusammenhang herstellt, nicht über alle Elemente seiner Bezugsmenge etwas aussagt: 357

Alle Frauen *sind Menschen*
Alle Männer *sind Menschen*
↓ Alle Frauen sind Männer

Zwar haben Frauen und Männer die Eigenschaft des Menschseins gemeinsam. Aber Frauen und Männer können durchaus unterschiedliche Mengen von Menschen sein. Deshalb sagen die Prämissen keineswegs, dass die Menge der Männer mit der Menge der Frauen identisch ist. Also handelt es sich nicht um ein gültiges deduktives Argument. 358

Ein Fehlschluss liegt vor allem auch dann vor, wenn der Syllogismus sich nicht auf drei, sondern auf vier Mengen bezieht: 359

Alle Kantonesen sind Chinesen
Alle Pekinger sind Asiaten
↓ Alle Pekinger sind Chinesen

Während die Ungültigkeit des vorstehenden Beispiels trotz der offensichtlichen Wahrheit der Konklusion durchaus offensichtlich ist, lässt man sich leicht täuschen, wenn die vierte Menge durch die Mehrdeu- 360 tigkeit eines der verwendeten Wörter ins Spiel gebracht wird. Dann bezieht man sich auf vier Mengen, benutzt aber nur drei Wörter.

Alle *Staatsmänner* sind Männer
Keine Frau ist ein Mann
↓ Keine Frau ist ein *Staatsmann*

361 In der ersten Prämisse wird das Wort »Staatsmann« in einer engeren Bedeutung gebraucht als in der Konklusion. Ohne diese Bedeutungsverschiebung *wäre* das Argument gültig, wie das Diagramm zeigt:

362

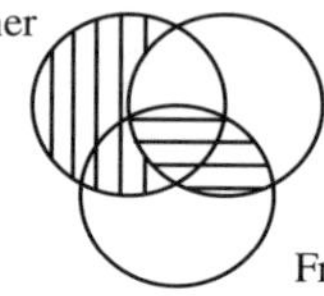

363 Es *ist* aber tatsächlich ungültig, weil das – hier durchaus problematische – Wort »Staatsmann« in zwei unterschiedlichen Bedeutungen gebraucht wird: Während in der ersten Prämisse anscheinend nur von den bedeutenden *männlichen* Staatsmännern die Rede ist, bezieht sich die Konklusion auf alle bedeutenden Politiker eines Staates, also *auch auf die weiblichen.* Offensichtlich geht der Gehalt der Konklusion deshalb weit über den der Prämissen hinaus.

Zur Vertiefung: W. C. Salmon 1983: 97–140; W. v. O. Quine 1969: 98–120

2.3.7 Logische Präzision und Alltagssprache

364 Die Analysen der vorausgehenden Abschnitte lassen erkennen, dass zwischen logischem und alltäglichem Sprachgebrauch erhebliche Unterschiede bestehen. Die geringere Präzision der Alltagssprache ist dabei keineswegs in jeder Hinsicht ein Nachteil; ihre unpräziseren Formulierungen sind häufig gerade wegen ihrer Mehrdeutigkeit vielseitiger verwendbar; sie eröffnen Spielräume, die in Alltagsgesprächen gelegentlich durchaus erwünscht und legitim sind. Untersucht man allerdings die Korrektheit von Argumenten, so tut man gut daran, sich der Unterschiede jedenfalls bewusst zu sein (W. Stegmüller 1974a).

365 Zuvor sollte man sich allerdings klarmachen, dass man **Widersprüche** in der Alltagssprache wie in der Logik unbedingt vermeiden sollte, weil aus einem Paar einander widersprechender Prämissen p und ¬p *jede beliebige* (!) Konklusion q abgeleitet werden kann: In einem ersten Argument lässt sich zunächst z. B. aus der Prämisse p die Konklusion p∨q ableiten:

p
↓ p∨q

In einem zweiten Argument lässt sich anschließend aus der Konklusion des ersten Arguments p∨q und der Prämisse ¬p wie das Kaninchen aus dem Zylinderhut die Konklusion q ableiten: 366

p∨q
¬p
↓ q

Dabei lohnt es sich zu beachten, dass die Prämissen keinerlei relevante Information über die Konklusion q enthalten: Die Ableitung von q wird allein durch den Widerspruch der Prämissen p und ¬p ermöglicht (K. R. Popper 1968: 267–271). Was im formalen Beispiel noch ins Auge springt, fällt in Alltagsargumentationen oder in unklar formulierten wissenschaftlichen Theorien häufig nicht auf: Wer gegen das oben anhand einer Wahrheitstafel bewiesene ›Gesetz vom Widerspruch‹ (¬(p∧¬p)) verstößt, muss sich aber vorhalten lassen, dass er im Prinzip jede beliebige Aussage behauptet (K. R. Popper 1968). 367

Auf die vielen verschiedenen Formulierungen, mit denen die Alltagssprache Prämissen und Konklusion markiert, haben wir bereits hingewiesen. Ebenso darauf, dass die logischen Aussagenverknüpfungen *ausschließlich die Wahrheitswerte* der verknüpften Aussagen berücksichtigen, während die alltagssprachlichen Ausdrücke »und«, »wenn ..., dann ...« und »... genau (dann), wenn ...« in der Regel nur verwendet werden, wenn es auch irgendwelche *inhaltlichen Zusammenhänge* zwischen den verknüpften Sätzen gibt. Unpräzise ist auch das alltagssprachliche »oder«, das in den meisten Situationen als »entweder ... oder ...«, gelegentlich aber auch als »und/ oder« gebraucht wird. Die Logik unterscheidet dagegen klar zwischen *nicht-exklusiver Disjunktion* und *exklusiver Disjunktion*, wie die folgende Wahrheitstafel zeigt: 368

369

		nicht-exklusive Disjunktion	**exklusive Disjunktion**	Bikonditional
p	**q**	**p∨q**	**¬(p≡q)**	p≡q
W	W	W	F	W
W	F	W	W	F
F	W	W	W	F
F	F	F	F	W

Da sich die nicht-exklusive Disjunktion als wichtiger für die Analyse von Argumenten erwiesen hat, kommt die Logik mit nur einem Zeichen (»∨«) für die nicht-exklusive Disjunktion aus. Die exklusive Disjunktion lässt sich bei Bedarf wie in der Tabelle als ¬(p≡q) schreiben, da ihre Wahrheitstafel exakt der Negation des Bikonditionals (letzte Spalte) entspricht. 370

371 Schwierigkeiten entstehen manchmal auch dadurch, dass in umgangssprachlichen Texten allgemein-affirmative Aussagen in mehreren alternativen Formen auftreten können. Statt »Alle Hunde sind Säugetiere« kann man auch die übrigen Sätze aus dem entsprechenden Kasten des folgenden Schemas verwenden.

372

Alle Hunde sind Säugetiere.

Hunde sind Säugetiere.

Die Hunde sind sämtlich Säugetiere. Sämtliche Hunde sind Säugetiere. Jeder Hund ist ein Säugetier. Die Hunde sind Säugetiere.	**Bestimmte Hunde sind Säugetiere.**
Ein Hund ist ein Säugetier. Der Hund ist ein Säugetier. Der Hund gehört zu den Säugetieren.	**Ein bestimmter Hund ist ein Säugetier.**

373 Zunächst sind diese Sätze sämtlich Interpretationen von »Alle Hunde sind Säugetiere«. Zugleich haben aber einige von ihnen noch weitere Interpretationen. In bestimmten Situationen kann man mit »Die Hunde sind sämtlich Säugetiere«, »Sämtliche Hunde sind Säugetiere«, »Jeder Hund ist ein Säugetier« oder »Die Hunde sind Säugetiere« auf *eine ganz bestimmte Menge* von Hunden und mit »Ein Hund ist ein Säugetier«, »Der Hund ist ein Säugetier« oder »Der Hund gehört zu den Säugetieren« auch auf *einen ganz bestimmten einzelnen* Hund Bezug nehmen.

374 Mehrdeutig ist schließlich auch das umgangssprachliche Wort »sein«, das in kategorischen Aussagen verwendet wird (W. Stegmüller 1974a: 67–78). In »Alle Hunde sind Säugetiere« drückt es aus, dass die Menge der Hunde eine *Teilmenge* der Menge der Säugetiere ist. In »Die Welt ist« drückt es dagegen die *Existenz* der Welt aus. In »München ist die Landeshauptstadt von Bayern« wird eine *Identität* ausgesagt: Hier beziehen sich zwei verschiedene Ausdrücke mit verschiedener Bedeutung auf dasselbe Objekt. In »Bello ist ein Hund« wird von Bello ausgesagt, dass er ein *Element* der Menge der Hunde ist.

375 Vielfach hat das »ist« im übrigen eine rein grammatische Funktion; es bildet eine Art von grammatischem Kitt zwischen Substantiv und prädikativem Adjektiv, auf den manche Sprachen wie etwa das Chinesische durchaus verzichten; dort sagt man statt »Diese Bluse ist blau« in wörtlicher Übersetzung »Diese Bluse blau«.

Zur Vertiefung: W. v. O. Quine 1969: 44–49; G. Patzig 1970: 5–38; W. Stegmüller 1974a

2.4 Induktive Argumente

2.4.1 Besonderheiten induktiver Argumente

Wir haben schon festgestellt, dass bei induktiven Argumenten die Prämissen die Wahrheit der Konklusion keineswegs garantieren, sondern nur mehr oder weniger wahrscheinlich machen, und dass ihre Konklusion etwas besagt, was in den Prämissen nicht enthalten ist (W. Stegmüller 1975a; W. C. Salmon 1983: 33–40; 163–239). Induktive Argumente sind deshalb einerseits ausgesprochen problematisch, andererseits sind sie von einiger Bedeutung für den Erkenntnisprozess. Obwohl Wissenschaftler wie Alltagsmenschen ihr Wissen vielfach hypothetisch-deduktiv erweitern, spielen bei der Hypothesenbildung neben Phantasie und Intuition induktive Schlüsse und Argumente durchaus eine Rolle. Man ist häufig in der Situation, dass man eine Aussage über alle Elemente einer Menge machen möchte, während man aber nur einige Elemente der Menge untersuchen kann. Dann ist man darauf angewiesen, von der begrenzten **Stichprobe** auf die **Gesamtheit** der Elemente F zu schließen – etwa von den Äpfeln oben in einem Korb auf alle Äpfel im Korb, vom Verhalten einiger Personen einer bestimmten Gruppe auf das Verhalten aller, von der Wirksamkeit eines Medikaments bei einigen Testpatienten auf seine Wirkung bei allen Patienten, von den Wahlabsichten einiger Bürger auf die Wahlabsichten aller. Dabei stützt man sich auf ein **statistisches Argument** der folgenden Form: 376

N Prozent der untersuchten Elemente von F haben die Eigenschaft G
↓ N Prozent von F haben die Eigenschaft G

Es ist leicht zu sehen, dass die Prämisse eines solchen Arguments die Konklusion nur mit mehr oder weniger großer Wahrscheinlichkeit stützt. Man nennt deshalb wohlgeformte induktive Argumente nicht wie deduktive Argumente gültig, sondern – vorsichtiger – **korrekt**. 377

Es gibt noch einen weiteren Unterschied zu deduktiven Argumenten. Man kann einem gültigen deduktiven Argument beliebige Prämissen hinzufügen, ohne dass es seine Gültigkeit verliert. Das Argument 378

Wenn es regnet, ist die Straße nass
Es regnet
↓ Die Straße ist nass

kann man beliebig erweitern

Wenn es regnet, ist die Straße nass
Es regnet
Ein Auto fährt vorbei
Es ist 17 Uhr
Wenn die Sonne scheint, steigt die Temperatur
Paris liegt in Polen
...
↓ Die Straße ist nass

ohne dass es seine Gültigkeit verliert. Die zusätzlichen Prämissen, seien sie nun wahr oder falsch, beeinträchtigen die Relevanz der ursprünglichen Prämissen für die Konklusion in keiner Weise. Das ist bei dem folgenden induktiven Argument anders:

100 % der Äpfel oben im Korb sind einwandfrei
↓ 100 % der Äpfel im Korb sind einwandfrei

Hier beeinträchtigt die Einführung einer neuen Prämisse die Korrektheit des Arguments entscheidend:

100 % der Äpfel oben im Korb sind einwandfrei
Der Händler hat die guten Äpfel oben in den Korb dekoriert
↓ 100 % der Äpfel im Korb sind einwandfrei

379 Bei der Analyse induktiver Argumente muss deshalb nicht nur nach der Beziehung zwischen Prämissen und Konklusion, sondern auch nach der Vollständigkeit der Prämissen gefragt werden. Induktive Argumente stützen ihre Konklusion ohnehin nur mit einer gewissen Wahrscheinlichkeit. Dazu kommt, dass man immer wieder nach neuen Erfahrungsdaten suchen muss, die als zusätzliche Prämissen in Betracht kommen und die Wahrscheinlichkeit der Konklusion verringern oder erhöhen könnten.

2.4.2 Statistische Fehlschlüsse

380 Bei den bislang erörterten statistischen Induktionen kommen vor allem drei Typen von **statistischen Fehlschlüssen** vor. Der erste Typ liegt dann vor, wenn die gesammelten Daten nicht ausreichen, um eine Verallgemeinerung zu rechtfertigen.

381

382 Die Abbildung zeigt eine Menge von zufällig verteilten Elementen, aus der zwei Stichproben A und B gezogen wurden. Es ist offensichtlich, dass beide Stichproben zu klein sind: Die beiden Proben führen zu ganz unterschiedlichen Annahmen über die Verteilung schwarzer und weißer Felder. Probe A enthält 7 schwarze und 43 weiße, die gleich große Probe B 25 schwarze und 25 weiße Felder. Es sieht zwar so aus, als ob Probe B der tatsächlichen Verteilung schwarzer und weißer Felder etwas näher käme als Probe A. Man muss sich aber vor Augen halten, dass man – anders als in der Abbildung – normalerweise bei Ziehen einer Stichprobe die Gesamtheit der Elemente gerade nicht überblickt. Man kann dann gerade nicht ohne weiteres beurteilen, ob die Stichprobe der Gesamtheit ähnlich ist oder nicht; insofern gibt die folgende Abbildung die Situation des sozusagen im dunklen tappenden Statistikers weit besser wieder:

383

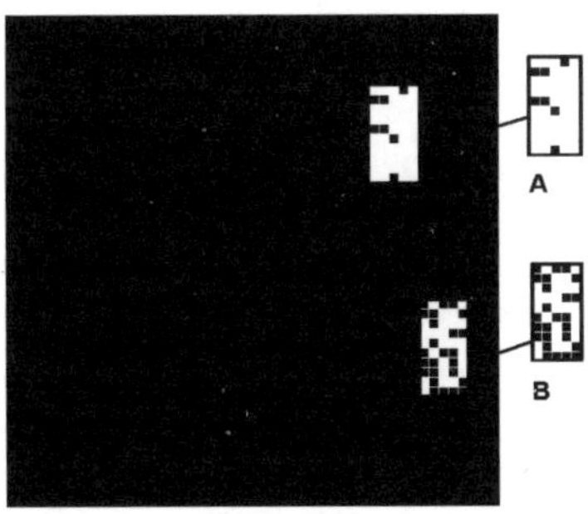

384 Wenn man von allzu kleinen Stichproben wie A und B auf eine Gesamtheit schließt, begeht man den **Fehlschluss der unzureichenden Statistik**. Die folgenden Beispiele illustrieren diesen Fehlschluss:

Ich kenne zwei schwarzhaarige Männer, die dumm sind
↓ Alle schwarzhaarigen Männer sind dumm

Bei einer Umfrage unter 20 Bürgern haben 19 für die X-Partei gestimmt
↓ Bei der Wahl werden 95 % aller Bürger für die X-Partei stimmen

An den letzten drei Wochenenden hat es geregnet
↓ Am Wochenende ist immer schlechtes Wetter

385 Die Beispiele appellieren bewusst an den sogenannten gesunden Menschenverstand, obwohl dieser – wie wir noch sehen werden – täuschungsanfällig ist und sehr zu induktiven Fehlschlüssen neigt. Genauere Hinweise auf die Zusammenhänge zwischen Größe und Zusammensetzung einer Gesamtheit einerseits und Größe und Auswahl einer entsprechenden Stichprobe andererseits setzen aber statistische Berechnungen voraus, deren Erläuterung den Rahmen der vorliegenden Einführung sprengen würde. Das gilt auch für die mathematischen Grundlagen des zweiten Fehlschlusses: Der sogenannte **Fehlschluss der voreingenommenen Statistik** besteht darin, dass man auf eine Stichprobe zurückgreift, die bekanntermaßen oder mit einiger Wahrscheinlichkeit nicht repräsentativ ist.

386

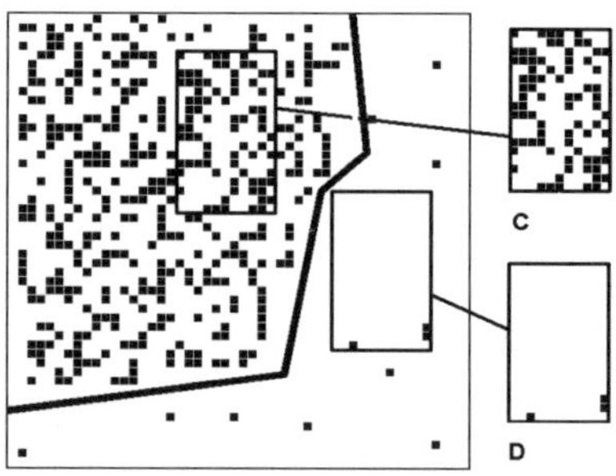

387 Die Abbildung zeigt eine Gesamtheit von Elementen, die durch irgendein Kriterium (fette Linie) in zwei unterschiedliche Teilbereiche gegliedert ist. Die Stichproben C und D sind jeweils aus einem dieser Teilbereiche gewählt. Stichprobe C spiegelt die größere Zahl schwarzer Felder im linken oberen Teilbereich, Stichprobe D die geringe Zahl schwarzer Felder im restlichen Bereich wieder. Offensichtlich ist keine der beiden Stichproben für die Gesamtheit repräsentativ. Bei dem im vorigen Abschnitt erörterten Argument

100 % der Äpfel oben im Korb sind einwandfrei
Der Händler hat die guten Äpfel oben in den Korb dekoriert
↓ 100 % der Äpfel im Korb sind einwandfrei

bietet die kursiv gedruckte zweite Prämisse einen Hinweis darauf, dass die Gesamtheit der Äpfel in zwei Teilmengen gegliedert sein könnte: in die Äpfel oben im Korb und die Äpfel in seinem unteren Teil. Die Stichprobe, die der Händler uns präsentiert, ist deshalb wahrscheinlich nicht repräsentativ. Möglicherweise will er uns bewusst veranlassen, nur die uns anlachenden oberen Äpfel zu berücksichtigen und zu unserem Nachteil einen Fehlschluss der voreingenommenen Statistik zu vollziehen. Ein solcher Fehlschluss läge etwa auch dann vor, wenn man für eine Wahlprognose die Stichprobe zwar ausreichend groß wählte, aber der Einfachheit halber ausschließlich Kirchgänger befragte: Es ist möglich, ja sogar wahrscheinlich, dass die politischen Einstellungen der Kirchgänger von denen der Gesamtbevölkerung erheblich abweichen.

Für den dritten Typ, den **Fehlschluss der unvollständigen Erfahrungsdaten**, bei dem man wesentliche Erfahrungen vernachlässigt 388
oder unterschlägt, können wir zunächst ein weiteres Mal das obige Beispiel des präparierten Apfelkorbes heranziehen. Weil neu hinzukommende Prämissen die Wahrscheinlichkeit der Konklusion erheblich beeinflussen können, müssen wir uns bemühen, möglichst viel über die Voraussetzungen unserer Induktion zu erfahren. Wir sollten also auf unser Wissen über die Gepflogenheiten beim Obstverkauf zurückgreifen und die kursiv gedruckte Prämisse – wenigstens als Hypothese – in unser Argument einbeziehen. Ein weiteres Beispiel:

Peter hat die beiden letzten Prüfungen sehr gut bestanden
↓ Peter wird auch die nächste Prüfung sehr gut bestehen

Hier müssten wir möglicherweise ergänzen, dass Peter seine beiden 389
letzten Prüfungen in bekanntermaßen ›leichten‹ Fächern bestanden hat, während nun die Prüfung in einem bekanntermaßen ›schwierigen‹ Fach ansteht, in dem Peter bislang nur selten gut abgeschnitten hat. Ohne dieses Erfahrungsdatum führt das Argument mit hoher Wahrscheinlichkeit zu einer falschen Konklusion.

Fehlschlüsse treten darüber hinaus häufig dann auf, wenn man aus 390
einer Serie vergangener Ereignisse auf zukünftige schließt, etwa von den *bisherigen* Würfen einer Münze auf den *nächsten* Wurf oder von den *vorausgehenden* Würfen eines Basketballspielers auf die *folgenden*. In einem höchst lesenswerten Buch mit dem Titel »How We Know What Isn't So« beschreibt Thomas Gilovich einen verblüffenden Widerspruch (T. Gilovich 1991: 11ff.): Basketballspieler und ihre Zuschauer glauben, dass Wurferfolge im Basketball meist zu neuen Wurferfolgen führten. Nach einigen erfolgreichen Korbwürfen seien Spieler entspannter und selbstsicherer, so dass die Wahrscheinlichkeit weiterer Treffer sich erhöhe. Umgekehrt seien Spieler nach Fehlwürfen verkrampft und zögerlich, so dass die Wahrscheinlichkeit von Treffern abnehme. Erfolg ziehe Erfolg und Misserfolg Misserfolg nach sich.

Eine sorgfältige Untersuchung zahlreicher Spielprotokolle ergab 391
ein anderes Bild: Erfolg oder Misserfolg eines Spielers bei einem

bestimmten Wurf sind völlig unabhängig von den vorausgehenden Würfen. In den Wurffolgen war keinerlei über eine Zufallsverteilung hinausgehende Ordnung zu erkennen. Der Einwand, es gebe sehr wohl Erfolgssträhnen, diese seien in den Untersuchungsdaten allerdings deshalb nicht zu erkennen, weil sie durch verstärkte Verteidigungsanstrengungen des Gegners kompensiert würden, konnte anhand von Daten über – vom Gegner unbeeinflusste – Freiwürfe widerlegt werden. Ein weiterer Einwand, die Wurferfolge seien möglicherweise wie Münzwürfe zufallsverteilt, die Spieler wüssten aber aufgrund des Erfolgssträhnenphänomens bei ihren Korbwürfen anders als beim Wurf einer Münze das Ergebnis im voraus, konnte ebenfalls entkräftet werden: Spieler waren nicht in der Lage, bei Freiwurfexperimenten ihren jeweiligen Erfolg korrekt vorauszusagen. *Die Untersuchungsergebnisse belegen zwar keineswegs, dass die Spielleistung eines Spielers ein Zufallsphänomen ist.* Die Leistung eines Spielers ist *nicht* rein zufällig: Sie hängt unter anderem vom seinem Geschick, seinem Trainingszustand, der Leistung seiner Mitspieler und der Leistung seiner Gegner ab. *Die Untersuchungsergebnisse belegen aber durchaus, dass der Erfolg des einzelnen Wurfes nicht vom Erfolg der vorausgehenden Würfe abhängt.*

392 Wie kommt es zu dem scharfen Widerspruch zwischen diesen Fakten und dem Glauben an Erfolgs- und Pechsträhnen? Zum einen haben Spieler und Zuschauer das Bedürfnis, im Spiel eine Ordnung zu erkennen. Der Glaube an Erfolgs- und Pechsträhnen bietet eine solche Ordnung. Selbst wenn der Erfolg eines Wurfes in Wirklichkeit nicht von den vorhergehenden Würfen abhängt, bietet der entsprechende Glaube die heilsame Illusion, man könne das Spielgeschehen bis zu einem gewissen Grade durchschauen und voraussagen (T. Gilovich 1991: 10). Es ist wahrscheinlich, dass dieser Glaube sich sozusagen selbst bestätigt, weil man sich an eingetroffene Voraussagen meist besser erinnert als an misslungene.

393 Darüber hinaus neigen die meisten Menschen intuitiv zu falschen Vorstellungen über Zufallsfolgen. Sie stellen sich vor, dass der Zufall etwa beim Wurf einer Münze einen relativ regelmäßigen Wechsel der beiden Münzseiten hervorbringen müsse – im Idealfall wie in der ersten Zeile der folgenden Abbildung.

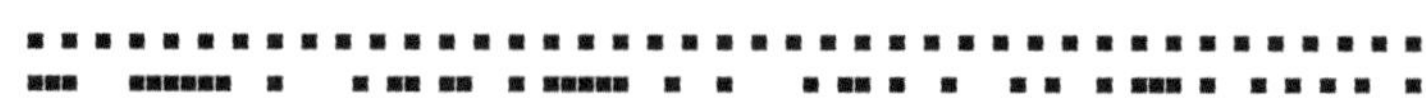

394 In Wirklichkeit pflegen Zufallsfolgen weit unordentlicher auszusehen – etwa so, wie in der zweiten Zeile der Abbildung. Wenn wir beim Wurf einer Münze vier, fünf oder sechsmal nacheinander die Zahl erhalten, sind wir irritiert, obwohl bei einer Folge von zwanzig Wür-

fen eine 50prozentige Chance besteht, viermal nacheinander die Zahl zu erhalten, eine 25prozentige Chance, fünfmal nacheinander die Zahl zu erhalten und immerhin noch eine 10prozentige Chance, sechsmal nacheinander die Zahl zu erhalten. Da ein guter Basketballspieler durchschnittlich bei jedem zweiten Wurf trifft, hat er schon bei nur zwanzig Würfen pro Spiel leicht eine »Erfolgssträhne« mit vier, fünf oder sogar sechs Korbwürfen in Folge (T. Gilovich 1991: 15). Weil solche Serien aber der – falschen! – intuitiven Auffassung vom Zufall als relativ regelmäßigem Wechsel nicht entsprechen, werden sie häufig als nicht zufällig interpretiert und mit fragwürdigen Annahmen über Erfolgssträhnen erklärt.

Wir haben es hier mit einem Sonderfall der Induktion zu tun: Man 395
schließt von einer Reihe vergangener Wurfergebnisse als Stichprobe nicht auf die Gesamtheit der Ereignisse, sondern auf das nächstfolgende Ereignis. Solche Argumente, die auch bei Glücksspielern und Spekulanten und im alltäglichen Aberglauben der meisten Menschen eine mehr oder weniger große Rolle spielen, beruhen aber eben in der Regel auf durchaus zweifelhaften Prämissen über eine angeblich gesetzmäßige Abfolge der Ereignisse.

Zur Vertiefung: W. C. Salmon 1983: 163–239; T. Gilovich 1993; S. Blackmore 1993

2.4.3 Argumente aus der Autorität – Argumente gegen den Mann

Manchmal begründet man eine Aussage p mit dem Hinweis, sie sei 396
von einer bestimmten Person, Institution oder Schrift X behauptet worden. Dann ziehen wir diese Person, Institution oder Schrift als Autorität heran. Man spricht hier von einem **Argument aus der Autorität**. Umgekehrt greift man gelegentlich eine Aussage q mit dem Hinweis an, sie sei von einer Anti-Autorität U behauptet worden. Man nennt dies ein **Argument gegen den Mann**.

397

Argument aus der Autorität	**Argument gegen den Mann**
Argument X behauptet p. ↓ p ist wahr.	**Argument** U behauptet q. ↓ q ist falsch.
Paraphrase A1 X ist bezüglich p eine Autorität. X behauptet p. ↓ p ist wahr.	**Paraphrase M1** U ist bezüglich q eine Anti-Autorität. U behauptet q. ↓ q ist falsch.
Paraphrase A2 Die meisten Aussagen von X bezüglich des Themenbereichs von p sind wahr. p ist eine Aussage von X. ↓ p ist wahr.	**Paraphrase M2** Die meisten Aussagen von U bezüglich des Themenbereichs von q sind falsch. q ist eine Aussage von U. ↓ q ist falsch.
mögliche Fehlschlüsse	**mögliche Fehlschlüsse**
Fehlschluss 1: Die Autorität X wurde missverstanden oder falsch zitiert.	**Fehlschluss 7:** U wurde mit unsachlichen Hinweisen zum Entdeckungszusammenhang von q schlechtgemacht und ist nicht wirklich eine Anti-Autorität.
Fehlschluss 2: Die Autorität X ist populär oder beliebt, ohne wirkliche Kompetenz zu haben.	
Fehlschluss 3: Die Autorität X ist im Themenbereich von p nicht kompetent.	
Fehlschluss 4: Die Autorität X äußert sich über Dinge, über die sie keine Erfahrungsdaten haben kann.	
Fehlschluss 5: Verschiedene Autoritäten X, Y und Z widersprechen einander. Dann muss nicht unbedingt die Aussage p von X zutreffen.	

Sonderfall: Argument aus der Übereinstimmung	**Sonderfall: negatives Argument aus der Übereinstimmung**
Argument: Zahlreiche Menschen mit Autorität halten p für wahr. ↓ p ist wahr.	**Argument:** Zahlreiche Anti-Autoritäten halten q für wahr. ↓ q ist falsch.
mögliche Fehlschlüsse	**mögliche Fehlschlüsse**
Fehlschluss 6: Die bezüglich p übereinstimmenden Menschen sind nicht wirklich kompetent. (vgl. Fehlschlüsse 1 bis 4)	**Fehlschluss 8:** Die Gruppe der Anti-Autoritäten wurde mit unsachlichen Hinweisen zum Entdeckungszusammenhang von q schlechtgemacht und bildet nicht wirklich eine Anti-Autorität. (vgl. Fehlschluss 7)

Die Paraphrasen A2 und M2 zeigen, dass es sich in beiden Fällen um Sonderfälle des bereits behandelten statistischen Arguments handelt. Wir schließen aus den Stichproben der *bisherigen* Behauptungen von X und U auf die Wahrheit beziehungsweise Falschheit der *neuen* Behauptungen p und q. Es ist offensichtlich, dass solche Argumente ihre Konklusion nur bis zu einem gewissen Grad stützen können: Wenn verlässliche Autoritäten Aussagen zu Themen aus ihrem Fachgebiet machen, dann sind diese Aussagen zwar mit hoher Wahrscheinlichkeit, aber keineswegs sicher wahr. Auch Experten können sich durchaus irren. 398

Besondere Beachtung verdienen auch hier die möglichen Fehlschlüsse. Zum Beispiel werden Experten häufig missverstanden oder falsch zitiert. Ärzte sind zwar durchaus mehr oder weniger verlässliche Autoritäten auf dem Gebiet der Medizin; an sich richtige ärztliche Diagnosen werden aber häufig falsch wiedergegeben und therapeutische Vorschriften falsch angewandt (Fehlschluss 1). Wenn ein bekannter Schauspieler für den Kauf von Aktien oder Funktelefonen wirbt, dann ist seine bloße Popularität als Schauspieler keineswegs relevant für seine Aussagen über Kapitalanlagen oder Telefontarife (Fehlschluss 2). Wer als Chemiker den Nobelpreis erhalten hat, wird mit Sicherheit eine Autorität auf dem Gebiet der Chemie sein; man sollte ihn dagegen nicht ohne weiteres als Autorität für die Begründung wirtschaftswissenschaftlicher oder sozialpolitischer Aussagen in Anspruch nehmen. Insofern ist es nicht unproblematisch, wenn Doktoren und Professoren nicht nur ihre Namen, sondern auch ihre Titel in die Namenslisten politischer Aufrufe eintragen; denn es ist kaum auszuschließen, dass die Öffentlichkeit die auf den unterschiedlichsten Gebieten erworbenen Kompetenzen dieser Personen fälschlich auch für politische Kompetenzen hält (Fehlschluss 3). Wenn ein religiöser 399

Führer oder Theologe genauere Angaben über das Aussehen oder den Willen eines Gottes macht, so ist meist unklar, auf welche Erfahrungstatsachen sich ein solches Urteil gründet. Hier ist vorsichtig und sorgfältig zu prüfen, wie die Autorität solcher Personen zu begründen ist und auf welche Arten von Aussagen sie sich bezieht (Fehlschluss 4). In der politischen Diskussion kommt es häufig vor, dass Experten – etwa hinsichtlich der möglichen Folgen neuer Techniken und Bauten – unterschiedliche, bisweilen sogar gegensätzliche Gutachten abgeben. Vielfach wählt man dann diejenigen Aussagen aus, die der eigenen politischen Position am nächsten kommen, ohne dass man sich tatsächlich noch sinnvoll auf eine Autorität (welche?) berufen könnte. Angesichts widersprüchlicher Expertengutachten zu wichtigen Fragen sollte man Anstrengungen unternehmen, sich im Rahmen der eigenen Möglichkeiten selbst ein Bild zu machen (Fehlschluss 5).

400 Wenn man die genannten Fehlschlüsse meidet, ist das Argument aus der Autorität eine durchaus korrekte und nützliche Argumentform. Dagegen ist das im unteren Tabellenabschnitt aufgeführte **Argument aus der Übereinstimmung** problematisch. Wenn tatsächlich einmal zahlreiche verlässliche Experten bezüglich einer Aussage übereinstimmen, so muss diese Aussage durch die unabhängigen Urteile der Experten und nicht in erster Linie durch deren Übereinstimmung gestützt sein. Selbst bei Experten kann Übereinstimmung eine Folge von Konformitätszwängen und mangelnder intellektueller Anstrengung des einzelnen sein, – um so mehr bei Laien, denen die notwendige Sachkenntnis fehlt (Fehlschluss 6). Wenn zum Beispiel große Gruppen in einer Gesellschaft hinsichtlich irgendwelcher pädagogischer Moden (antiautoritäre Erziehung, autoritäre Erziehung, Handlungsorientierung etc.) übereinstimmen, dann ist die Nützlichkeit dieser Moden damit noch keineswegs begründet. Man tut deshalb gut daran, Argumenten aus der Übereinstimmung zu misstrauen und die angeblich übereinstimmenden *Argumente aus der Autorität* sorgfältig einzeln zu prüfen.

401 Noch fadenscheiniger sind **Argumente gegen den Mann** und **negative Argumente aus der Übereinstimmung**. Es ist außerordentlich schwer zu begründen, dass eine bestimmte Person oder Institution hinsichtlich eines Themenbereichs meistens oder gar immer unrecht habe. Auch Anti-Autoritäten können sich irren; das sprichwörtliche blinde Huhn findet auch einmal ein Korn. Zudem birgt die Behauptung, es handele sich um Anti-Autoritäten, immer die große Gefahr, dass man die entsprechenden Personen oder Institutionen aus unsachlichen Gründen schlechtmacht oder auf Eigenschaften hinweist, die mit ihrer sachlichen Kompetenz nichts zu tun haben (Fehlschlüsse 7 und 8). Die Aussagen des jeweiligen politischen Gegners müssen

keineswegs durchweg falsch sein. Auch ein straffällig gewordener Biologe kann auf seinem Fachgebiet selbstverständlich weiter kompetente Urteile fällen. Wenn eine Anti-Autorität oder gar übereinstimmend eine Gruppe von Anti-Autoritäten die Aussage q behauptet, bleibt deshalb die Wahrscheinlichkeit, dass die Negation von q wahr ist, sehr gering. Es empfiehlt sich, hier auf andere, sachlichere Formen der Begründung auszuweichen.

Fehlschlüsse bezüglich der Autorität sind auch in modernen demokratischen Industriegesellschaften häufiger, als man angesichts komplexer Bildungssysteme und vielfältiger Informationsquellen annehmen könnte. Gerade die Fülle des verfügbaren Wissens erzeugt nicht selten eine gefährliche Mischung aus Überheblichkeit und Überdruss. Schulen und Medien vermitteln ein entweder extrem spezialistisches oder – häufiger – nur oberflächliches Wissen über fast alles und jedes, so dass man über viele Themen ungefähr Bescheid weiß und sich informiert und zugleich desorientiert fühlt. Hier ist der Rückgriff auf Autoritäten ein bequemer Ausweg: Aus dem unübersichtlichen Wust schulisch und medial vermittelter Informationen wählt man oft nicht in selbständiger und sachbezogener Argumentation, sondern nach Autorität und Übereinstimmung aus. Man imitiert jene Verhaltensmuster, die in der eigenen Gruppe in Mode sind; man wählt eine Partei nicht aus Gründen, sondern weil sie beliebt ist, ihre Führer als Autoritäten und die Politiker der Gegenparteien als Anti-Autoritäten gelten. 402

2.4.4 Argumente aus der Analogie

Oft ähneln Dinge der einen Art Dingen einer anderen Art: Die Ähnlichkeit besteht dann darin, dass den Dingen beider Arten bekanntermaßen einige Eigenschaften gemeinsam sind. Man ist aber nicht sicher, ob *eine ganz bestimmte Eigenschaft*, die bei den Dingen der ersten Art durchaus gegeben ist, auch den Dingen der zweiten Art zukommt. Beim **Analogieschluss** folgert man, dass die Dinge einander auch hinsichtlich dieser fraglichen Eigenschaft – und nicht etwa nur hinsichtlich ihrer bekanntermaßen gemeinsamen Eigenschaften – ähnlich sind. Das entsprechende Argument hat die Form: 403

Dinge der Art X haben bekanntermaßen die Eigenschaften F, G usw. 404
Dinge der Art Y haben bekanntermaßen die Eigenschaften F, G usw.
Dinge der Art X haben bekanntermaßen die Eigenschaft H
↓ Dinge der Art Y haben die Eigenschaft H

Analogieschlüsse können in die Irre führen. Das folgende Argument etwa ist offensichtlich absurd: 405

Polizeifahrzeuge sind bekanntermaßen grün und beweglich
Frösche sind bekanntermaßen grün und beweglich
Polizeifahrzeuge sind bekanntermaßen mit Blaulicht ausgestattet
↓ Frösche sind mit Blaulicht ausgestattet

406 Die angeführten Ähnlichkeiten zwischen Polizeiwagen und Fröschen sind zwar durchaus gegeben; die entsprechenden Prämissen sind *haltbar*. Aber sie sind anscheinend für die Konklusion des Arguments *nicht relevant* – vor allem deshalb, weil es eine große Zahl höchst *relevanter Unähnlichkeiten* zwischen Polizeiwagen und Fröschen gibt: Polizeiwagen sind technische Artefakte, Frösche sind evolutionär entstandene Lebewesen; Polizeiwagen und Frösche haben in ihren Vorkommenskontexten völlig unterschiedliche Funktionen; Polizeiwagen sind Transportfahrzeuge, Frösche nicht; usw. Man ist deshalb schlecht beraten, einige äußerliche Ähnlichkeiten zur Grundlage eines Analogieschlusses zu machen.

407 Andererseits sind Analogieschlüsse trotz ihrer Unsicherheit in vielen Situationen hilfreich und notwendig. Wenn beispielsweise Ingenieure die Flugeigenschaften eines geplanten Flugzeugs anhand eines wesentlich kleineren Modells im Windkanal testen, gehen sie davon aus, dass Modell und späteres Flugzeug trotz des Größenunterschieds einander nicht nur in ihrer Form und ihrer Oberflächenbeschaffenheit, sondern eben auch in ihren Flugeigenschaften ähnlich sein werden.

408 Wenn wir uns bemühen, die Gefühle und Gedanken anderer Menschen zu verstehen, müssen wir davon ausgehen, dass sie uns nicht nur in ihren beobachtbaren Eigenschaften wie Mimik, Gestik und Sprache, sondern auch in ihren unbeobachtbaren psychischen Vorgängen ähnlich sind. Zugleich lehrt aber die Erfahrung, dass solche Analogieschlüsse gelegentlich selbst bei vermeintlich wohlbekannten und vertrauten Menschen zu falschen Konklusionen führen. Noch unsicherer und irreführender sind derartige Schlüsse im Hinblick auf Tiere, wenn wir etwa aufgrund gewisser Ähnlichkeiten tierischen und menschlichen Verhaltens vorschnell zu dem Ergebnis kommen, ein Hund »lache« oder eine Katze »weine« gerade.

409 Analogieschlüsse spielen schließlich bei fast jeder Anwendung von Begriffen auf Objekte eine Rolle. In der Regel beobachten wir an einem konkreten Objekt nur einen Teil der Merkmale, die zusammen den einschlägigen Begriff ausmachen. Aus der beobachteten Ähnlichkeit des fraglichen Objekts mit anderen Objekten, die wir mit Sicherheit jenem Begriff zuordnen können, schließen wir dann, dass jenes Objekt den anderen Objekten auch hinsichtlich seiner unbeobachtbaren Merkmale ähnelt. Nur deshalb erschrecken wir angesichts einer an unsichtbaren Fäden zappelnden Gummispinne; das vielbeinige, krabbelnde Objekt teilt mit den von uns bereits sicher identifizierten Spinnen so viele äußere Merkmale, dass wir ihm in einem schnellen intui-

tiven Analogieschluss auch die nicht beobachtbaren Spinnenmerkmale zuschreiben.

Eine besondere Rolle kommt schließlich Analogieschlüssen zu, die durch den Gebrauch von *Metaphern* ausgelöst werden. Wer z. B. sagt, ein Satz ›trage‹ eine bestimmte Bedeutung, legt damit die Vorstellung nahe, ein Satz ›transportiere‹ Bedeutung auf eine ähnliche Weise wie ein Mensch, der einen Gegenstand trägt. Der Analogieschluss, die Bedeutung ›käme‹ beim Adressaten schließlich ebenso ›an‹ wie der getragene Gegenstand an seinem Bestimmungsort, wäre allerdings fragwürdig. Metaphern sind zweifellos notwendig und in vielfacher Hinsicht nützlich; man sollte aber stets auf der Hut sein und sich nicht zu bedenklichen Analogieschlüssen verleiten lassen (G. Lakoff/ M. Johnson 1980; K. Bayer 1996: 128–140). 410

Zur Vertiefung: W. C. Salmon 1983: 197–203; G. Lakoff/ M. Johnson 1980

2.4.5 Kausale Argumente

Wir haben bereits festgestellt, dass man bei Erklärungen und Voraussagen ein Ereignis aus mindestens einer allgemeinen Gesetzesaussage und mindestens einer Aussage über seine Voraussetzungen, die Randbedingungen, deduktiv ableitet. Dabei haben wir es bislang vermieden zu sagen, die Randbedingungen seien die *Ursache* für das Ereignis: Mit den Begriffen ‹Ursache› und ‹Kausalität› sind schwierige Probleme verbunden, auf die wir uns hier nicht einlassen müssen (W. Stegmüller 1969: 72ff., 335ff.; R. Riedl 1985; B. Kienzle 1997). 411

Menschen haben aber eine starke, genetisch angelegte Tendenz zu **kausalen Argumenten**, bei denen sie Ereignisfolgen nach dem Schema von Ursache und Wirkung interpretieren. Wer in seiner Wohnung allein ist und plötzlich ein auffälliges Knacken hört, wird bemüht sein, die Ursache für das Geräusch herauszufinden. Möglicherweise kommt er zu dem Ergebnis, dass das Holz eines alten Schrankes sich verzogen und das Knacken verursacht hat. Umgekehrt nimmt man andere Ereignisse als mögliche Ursachen für noch unbekannte Ereignisse wahr: Wer von einem plötzlichen Nachtfrost im Frühling erfährt, wird vielleicht an negative Auswirkungen des Frostes auf Obstbaumblüte und Gartenpflanzen denken. 412

Man muss die schwierigen Probleme des menschlichen Kausalitätsdenkens nicht gelöst haben, um einige sehr elementare Fehlschlüsse zu verstehen, die mit dem Schema von Ursache und Wirkung verbunden sind. Ein häufiger **kausaler Fehlschluss** besteht darin, *dass man zwei zeitlich aufeinander folgende, aber nicht wirklich zusammenhängende Ereignisse als Ursache und Wirkung interpretiert.* Jeder 413 erinnert sich an Situationen, in denen er unmittelbar nach dem Drücken eines Lichtschalters eine Klingel gehört und das eine als Folge des anderen aufgefasst hat, obwohl das Zusammentreffen der Ereignisse rein zufällig war. Zahlreiche Episoden der beliebten Fernsehsendung »Versteckte Kamera« sind auf diesem Fehlschluss aufgebaut, wenn etwa bei der Rückkehr eines ahnungslosen Autofahrers zu seinem Wagen immer dann die – durch das Kamerateam ferngesteuerte – Hupe ertönt, wenn er den Schlüssel ins Türschloss steckt. Auch Tiere vollziehen diesen Fehlschluss: Gibt ein zufallsgesteuerter Fütterungsmechanismus Tauben Futter, während sie gerade irgendeine Bewegung machen, so konstruieren sie aus dem zufälligen Zusammentreffen zwischen ihrer Bewegung und der Futtergabe einen kausalen Zusammenhang. Sie wiederholen diese Bewegung immer häufiger, fühlen sich durch das deshalb selbstverständlich ebenfalls häufigere Zusammentreffen von Bewegung und Futtergaben in ihrer Erwartung bestätigt und werden schließlich regelrecht verrückt: Sie drehen sich beispielsweise pausenlos im Kreis oder spreizen fortgesetzt einen Flügel (R. Riedl 1985: 76f.; K. Bayer 1996: 46ff.). Auf ähnliche Weise dürften auch verschiedenste Formen sogenannten ›Aberglaubens‹ zustande gekommen sein.

414 Wie lässt sich dieser Fehlschluss vermeiden? Dem von der »Versteckten Kamera« hereingelegten Autofahrer und den bedauernswerten Versuchstauben bleibt dazu wohl keine Chance. Im übrigen aber helfen selbst in Alltagssituationen *Experimente*: Wir können den Lichtschalter weitere Male drücken und prüfen, ob jedes Mal auch die Klingel wieder ertönt. Bleibt der Klingelton aus, so könnte das Zusammentreffen von Schalterbetätigung und Klingel rein zufällig gewesen sein. Die Behauptung, eine Krankheit sei durch die Einnahme eines bestimmten Medikaments geheilt worden, kann man überprüfen, indem man die Zahl der Heilungen nach Einnahme des Medikaments sorgfältig mit der Zahl der Heilungen ohne Behandlung vergleicht: Vielleicht stellt sich heraus, dass es sich nur um Heilungen *nach* Einnahme des Medikaments, nicht aber *durch* Einnahme des Medikaments handelt, dass also der vermutete Kausalzusammenhang gar nicht besteht.

415 Ein weiterer Fehlschluss besteht in der *Verwechslung von Ursache und Wirkung*. Weil der tatsächliche Zusammenhang zweier Ereignisse häufig nur schwer zu erkennen ist, führt die menschliche Suche nach Ursache-Wirkungs-Beziehungen oft zu Irrtümern. Das folgende recht kuriose, aber aufschlussreiche Beispiel stammt von W. C. Salmon:

416 Eine junge Frau, die sich auf einen Magistergrad vorbereitete, las in einer wissenschaftlichen Arbeit über das Sexualverhalten, dass Intellektuelle es

> im allgemeinen vorziehen, während des Sexualverkehrs das Licht anzulassen, während die Nichtintellektuellen es lieber haben, wenn das Licht ausgeschaltet ist. Da ihre Prüfungen kurz bevorstanden, verlangte sie von da an, dass das Licht angeschaltet blieb, in der Hoffnung, dass dies ihre Aussichten, die Prüfungen zu bestehen, verbessern würde. (W. C. Salmon 1983: 212)

Ein ähnlicher Fehlschluss liegt vor, wenn man Situationen, bei denen 417
weniger eine Beziehung zwischen Ursache und Wirkung als vielmehr eine komplexe Wechselwirkung der Ereignisse vorliegt, nach dem Ursache-Wirkungs-Schema interpretiert. Drogensucht ausschließlich als Folge von Obdachlosigkeit zu interpretieren wäre nicht weniger falsch, als wenn man umgekehrt Obdachlosigkeit ausschließlich auf Drogensucht zurückführte. Wenn etwa jemand behauptet, der Besitz eines luxuriösen Autos sei die Ursache für Reichtum, so wird man zunächst mit Recht eine krasse Verwechslung von Ursache und Wirkung kritisieren. Eine genauere Analyse sozialer Verhältnisse könnte dann allerdings ergeben, dass es sich hier nur um die unangemessen vereinfachende Interpretation einer komplexen Wechselwirkung handelt.

Es gibt eine dritte Möglichkeit, einen falschen Kausalzusammen- 418
hang zwischen zwei zeitlich benachbarten Ereignissen zu konstruieren. Wenn zwei Ereignisse A und B Wirkung eines dritten Ereignisses C sind, nimmt man gelegentlich an, A sei die Ursache von B oder B die Ursache von A. Vielleicht denkt jemand, er habe Fieber, *weil* er Husten hat. In Wirklichkeit besteht zwischen Husten und Fieber keine Ursache-Wirkungs-Beziehung. Beide sind vielmehr Wirkungen einer gemeinsamen Ursache, einer Infektion nämlich, deren Symptome Husten und Fieber sind. Man nennt diesen Fehlschluss deshalb auch den *Fehlschluss der gemeinsamen Ursache*.

Man hört bisweilen, die verlängerte Studiendauer vieler Studenten 419
sei darauf zurückzuführen, dass Studenten heute in viel größerem Umfang als früher berufstätig sind. Es spricht aber einiges dafür, dass sowohl die studentische Berufstätigkeit als auch die verlängerte Studiendauer eine gemeinsame tiefere Ursache in einem allgemeinen gesellschaftlichen Wandel, vor allem auch in einer veränderten Lebensauffassung der Studenten haben könnte; vielen Studenten scheint möglicherweise ein schneller Übergang in den eigentlichen Beruf weniger erstrebenswert als die in vielen Fällen relativ freie und sorglose Kombination von Studium und wechselnden Teilzeitarbeiten.

Zur Vertiefung: W. Stegmüller 1969: 72ff., 335ff.; R. Riedl 1985; B. Kienzle 1997

2.5 Das Analyseschema von Stephen Toulmin

420 Bei der Analyse von Argumenten hat sich ein Strukturschema bewährt, das von dem britischen Philosophen Stephen Toulmin entwickelt wurde (S. Toulmin 1958: bes. 94ff.). Dieses Schema steht nicht im Widerspruch zu den bislang vorgestellten Mustern deduktiver und induktiver Argumente; es bietet vielmehr einen allgemeinen Rahmen, in den sich die speziellen Argumentformen einordnen lassen. Toulmins Schema (S. Toulmin 1958: 104; Übersetzung nach D. Wunderlich 1974: 70) hat die folgende Form:

421

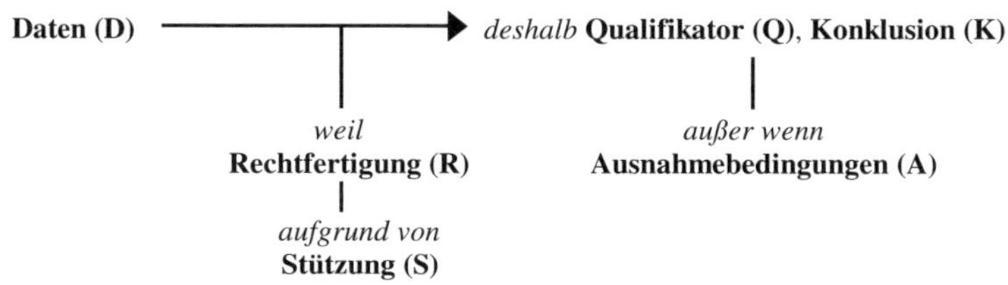

422 Das Schema drückt aus, dass in jeder Argumentation eine Konklusion in Beziehung zu bestimmten Daten gesetzt wird. Solche Daten (D) sind etwa die nichtkonditionalen Prämissen konditionaler Argumente:

Wenn die Heizung eingeschaltet ist, werden die Heizkörper warm (R)
Die Heizung ist eingeschaltet (D)
↓ Die Heizkörper werden warm (K)

die kategorischen Prämissen von Syllogismen:

Alle Hühner sind Vögel (D)
Alle Vögel legen Eier (D)
↓ Alle Hühner legen Eier (K)

in induktiven statistischen Argumenten die Aussagen über die Stichprobe:

43% der Äpfel in der Stichprobe sind faul (D)
↓ Wahrscheinlich (Q) sind 43% aller Äpfel in der gesamten Lieferung faul (K)

oder in induktiven Argumenten aus der Autorität die jeweilige Aussage der Autorität:

Der Wirtschaftswissenschaftler X ist in Wirtschaftsfragen eine Autorität (R)
Der Wirtschaftswissenschaftler X sagt ein Wirtschaftswachstum von 3% voraus (D) – unter der Bedingung, dass die Weltwirtschaft stabil bleibt (A)
↓ Es wird wahrscheinlich (Q) ein Wirtschaftswachstum von 3% geben (K) – unter der Bedingung, dass die Weltwirtschaft stabil bleibt (A)

423 Der Übergang von diesen *Daten* (D) zur *Konklusion* (K) verlangt jeweils eine spezielle *Rechtfertigung* (R). Diese Rechtfertigung ergibt sich aus den Regeln der Deduktion und der Induktion; darüber hinaus

stellen häufig theoretische, meist konditionale Prämissen oder zum Beispiel Prämissen bezüglich der Verlässlichkeit einer Autorität den Zusammenhang zwischen den Daten und der Konklusion her. Die Rechtfertigung bedarf ihrerseits einer *Stützung* (S): Denn theoretische Annahmen über den Zusammenhang zwischen Daten und Konklusion bedürfen einer Begründung; zudem müssen logische und statistische Prinzipien hergeleitet werden.

Bei vielen Argumenten gibt es Einschränkungen und Ausnahmen: 424
Induktive Argumente stützen ihre Konklusion, wie wir gesehen haben, stets nur mit einer bestimmten Wahrscheinlichkeit; und zu allgemeinen Gesetzeshypothesen gelten gelegentlich Ausnahmen. Deshalb versieht Toulmin die Konklusion mit *Ausnahmebedingungen* (A) und mit einem *Qualifikator* (Q), der angibt, dass die Konklusion gegebenenfalls nicht uneingeschränkt, sondern eben nur mit einer gewissen Wahrscheinlichkeit gilt. Zum Beispiel:

425

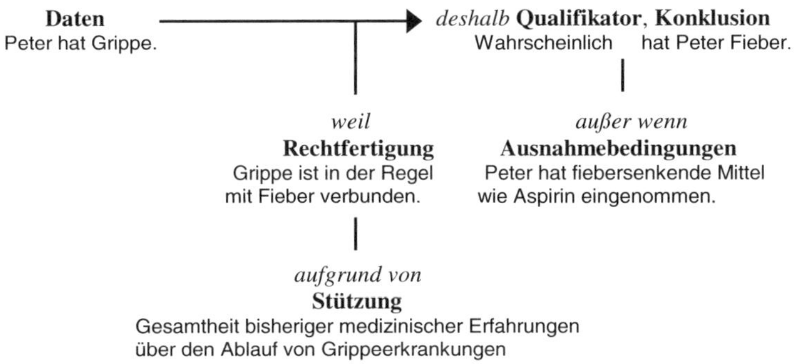

Toulmins Schema eignet sich in der Tat als zusammenfassende Ver- 426
allgemeinerung unserer bisherigen Überlegungen: Ein Argument ist der Übergang von etwas Bekanntem, Gegebenem (Daten) zu etwas Neuem (Konklusion). Dieses Neue gilt daraufhin mit einer bestimmten Wahrscheinlichkeit (Qualifikator) und eventuell mit bestimmten Ausnahmen (Ausnahmebedingungen). Der Übergang von den Daten zur Konklusion darf nicht willkürlich erfolgen; er bedarf einerseits einer logischen Rechtfertigung aus der Form des jeweiligen Arguments; darüber hinaus eventuell einer inhaltlichen Rechtfertigung aus theoretischen Gesetzmäßigkeiten. Die Stützung solcher Rechtfertigungen ist eine komplexe Aufgabe, bei der je nach Argumentationszusammenhang Logik, einzelwissenschaftliche Theorien, Erfahrung, Plausibilität und Gruppenkonsens in unterschiedlichem Maße eine Rolle spielen. In der Wissenschaft müssen etwa die konditionalen theoretischen Prämissen deduktiver Argumente zuvor durch induktive Argumente oder komplexe hypothetisch-deduktive Verfahren gewonnen worden sein. In Alltagssituationen müssen die – aus logischer Perspektive nicht selten problematischen – Übergänge von Daten zu

Konklusionen durch Rückgriffe auf von allen geteilte Auffassungen (W. Klein 1980) oder durch Appelle an den mehr oder weniger gesunden Menschenverstand abgestützt werden.

427 Toulmins Schema ist mit den Annahmen der Logik und unseren bisherigen Überlegungen also durchaus vereinbar. Toulmin differenziert allerdings feiner zwischen zwei Arten von Prämissen, indem er hervorhebt, dass bestimmte Prämissen zusammen mit der Form eines Arguments den Übergang von den Daten zur Konklusion rechtfertigen. Die Sonderstellung solcher ›Übergangsprämissen‹, meist allgemeiner Gesetze in konditionaler Form, ist durchaus plausibel: Einerseits unterscheiden sie sich nach ihrer Form und Funktion von den ›Datenprämissen‹; zudem werden sie, wie wir gesehen haben, in alltagssprachlichen Argumenten häufig stillschweigend vorausgesetzt; wohl deshalb, weil Sprecher annehmen – oder in manipulativer Absicht unterstellen –, dass alle Gesprächsteilnehmer die vorausgesetzten Gesetzmäßigkeiten kennen und akzeptieren. Während also die Logik *unter formalen Gesichtspunkten die Relevanz der Gesamtheit der Prämissen für die Konklusion* betrachtet, verschiebt sich bei Toulmin die Perspektive: Er untersucht, *wie Übergangsprämissen und logische Form des Arguments (Rechtfertigung, Stützung) die Relevanz der Datenprämissen (D) für die Konklusion (K) begründen* (D. Wunderlich 1974: 69–76).

Zur Vertiefung: S. Toulmin 1958: bes. 94–145

3. Argumentieren in sozialen Situationen

3.1 Die Analyse von Alltagsargumentationen

3.1.1 Argument und Argumentation

Bei der Lektüre der ersten beiden Kapitel kann man den Eindruck gewinnen, unsere Analyse einzelner Argumente habe sich allzu weit von der sozialen Wirklichkeit des Argumentierens entfernt: In keinem Kneipen- oder Tischgespräch, an keinem Stammtisch, in keiner Parlamentsdebatte, in keiner Unterrichtsstunde und nicht einmal in Hochschulseminaren sind derart säuberlich herauspräparierte Argumente zu hören, wie wir sie bislang untersucht haben. 428

Die Unterschiede springen ins Auge (W. Klein 1980: 9ff.). An Alltagsargumentationen sind *häufig mehrere Personen* beteiligt. Meist argumentieren die einen für, die anderen gegen eine bestimmte Konklusion. Dieses *Pro und Contra* ist häufig unübersichtlich oder gar chaotisch; die ursprüngliche Konklusion gerät vorübergehend oder vollends aus dem Blick, weil immer wieder *auch einzelne Prämissen ausführlich begründet oder angefochten* werden, – was wiederum Anlass zum Streit über weitere Prämissen gibt. Dass *Prämissen und Konklusionen in der Regel nur undeutlich markiert* werden und deshalb schlecht zu erkennen sind, haben wir immerhin schon erwähnt. Noch auffälliger ist, dass die Übergänge von Prämissen zu Konklusionen *oft nicht den Maßstäben deduktiver Gültigkeit* (S. Toulmin 1958: 146ff.) *und induktiver Korrektheit* entsprechen. Ist die Logik des Alltags also nicht vielleicht etwas ganz anderes als die Logik der Philosophen? 429

In der Tat: Bereits am Anfang unserer Überlegungen haben wir die bewusste, rationale Argumentation unterschieden von jenen unbewussten Intuitionen, die uns bei vielen unserer Schlüsse leiten. Inzwischen gibt es recht erfolgreiche Versuche (vgl. C. Drösser 1994), Modelle für die aus traditioneller philosophischer Perspektive etwas krause Logik des Alltagsverstandes zu entwickeln. Solche Modelle berücksichtigen zum Beispiel, dass eine tautologische Aussage wie 430

$$p \vee \neg p$$

im Alltag nicht ohne weiteres gilt: Setzen wir für »p« ein »Der Pinguin ist ein Vogel«, so erhalten wir

Der Pinguin ist entweder ein Vogel oder er ist kein Vogel

eine Aussage, die für unser Alltagsempfinden bisweilen viel zu scharf abgrenzt. Im Alltag wären wir nämlich manchmal durchaus bereit, zwischen dem Rotkehlchen als einem geradezu *prototypischen* Vogel und der – trotz einer gewissen Vogelähnlichkeit – wohl nicht mehr als Vogel einzuordnenden Fledermaus gewisse Abstufungen zuzulassen. Danach wäre der Pinguin nicht einfach Vogel oder Nicht-Vogel, sondern ›ziemlich vogelhaft‹ oder ›teilweise Vogel‹ oder ›bis zu einem gewissen Grad Vogel‹; das Huhn wäre ›mehr Vogel als der Pinguin‹ und dieser ›mehr Vogel als die Fledermaus‹ usw. Auch die Aussage

Ein Apfel ist entweder reif oder nicht reif

wäre unserem Alltagsempfinden häufig nicht angemessen: Wenn ein Apfel, dessen Schale zu 50 Prozent gerötet ist, als reif gilt, ist dann ein Apfel mit einer nur zu 49 Prozent geröteten Schale bereits unreif? Sinnvoller ist es wohl, bei einer Rötung bis zu 20 Prozent von Unreife und bei einer Rötung über 50 Prozent von Reife, im Zwischenbereich aber von allmählich abnehmender Unreife und allmählich zunehmender Reife zu sprechen. Solchen unscharfen Aussagen entsprechen dann unscharfe Argumente, wie sie die sogenannte »Fuzzy Logic« untersucht:

Reife Äpfel sind süß
Dieser Apfel ist ziemlich reif
↓ Also ist dieser Apfel ziemlich süß

431 Dieses Argument ist offensichtlich nicht deduktiv gültig. Aus Aussagen wie

Das Huhn ist bis zu einem gewissen Grad Vogel
Der Apfel ist ziemlich reif

können gültige deduktive Argumente nicht konstruiert werden. Die klassische deduktive Logik kennt nur ‹wahr› und ‹falsch› als Wahrheitswerte; mit Wahrheitswerten wie ‹ziemlich wahr› oder ‹ein wenig wahr› vermag sie nicht zu rechnen. Man hat deshalb versucht, neben der klassischen zweiwertigen Logik auch dreiwertige Logiken (H. Reichenbach 1966: 179f.; K. Berka/ L. Kreiser 1971: 118–144) zu entwickeln, in denen zwischen den Wahrheitswerten ‹wahr› (1) und ‹falsch› (0) ein weiterer Wahrheitswert ‹halb wahr› (½) angenommen wird. In einer solchen dreiwertigen Logik könnten die Wahrheitswerte für die bekannten Verknüpfungen wie in der folgenden Tabelle definiert werden: Für die Wahrheitswerte 1 und 0 von p und q entsprechen die Wahrheitswerte der Verknüpfungen denen der zweiwertigen Logik; die übrigen Werte gehen auf eine plausible Weise über die zweiwertige Logik hinaus: So ist zum Beispiel die Konjunktion zweier Sätze mit den Wahrheitswerten 1 und ½ auch nur halb wahr (½); auch das Konditional aus einem wahren (1) und einem halb wahren (½) Satz ist nur halb wahr (½); usf.

| | | Negation | Konjunktion | Disjunktion | Konditional | Bikonditional | 432
|---|---|---|---|---|---|---|
| p | q | $\neg p$ | $p \wedge q$ | $p \vee q$ | $p \supset q$ | $p \equiv q$ |
| 1 | 1 | 0 | 1 | 1 | 1 | 1 |
| 1 | ½ | 0 | ½ | 1 | ½ | ½ |
| 1 | 0 | 0 | 0 | 1 | 0 | 0 |
| ½ | 1 | ½ | ½ | 1 | 1 | ½ |
| ½ | ½ | ½ | ½ | ½ | 1 | 1 |
| ½ | 0 | ½ | 0 | ½ | ½ | ½ |
| 0 | 1 | 1 | 0 | 1 | 1 | 0 |
| 0 | ½ | 1 | 0 | ½ | 1 | ½ |
| 0 | 0 | 1 | 0 | 0 | 1 | 1 |

Liegt es angesichts dieses Befundes nicht nahe, die ersten Kapitel als unrealistisch und praxisfern abzutun? Wenn deduktive Gültigkeit und induktive Korrektheit im Alltag oft nur eine untergeordnete Rolle spielen, wenn die Übergänge von Prämissen zu Konklusionen im Alltag häufig ganz anderen Regeln folgen, sollte man dann die strengen Regeln der klassischen Logik nicht über Bord werfen und statt dessen ausschließlich jene Alltagslogik untersuchen? Ist es nicht doch ›verlorene Liebesmüh‹, wenn wir unsere Alltagsformulierungen präzisieren und unsere intuitionsgeleiteten Alltagsschlüsse kritisch prüfen? Geht es im Alltag zudem nicht weit häufiger um Konfliktlösung und um die Pflege sozialer Beziehungen als um Wahrheit? 433

Diese letzte Frage ist entscheidend. Dass Alltagsargumentationen häufig der Anbahnung und der Pflege sozialer Beziehungen oder der Austragung oder Lösung von Konflikten dienen, ist unbestritten. Unbestritten ist auch, dass in unterschiedlichen sozialen Gruppen unterschiedliche Standards für Übergänge von Prämissen zu Konklusionen gelten. Durchaus offen ist aber, ob und wann *die Argumentierenden selbst* bereit sind, den Anspruch auf die Wahrheit ihrer Konklusionen aufzugeben und sich statt dessen auf unscharfe Vermutungen oder auf die Verfolgung sozialer Ziele zu beschränken. Hier sind Zweifel angebracht. Viele Menschen wären wohl kaum bereit zu sagen: »Es kümmert mich nicht, ob meine Aussagen wahr sind. Hauptsache, die Stimmung ist gut oder ich kann meine Gegner damit ärgern.« Selbst wer tatsächlich so dächte, müsste sich hüten, als notorischer Lügner entlarvt und anschließend überhaupt nicht mehr ernstgenommen zu werden. 434

So lange, wie die Sprecher trotz all jener zusätzlichen sozialen Funktionen, die mit alltäglichem Argumentieren verbunden sind, an ihren Wahrheitsansprüchen festhalten, so lange, wie sie darüber hinaus die erreichten Konklusionen zur Richtschnur eigenen und fremden 435

Handelns machen wollen, so lange müssen sie die Regeln der Logik wohl oder übel akzeptieren. Ein Argument wie

Alle Fallschirmabsprünge sind gefährlich
Keine Bergtour ist ein Fallschirmabsprung
↓ Also ist keine Bergtour gefährlich

taugt gewiss nicht zur Handlungsorientierung. Wer solche Argumente vorbringt und entsprechenden Schaden anrichtet, wird sich kaum mit einem »War doch nett, oder?« seiner Verantwortung entziehen können.

436 Zweifellos gibt es graduelle Unterschiede. Während das Bergtour-Argument offensichtlich ganz und gar falsch ist, können unscharfe Argumentformen wie

Die meisten Italiener sind dunkelhaarig
Die meisten dunkelhaarigen Menschen haben braune Augen
↓ Also haben die meisten Italiener braune Augen

zwar keine deduktive Gültigkeit, aber doch einen gewissen Grad induktiver Korrektheit beanspruchen. Sie mögen in vielen Situationen nützlich sein, auch wenn sie – wie im folgenden Beispiel – in die Irre führen können (C. Drösser 1994: 53, 73f.):

Die meisten Berliner sind Deutsche
Die meisten Deutschen leben westlich der Elbe
↓ Also leben die meisten Berliner westlich der Elbe

437 Wo es um freies Spiel, Phantasie und Gefühl geht, dürfen wir bisweilen getrost auf Logik verzichten. Wo wir uns mit Schätzungen und Vermutungen zufriedengeben und dabei die Risiken möglicher Irrtümer bewusst einkalkulieren, dürfen wir auf intuitive Schlüsse und unscharfe Argumente im Stil der »Fuzzy Logic« zurückgreifen. Wo wir dagegen dem Modell unserer physischen und sozialen Umwelt wichtige Bausteine hinzufügen und bedeutsame Handlungen planen, bleiben wir auf die klassische Logik angewiesen. Brückenbauer, Ärzte oder Elektriker, die sich bei der Ausübung ihres Berufs über die Wahrheitsansprüche und Kriterien der Logik hinwegsetzten, würden aus gutem Grund sehr bald mit dem Gesetz in Konflikt geraten. Wer sich dagegen am Stammtisch zu vorgerückter Stunde über politische Themen oder als Zuschauer eines Fußballspiels über die Vorgeschichte eines umstrittenen Tors äußert, kann damit rechnen, dass die Gesprächspartner seine Argumente nicht auf die Goldwaage logischer Korrektheit legen. Immerhin werden offensichtliche Fehlschlüsse aber auch hier noch gelegentlich auf Widerspruch stoßen. Quacksalber oder religiöse Führer schließlich werden, wenn sie über Geister, Engel, Energieströme oder Gespenster reden, kaum an der Haltbarkeit und Relevanz ihrer Prämissen, sondern eher an den emotionalen Wirkungen ihrer Argumente gemessen. Wie streng die Äußerungen einzelner Personen – von Ärzten, Politikern, Lehrern, Technikern, Künst-

lern bis zu Propheten verschiedenster Art – jeweils kritisiert werden müssen, ist nicht leicht zu entscheiden. Es lohnt sich aber, in jedem Fall zu prüfen, ob unkorrekten Argumenten nicht Leid und Unglück auf dem Fuße folgen könnten.

Da also gerade auch in vielen Alltagssituationen die Vertreter und Adressaten von Argumenten ein starkes Interesse an der Wahrheit ihrer Konklusionen haben, darf die logische Perspektive auch bei der Untersuchung von Alltagsargumentationen nicht aufgegeben werden. Für solche Untersuchungen bildet die sorgfältige Analyse einzelner Argumente in den ersten Kapiteln eine wichtige Voraussetzung. Im folgenden sollen alltägliche Argumentationen einerseits in ihren tatsächlichen Strukturen beschrieben, andererseits aber auch an den Maßstäben der Logik gemessen werden. Anderenfalls verhielten wir uns wie Architekten, die angesichts der ästhetischen Qualitäten vorgelegter Entwürfe deren statische Überprüfung versäumten. 438

Zur Vertiefung: S. Toulmin 1958: 146ff.; W. Klein 1980; C. Drösser 1994

3.1.2 Linearer Text und hierarchische Argumentationsstruktur

Betrachten wir zunächst einen konstruierten Alltagsdialog über die Frage, ob man seinen Urlaub am Meer verbringen sollte: 439

X: Man sollte seinen Urlaub am Meer verbringen. Seeluft ist besonders erholsam. (1)
Y: Am Meer kann man aber auch leicht ertrinken. (2)
X: Unsinn! Es gibt doch überall Rettungsschwimmer. Nein, es geht nichts über das Meer. Das Seeklima ist eine Wohltat für die Atemwege. (3)
Y: Manche Menschen vertragen die Luft in den Bergen weit besser. Außerdem ist am Meer alles viel zu teuer! Die Geschäfte auf den Nordseeinseln zum Beispiel verlangen horrende Preise! (4)
X: Dann bringt man seine Lebensmittel eben im Koffer mit. (5)
Y: Doch nicht für drei Wochen! (6)
X: Warum nicht? Und denke mal an die vielen Sportmöglichkeiten: Schwimmen, Planschen, Surfen in der Brandung, ... (7)
Y: In Deutschland? Da muss man doch mindestens nach Hawaii fliegen! Da will ich nicht jedes Mal hindüsen müssen. (8)
X: Ach was, man kann auch an der Ostsee surfen! Besonders schön ist am Meer auch, dass die Kinder so gut spielen können. (9)
Y: Dafür schleppen sie einem dann eimerweise Sand und Muscheln ins Haus und kriegen ewig Sonnenbrand. Zudem sind die Meere total verschmutzt und sogar radioaktiv. Überall liegen Teerklumpen! (10)
X: Dann muss man sich eben eine saubere Stelle suchen. (11)
Y: Mich kriegt niemand ans Meer. Und wenn ich erst an die gefährlichen Tiere wie Haie und Quallen denke! (12)

Zunächst ergibt sich eine terminologische Schwierigkeit. Schon auf den ersten Blick ist zu sehen, dass Argumente nicht in ihrer vollständigen Form vorgetragen werden. In (1) äußert X nicht etwa ein komplexes Argument der Form 440

Wenn an einem Ort die Luft besonders erholsam ist, dann sollte man dort Urlaub machen
Seeluft ist besonders erholsam
↓ *Also sollte man seinen Urlaub am Meer verbringen*

sondern nur »Seeluft ist besonders erholsam« – und *meint* damit offensichtlich das vollständige Argument. Dass in Alltagsargumenten allgemeine Prämissen wie »Wenn an einem Ort die Luft besonders erholsam ist, dann sollte man dort Urlaub machen« häufig nicht ausdrücklich formuliert werden, haben wir bereits festgestellt. Auf die Nennung der Konklusion verzichtet man vielfach deshalb, weil die umstrittene These als Gegenstand der Argumentation bereits zu Beginn formuliert wurde, in unserem Beispiel: »Man sollte seinen Urlaub am Meer verbringen.« Bei den folgenden Argumentationsanalysen werden wir deshalb der Einfachheit halber wie A. Naess 1975 häufig auch dann von einem *Argument* sprechen, wenn tatsächlich jeweils nur ein oder zwei *Prämissen* des Arguments geäußert werden.

441 Welche Standpunkte werden vertreten? In welchen Beziehungen stehen die einzelnen Argumente zueinander? Wenn wir diese Fragen präzise beantworten wollen, benötigen wir eine Methode zur Darstellung der Argumentationsstruktur. In einem Gespräch reihen die Gesprächspartner ihre Argumente in einer *linearen* Folge, in der Schemaskizze unten beispielsweise (A1), (A3), …., (A5), aneinander. Offensichtlich ist der Bezug der einzelnen Argumente aufeinander aber *nicht* linear. In unserem Gesprächsbeispiel bezieht sich etwa

Am Meer kann man aber auch leicht ertrinken

nicht auf die unmittelbar vorausgehende Aussage

Seeluft ist besonders erholsam

sondern auf die Hauptthese »Man sollte seinen Urlaub am Meer verbringen«. Man muss also jeweils versuchen, in der *linearen* Struktur eines argumentativen Textes (R. Rath 1979; H. Henne/ H. Rehbock 1982), in der die einzelnen Argumente bisweilen recht ungeordnet aufeinander folgen, die **hierarchische Argumentationsstruktur** zu entdecken.

442

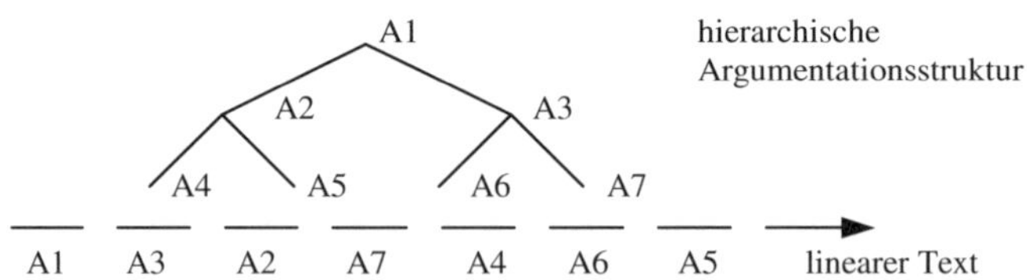

443 Eine gute Darstellungsmöglichkeit besteht darin, die Argumente in hierarchischen *Baumdiagrammen* wiederzugeben. Die beiden folgenden Diagramme enthalten jeweils die Pro- und die Contra-Argumente zur These »Man sollte seinen Urlaub am Meer verbringen«.

444

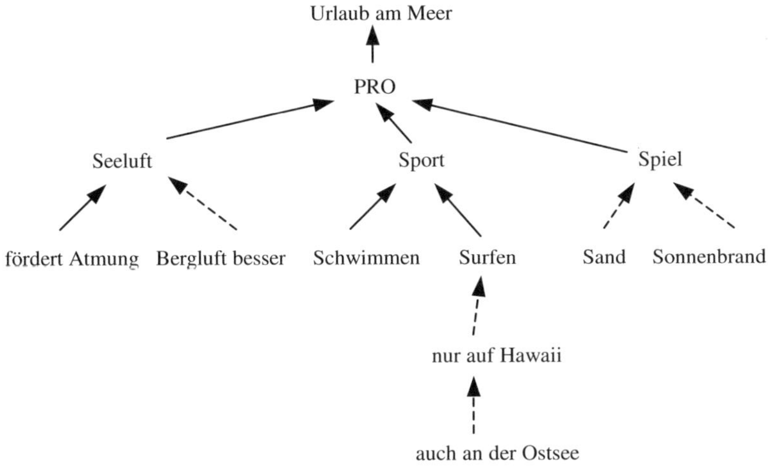

Die durchgezogenen Pfeile verweisen von Pro-Argumenten, die gepunkteten von Contra-Argumenten auf die Aussagen, die sie begründen bzw. widerlegen sollen. Die Diagramme lassen zwar nicht erkennen, wie die Argumente sich auf die beiden Sprecher verteilen; sie bieten aber durchaus eine gute Übersicht über die Beziehungen der vorgebrachten Argumente. 445

446

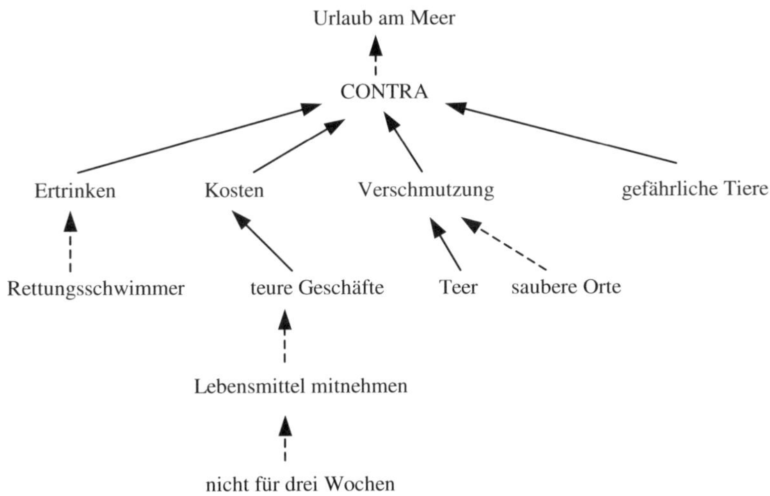

Derartige Diagramme sind deshalb vor allem dann von Nutzen, wenn kurze und einfache Argumentationen oder nur die wichtigsten Argumente einer längeren Argumentation dargestellt werden sollen. Bei der detaillierten Wiedergabe komplexerer Argumentationen stößt man allerdings schnell an Grenzen: Nicht jedes Argument lässt sich in ein oder zwei knappe Stichworte zusammenfassen; zudem werden die 447

Bäume leicht so groß, dass sie nur mit Schwierigkeiten gezeichnet und überblickt werden können.

448 Eine Alternative bietet eine *Tabelle* wie die folgende. Hier wird die hierarchische Struktur nicht mehr durch Pfeile, sondern durch eine besondere Notation (A. Naess 1975: 142ff.) wiedergegeben. Die Hauptthese, auf die eine Argumentation sich bezieht, soll im folgenden **Spitzenformulierung** (A. Naess 1975: 138f.) genannt werden. Der Terminus »Spitzenformulierung« trägt der Tatsache Rechnung, dass die zentrale Konklusion einer Argumentation in der Regel vorgebracht wird, bevor die einzelnen Argumente vorgetragen werden. Obwohl diese Konklusion *unter logischer Perspektive* aus den Argumenten erst folgt, steht sie deshalb *im zeitlichen Ablauf des Gesprächs* meistens an der Spitze. Pro-Argumente unmittelbar für die Spitzenformulierung werden als P1, P2, … notiert, Contra-Argumente unmittelbar gegen die Spitzenformulierung als C1, C2, … . Auf der nächstniedrigeren Stufe werden Pro-Argumente für P1 als P1P1, P2P1, … , Contra-Argumente gegen P1 als C1P1, C2P1, … notiert usw. Diese Notation ist zwar weniger augenfällig als die Baumstruktur, erlaubt aber die Darstellung komplexer Argumenthierarchien auch noch dort, wo das Baumdiagramm an Grenzen stößt. Zudem lässt die Tabelle ausführlichere Texteintragungen zu als ein Baum. Schließlich sind in der folgenden Tabelle die Pro- und Contra-Argumente der ersten Stufe (P1, P2, … und C1, C2, …) durch Fettdruck und die Argumente von Y durch Kursivdruck übersichtlich hervorgehoben, so dass die Argumente ihren Vertretern zugeordnet sind.

Spitzenformulierung: Man sollte seinen Urlaub am Meer verbringen.				449
Pro-Argumente		**Contra-Argumente**		
P1	**Seeluft ist besonders erholsam.**	**C1**	***Am Meer kann man ertrinken.***	
C1P1	*Manche vertragen Bergluft viel besser.*	C1C1	Es gibt Rettungsschwimmer.	
P1P1	Seeklima ist gut für die Atemwege.	**C2**	***Meerurlaub ist besonders teuer.***	
P2	**Am Meer bieten sich viele Sportmöglichkeiten an.**	P1C2	*Die Geschäfte auf den Nordseeinseln sind völlig überteuert.*	
P1P2	Man kann am Meer schwimmen und nach Herzenslust herumplanschen.	C1P1C2	Man kann einen Koffer mit Lebensmitteln mitnehmen.	
P2P2	Man kann am Meer in der Brandung herumsurfen.	C1C1P1C2	*Man kann doch nicht Lebensmittel für drei Wochen mitschleppen.*	
C1P2P2	*Das geht doch nur auf Hawaii. Da will ich nicht jedes Mal hindüsen müssen.*	**C3**	***Die Meere sind doch total verschmutzt – und sogar radioaktiv.***	
C1C1P2P2	Man kann auch an der Ostsee surfen.	P1C3	*Überall liegt Teer am Strand.*	
P3	**Am Meer können Kinder besonders gut spielen.**	C1P1C3	Man muss sich nur eine saubere Stelle suchen.	
C1P3	*Dafür schleppen sie einem dann auch eimerweise Sand und Muscheln ins Haus und kriegen Sonnenbrand.*	**C4**	***Es gibt gefährliche Tiere wie Haie und Quallen.***	

Die besondere Schwierigkeit jeder Darstellung ergibt sich daraus, dass Argumentationen mehrere verschiedene Dimensionen haben, die vor allem bei komplexeren Fällen nicht sämtlich zugleich wiedergegeben werden können. Dabei geht es um 450

- den ungefähren Wortlaut der Argumente,
- die Verteilung der Argumente auf die beteiligten Sprecher,
- die Auffassungen der Sprecher im Hinblick auf die Spitzenformulierung,
- die Reihenfolge, in der die Argumente vorgebracht werden,

- die Art, in der die Redebeiträge der Gesprächsteilnehmer – etwa durch geordnete Diskussionsleitung oder in ungeregeltem Durcheinanderreden – mehr oder weniger gut koordiniert werden (W. Klein 1980: 16),
- die hierarchische Struktur der Argumentation,
- die Unterscheidung in Hauptargumente zur Spitzenformulierung und Nebenargumente
- und die Unterscheidung in Pro-Argumente und Contra-Argumente.

451 Schließlich sind manche Argumente funktional mehrdeutig: Wenn man die Reihenfolge der Argumente im Gespräch vernachlässigt, kann man im Beispiel C1 nicht nur als Contra-Argument der ersten Stufe gegen die Spitzenformulierung, sondern auch als Contra-Argument gegen P1P2 auffassen. Es gibt keine für jeden Zweck gleich gut geeignete Darstellungsform. Man muss deshalb im Einzelfall entscheiden, welche Form *für die aktuelle Analyseaufgabe* am besten geeignet ist.

452 Die hier zutage tretenden Schwierigkeiten der Argumentationsanalyse sind aber keineswegs nur für speziell interessierte Forscher von Bedeutung. Wer einen Familienstreit, die Fernsehübertragung einer Parlamentsdebatte, die Talkshow am Sonntagabend, die Diskussion in einer Schulklasse oder etwa den Leitartikel einer Tageszeitung verstehen will, muss sich einen mehr oder weniger genauen Überblick über die Spitzenformulierung, die Positionen der Sprecher, die Abfolge ihrer Argumente, die hierarchische Struktur des Pro und Contra und über die Haupt- und Nebenschauplätze der Argumentation verschaffen. Dieser Überblick ist aus der zeitlichen Abfolge der Redebeiträge oder der räumlichen Abfolge der Sätze im Text nicht ohne weiteres zu gewinnen. Fast immer sind bei der Analyse vielmehr Konzentration, Gedächtnis und erhebliche Denkanstrengungen gefordert.

453 Wie schwierig das nicht nur für Beobachter, sondern vor allem für die Teilnehmer solcher Auseinandersetzungen ist, kann man an der Häufigkeit misslingender Gespräche und nutzlosen Aneinandervorbeiredens ablesen, – zudem auch an der Häufigkeit, mit der argumentierende Texte wie Leitartikel und wissenschaftliche Aufsätze unverstanden oder gleich ungelesen beiseite gelegt werden. Wer Argumentationen verstehen oder konstruktiv an ihnen teilnehmen will, muss stets wissen, auf welchem Ast im komplexen Baum der Argumentation er sich gerade befindet. Gesprächsregeln, Geschäftsordnungen, geschickte Diskussionsleiter oder wohlgeordnete Inhaltsverzeichnisse und Gliederungen in Aufsätzen und Büchern können hier zwar wichtige Hilfen bieten; die schwierige Aufgabe, aus dem linearen Text die

hierarchische Argumentationsstruktur zu konstruieren, kann dem Einzelnen aber niemand abnehmen.
Zur Vertiefung: A. Naess 1975: 128–159

3.1.3 Argumente mit normativer Konklusion

Die soeben untersuchte Argumentation zum Thema Urlaub am Meer ist unter einem weiteren Gesichtspunkt interessant. Ihre Spitzenformulierung, die Konklusion »Man sollte seinen Urlaub am Meer verbringen«, bezieht sich *nicht* auf einen Sachverhalt. Anders als bei »Sidney liegt in Australien« oder »Daniel hat Fieber« kann man hier nicht einfach an den Fakten überprüfen, ob die Aussage wahr ist und also eine Tatsache wiedergibt. Sätze wie 454

Man sollte seinen Urlaub am Meer verbringen
Man soll sich regelmäßig die Zähne putzen
Man muss fleißig studieren
Christine soll den Fisch füttern

drücken *normative Aussagen* aus. Normative Aussagen beziehen sich nicht darauf, dass etwas der Fall ist, sondern darauf, dass etwas wünschenswert ist oder getan werden soll. Es liegt auf der Hand, dass **Argumente mit normativer Konklusion** im Alltag mindestens so häufig vorkommen wie die bislang überwiegend untersuchten deskriptiven Aussagen. Wenn aber normative Konklusionen nicht wahr oder falsch sein können, was gibt es dann überhaupt zu argumentieren? Ist es nicht eher eine Frage des Geschmacks, des Interesses oder der sozialen Machtverhältnisse, ob man ans Meer oder in die Berge fährt, ob man sich die Zähne putzt, fleißig studiert oder den Rasen mäht? Was leisten normbezogene Argumente?

Die Struktur von Argumenten mit deskriptiver Konklusion ist aus den vorausgehenden Kapiteln bereits vertraut. Zu den deskriptiven Argumenten gehören in bestimmten Fällen auch Argumente mit normativer Konklusion, die normative Aussagen bereits *als Prämissen* enthalten: 455

Alle Autofahrer sollen nach § 1 der Straßenverkehrsordnung Rücksicht nehmen
Rainer ist Autofahrer
↓ Rainer soll Rücksicht nehmen

Hier wird die Norm bereits durch die erste Prämisse eingeführt und anschließend nur auf den in der zweiten Prämisse genannten Fall angewendet. Wenn die Prämissen wahr sind, muss auch die Konklusion wahr sein. Insofern liegt hier nicht eigentlich die Begründung einer Norm, sondern nur die deduktive Ableitung einer speziellen Norm aus einer allgemeinen vor.

456 Argumente mit normativer Konklusion weisen allerdings einige Besonderheiten auf. Wo tatsächlich eine Norm begründet – und nicht zum Beispiel einfach einer übernatürlichen Offenbarung oder einer autoritären Weisung entnommen – werden soll, wählt man meist ein besonderes Vorgehen: *Man behauptet, dass die Anwendung der Norm aufgrund bestimmter gesetzmäßiger Zusammenhänge eine bestimmte Folge nach sich zieht*:

> Wenn Personen sich regelmäßig die Zähne putzen, *dann erkranken sie weniger wahrscheinlich an Karies*

457 Häufig wird die entsprechende Gesetzmäßigkeit nicht nur einfach genannt, sondern ihrerseits – etwa durch Beispiele oder statistische Angaben – mehr oder weniger stichhaltig begründet:

> Wenn Personen sich regelmäßig die Zähne putzen, dann erkranken sie weniger wahrscheinlich an Karies. *Das haben klinische Studien ergeben.* oder: *Mein Großvater putzt sich regelmäßig die Zähne; trotz seines Alters hat er noch keinerlei Karies.* oder: *Meine Schwester hat sich nie die Zähne geputzt; nun hat sie schon mit knapp vierzig ein Gebiss.*

458 Die gesetzmäßige Folge der Normanwendung wird anschließend positiv oder gegebenenfalls negativ bewertet. Die Behauptung über die Folge der Normanwendung, die Bewertung der Folge und ein allgemeines Prinzip »Normen, deren Anwendung positive (negative) Folgen nach sich zieht, sollen (sollen nicht) gelten« bilden dann zusammen die Prämissen für das Argument:

> Wenn man sich die Zähne putzt, erkrankt man nicht an Karies
> Es ist wünschenswert, nicht an Karies zu erkranken
> Normen, deren Anwendung positive (negative) Folgen nach sich zieht, sollen (sollen nicht) gelten
> ↓ Man soll sich regelmäßig die Zähne putzen

Die folgende Tabelle erlaubt einen Vergleich zwischen Argumenten mit deskriptiver und Argumenten mit normativer Konklusion:

459

Argumente mit deskriptiver Konklusion	**Argumente mit normativer Konklusion**
Struktur	
Aus einer oder mehreren Prämissen $P_1, \dots, P_n$ wird die deskriptive Konklusion K abgeleitet. P_1: Es regnet. P_2: Wenn es regnet, ist die Straße nass. K: ↓ Die Straße ist nass.	Es wird behauptet (B), dass die Anwendung der Norm N eine bestimmte Folge zeitigt. Diese Folge wird bewertet (W). Die Behauptung B, die Bewertung W und das allgemeine Prinzip Q bilden die Prämissen für das Argument, die Norm N ist seine Konklusion. B: Wenn man sich die Zähne putzt, erkrankt man nicht an Karies. W: Es ist positiv, nicht an Karies zu erkranken. Q: Normen, deren Anwendung positive (negative) Folgen nach sich zieht, sollen (sollen nicht) gelten. ↓ N: Man soll sich regelmäßig die Zähne putzen.
Haltbarkeit	
hängt ab vom Zutreffen der Prämissen $P_1, \dots, P_n$. Regnet es wirklich? (P_1) Ist die Straße bei Regen wirklich immer nass? (P_2)	hängt ab vom Zutreffen der Behauptung B. Macht Zähneputzen tatsächlich Karies weniger wahrscheinlich? (B)
Relevanz	
bezieht sich auf die Wahrscheinlichkeit, mit der bei wahren Prämissen $P_1, \dots, P_n$ auch die Konklusion K wahr ist, d.h. von der Gültigkeit des deduktiven bzw. der Korrektheit des induktiven Arguments. Muss, wenn es regnet und wenn bei Regen die Straße nass ist, die Straße nass sein? (Es liegt eine Bejahung des Antecedens vor: Das Argument ist gültig.)	bezieht sich auf die – stets bis zu einem gewissen Grad subjektive und interessenabhängige – Bewertung (W) der Folge der Anwendung von N. Wie positiv ist die Vermeidung von Karies zu bewerten? (W)

460 Argumente mit normativer Konklusion haben also eine etwas komplexere Struktur. Umgangssprachlich bezeichnet man aber auch hier meist *nur den Hinweis auf die Folge der Normanwendung* als Argument; man betrachtet dann »Zähneputzen verhütet Karies« als Argument für die Norm des regelmäßigen Zähneputzens.

461 Unsere Analyse ergibt zunächst, dass für Argumente mit normativer Konklusion besondere Bedingungen der Haltbarkeit und der Relevanz gelten: Sie sind haltbar, wenn die Behauptung, die Anwendung der Norm habe bestimmte Folgen, zutrifft. Sie sind relevant, wenn man diese Folgen für bedeutsam hält: Erscheinen die Folgen wünschenswert, so wird die normative Konklusion gestützt, erscheinen die Folgen schädlich, so wird die normative Konklusion in Frage gestellt.

462 Man erkennt darüber hinaus, dass derartige Normbegründungen nicht sicher, allgemeingültig oder gar endgültig sein können. Zunächst greifen die Behauptungen über Folgen der Normanwendung auf induktiv gewonnene und deshalb unvermeidlich unsichere Aussagen über gesetzmäßige Zusammenhänge zurück. Aber selbst wenn diese Behauptungen über jeden Zweifel erhaben wären, könnte nicht ausgeschlossen werden, dass die Anwendung der Norm neben den behaupteten positiven Folgen auch unberücksichtigte negative hervorbringt. In diesem Fall müssten die positiven Folgen in einem schwierigen Verfahren gegen die negativen abgewogen werden.

463 Dabei aber zeigt sich der dritte, schwerwiegendste Schwachpunkt eines solchen Arguments: Während Behauptungen über Folgen der Normanwendung sich immerhin auf faktische Zusammenhänge zwischen Normanwendung und Folgen beziehen und deshalb mit einer gewissen Objektivität diskutiert werden können, bleibt die Bewertung der Folgen unvermeidlich subjektiv und interessenabhängig. Ob uns die Freuden oder die Gefahren, die Kosten oder der gesundheitliche Nutzen eines Urlaubs am Meer wichtiger sein sollten, ob wir uns morgens die Zähne putzen oder lieber ein paar Minuten länger schlafen wollen, kann nicht *überprüft* oder *bewiesen*, sondern schließlich nur *entschieden* werden.

464 Trotz der genannten Unsicherheiten sind Argumente zu normativen Spitzenformulierungen keineswegs sinnlos und überflüssig. Auch wenn sie gegensätzliche Einschätzungen und Interessen unterschiedlicher Personen und Gruppen nicht aufzuheben vermögen, kann die argumentative Darlegung möglicher Folgen doch häufig die Einsicht schaffen, dass bestimmte Normen den unumstrittenen gemeinsamen Interessen dienen oder zuwiderlaufen. In anderen Fällen können solche Argumentationen wenn nicht Übereinstimmung, so doch immerhin wechselseitiges Verstehen schaffen.

Zur Vertiefung: A. Naess 1975: 128–159

3.1.4 Themenwechsel, Gefühle, Beziehungen: Studentendiskussion

Bei dem folgenden, etwas umfangreicheren Text handelt es sich um einen verschriftlichten Ausschnitt aus einer Diskussion zwischen einer Studentin (A) und einem Studenten (B) über das Thema Ehe (gekürzter und *stark* modifizierter Auszug aus H. Steger et al. 1971: 221ff.). Der Text ist nicht etwa wegen einer besonders klugen oder in irgendeiner anderen Hinsicht vorbildlichen Argumentation, sondern als realistisches Beispiel von Interesse. 465

A: Die Ehe ist eine christliche Einrichtung. (1) 466

B: Die Ehe ist eine gesellschaftliche Einrichtung, keine christliche Einrichtung. (2)

A: Die Ehe hat eine tiefe Wurzel im Christentum. (3)

B: Das Christentum nimmt zur Ehe Stellung. Die Ehe ist das Natürlichste und Ursprünglichste jeder Gesellschaft. (4)

A: Nein, die Existenz von Polygamie spricht gegen die Ehe als das Ursprünglichste. (5)

B: Nein. Auch in polygamen Gesellschaften gab es stets eine Lieblingsfrau. (6)

A: Nein, Ehe ist nicht nur Liebe, sondern eine Institution mit vielen Pflichten der Partner. Der abendländische Ehebegriff ist durch das Christentum geprägt. Angesichts der aktuellen Säkularisierungstendenz, die den christlichen Glauben in Frage stellt, verändert sich deshalb auch die Ehe. Wie könnten sonst die Chinesen die Ehe abschaffen? Nein, hier widerspreche ich mir selbst: Die Chinesen waren nicht christlich und hatten dennoch Ehe und Patriarchat. (7)

B: Ich hatte also recht: Die Ehe ist die Keimzelle des Lebens und des Volkes. (8)

A: Was verstehst du dann unter Ehe? Für mich ist die Ehe nicht nur Schaffung neuen Lebens: dazu wäre eine Ehe gar nicht erforderlich. (9)

B: Ich meine, es gehört auch die Verpflichtung zur Erziehung der gezeugten Kinder zur Ehe. Aber deshalb ist noch lange nicht das Christentum der Ursprung der Ehe. (10)

A: Das akzeptiere ich. Aber das Christentum hat die Ehe wesentlich beeinflusst: Es hat das Sakrament der Ehe eingeführt. Die christliche Vorstellung von der Unauflöslichkeit der Ehe beeinflusst viele Menschen in Deutschland noch heute: Viele bleiben zusammen, obwohl sie nicht zusammenpassen. (11)

B: Du verschiebst das Problem auf einen Präzedenzfall: Das Christentum formuliert Normen für die Ehe, z. B. dass der Mann treu sein soll. Aber diese Normen existierten zum Teil unabhängig von der Bibel. (12)

A: Du hast recht: man denke an Germanen, Römer und Griechen. Ich muss meine eigene These zurücknehmen. Trotzdem: Das Christentum hat unsere Ehe durch seine Begriffe geprägt. Leichtfertige Scheidungen, wie sie heute üblich werden, sind für die Kinder furchtbar. (13)

B: Das stimmt, aber dennoch sind viele Normen für die Ehe vom Christentum nicht begründet, sondern übernommen worden. (14)

A: Hier liegt Zwiespälterei vor. Ich sage: Die Ehe ist vom Christentum wesentlich mitbestimmt. Du sagst: Das Christentum hat vorliegende Normen nur übernommen. Aber die Unauflöslichkeit der Ehe ist nach wie vor sehr wichtig: Die Abschaffung der kirchlichen Trauung – wie in Russland – finde ich schrecklich. Mir genügt die standesamtliche Trauung nicht. (15)

B: Mir reicht die standesamtliche Trauung, um zu wissen, dass die Frau mir gehört. (16)

A: Ob sie dir gehört, ist gerade nach deiner eigenen Definition ja wohl die Frage. (17)

B: Die Formalität der Ziviltrauung bestätigt unsere Zusammengehörigkeit. Das ist nur eine Formalität. (18)

A: Gut ich gebe das zu. Aber brauchen die Menschen nicht darüber hinaus Symbole, z. B. den Ring, die ihnen in Krisensituationen Hilfen sein können? (19)

467 Der stark gekürzte und sprachlich geglättete Gesprächsauszug ist bereits sehr viel übersichtlicher und durchschaubarer als die Originalversion. Dennoch fällt es nicht leicht, den roten Faden der Argumentation zu erkennen und zu verfolgen. Eine erste Hilfe bietet ein Baumdiagramm, das die wichtigsten Argumente der ersten Gesprächsphase wiedergibt.

468

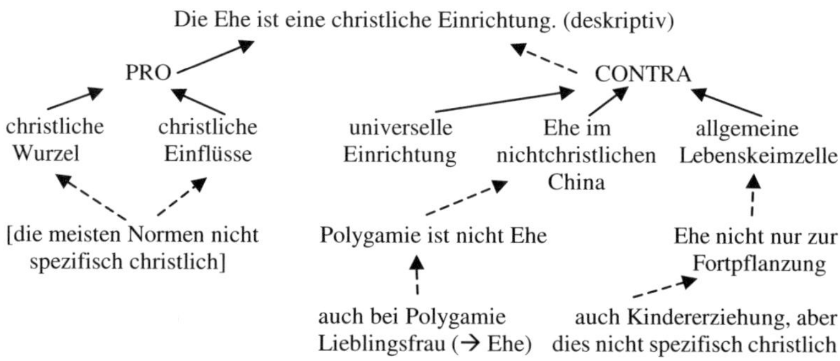

469 Die Studentin (A) behauptet zunächst, die Ehe sei eine christliche Institution (1). In dem folgenden Austausch von Argumenten (2–14) gelingt es ihr nicht, dies zu begründen. Sie selbst stellt fest, dass sie mit dem – etwas rätselhaften – Hinweis auf die Ehe der Chinesen ihrer eigenen Behauptung widersprochen habe (7), und gibt schließlich zu, dass sie sich geirrt hat (13). Das Baumdiagramm lässt erkennen, wie der Student (B) die Pro-Argumente von A durch seine Hinweise entkräftet, die meisten Verhaltensnormen im Zusammenhang mit der Ehe seien nicht spezifisch christlich. Darüber hinaus ist zu erkennen, wie B auch jene Argumente entkräftet, die A gegen seine Contra-Argumente vorbringt. Kurz: Die Pro-Argumente werden ebenso zurückgewiesen wie die Contra-Argumente gegen die Contra-Argumente.

470 Nachdem A mit der *deskriptiven* Spitzenformulierung, der kulturgeschichtlichen Behauptung nämlich, die Ehe sei eine christliche Institution, gescheitert ist, wechselt sie das Thema. Sie bringt eine neue, diesmal *normative* Spitzenformulierung vor: Die christliche Form der Ehe *solle* erhalten bleiben (15).

471

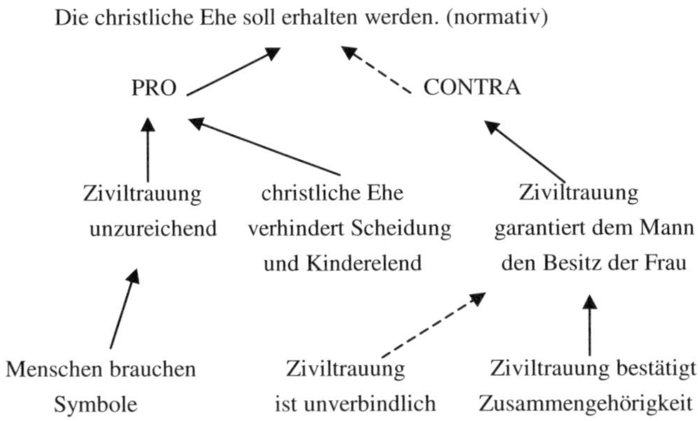

Die folgende Argumentation bleibt ausgewogen. A begründet ihr Eintreten für die christliche Form der Ehe mit dem Bedürfnis des Menschen nach Symbolen (19) und mit dem Nutzen der Unauflöslichkeit der christlichen Ehe für die Kinder (13). B besteht darauf, dass ihm die Ziviltrauung als Nachweis, dass die Frau ihm »gehöre« (16), und als Bestätigung der Zusammengehörigkeit der Eheleute (18) ausreiche. A wendet noch einmal ein, die Zivilehe biete angesichts ihrer relativen Unverbindlichkeit gerade keine Garantie für die Zusammengehörigkeit von Mann und Frau (17). A und B haben hier offensichtlich unterschiedliche Präferenzen, so dass sie über die Forderung nach Erhaltung der christlichen Ehe keine Einigkeit erzielen können. Der Dissens zwischen A und B lässt sich auch im hier nicht wiedergegebenen weiteren Verlauf der Diskussion nicht überwinden. 472

Aufschlussreich ist, dass die Studentin (A) im ersten Teil des Gesprächs (1–12) eine These vertritt, die sie offensichtlich nicht ausreichend durchdacht hat. Warum tut sie das? Im weiteren Verlauf des Gesprächs (H. Steger et al. 1971: 232ff.) zeigt sich, dass es ihr von Anfang an nicht um die historische *Herkunft* der Ehe (1), sondern um die *Bewahrung* der christlichen Ehe und ihrer Symbole (15) ging. Hier tritt ein Problem zutage, das in vielen Argumentationen eine Rolle spielt: Sprecher haben häufig zunächst keine klare Vorstellung von ihrer eigenen Position. Es geht ihnen dann oft weniger um die Begründung einer ganz bestimmten, präzise formulierten *Aussage* als vielmehr um den Ausdruck oder die Verteidigung einer durch Erziehung, Erfahrung, Interessen, Gefühle und Stimmungen geprägten *Einstellung*. Insofern bezieht sich ihre Argumentation dann nicht in erste Linie auf wohlabgegrenzte, durchdachte Auffassungen, sondern auf unvermeidlich vage und nur schwer auszudrückende Normvorstellungen und Gefühle. Die tatsächlich vorgebrachte Aussage dient in erster Linie als stellvertretendes Symbol für die zugrundeliegende Einstellung. In derartigen Situationen kommt es nicht selten zu Miss- 473 verständnissen und fruchtlosen Auseinandersetzungen. Reagiert der Gesprächspartner wie im Beispiel B – durchaus mit einem gewissen Recht – nur auf die vorgebrachte *Aussage*, so fühlt sich derjenige, der eigentlich seine *Einstellung* begründen möchte, unverstanden. In vielen Fällen entwickelt sich deshalb anschließend ein zusätzlicher, nur schwer lösbarer Konflikt auf der Ebene der Beziehung. Im vorliegenden Beispiel gelingt es A jedoch, ihre zunächst unbedacht und wohl in der beschriebenen Weise eher stellvertretend formulierte deskriptive Spitzenformulierung (1) zurückzunehmen und das Thema auf die normative Spitzenformulierung (15) zu bringen, die ihrer Intention eher entspricht. Dass A und B den Ablauf der Argumentation sehr aufmerksam registrieren und sich ihrer eigenen Intentionen zunehmend bewusst werden, zeigt sich in ihren Äußerungen am Ende des Gesprächs, an dem schließlich noch ein Zuhörer C teilnimmt (gekürzter und *stark* modifizierter Auszug aus H. Steger et al. 1971: 242f.):

474 **A:** Ich glaube, wir sind an einem Punkt angelangt, wo unsere Meinungen stark auseinandergehen. Wir haben auch ein bisschen den Faden verloren. (...) Vor allen Dingen möchte ich darauf hinweisen, dass das, was ich sage, nicht so sehr meine Vorstellung ist, sondern dass ich so instinktiv das von mir gebe, was in mich durch die Erziehung hineingelegt worden ist.

C: Was so ein allgemeines Fluidum ist, nicht wahr?

B: Dann muss ich feststellen, wie wenig dieses allgemeine Fluidum mich beeinflusst hat.

C: Du wirst noch ganz ein braver Ehemann.

A: Ganz. Ganz. In zehn Jahren treffen wir uns wieder.

Die folgenden Tabellen geben noch einmal einen Überblick über den Gesprächsausschnitt:

475

deskriptive Spitzenformulierung: Die Ehe ist eine christliche Einrichtung. (A, 1)			
Pro-Argumente		**Contra-Argumente**	
P1	**Die Ehe hat eine tiefe Wurzel im Christentum .** (A, 3)	**C1**	***Die Ehe ist eine universelle gesellschaftliche Einrichtung, keine christliche.*** *(B, 2)*
C1P1	*Das Christentum äußert sich zwar zur Ehe; die Ehe ist aber universal. (B, 4)*	C1C1	Die Existenz von Polygamie spricht gegen die Universalität der Ehe. (A, 5)
P1P1	Die aktuelle Säkularisierung verändert die Ehe: Daran erkennt man, wie stark sie christlich beeinflusst war. (A, 7)	C1C1C1	*Auch die Polygamie kennt eine Lieblingsfrau (→ Ehe). (B, 6)*
P2	**Das Christentum hat die Ehe wesentlich beeinflusst (Ehesakrament, Unauflöslichkeit).** (A, 11)	C1C1C1C1	Die Ehe ist nicht nur eine emotionale Beziehung, sondern eine komplexe Institution mit Rechten und Pflichten. (A, 7)
C1P2	*Die meisten Normen für die Ehe sind nicht spezifisch christlich. (B, 12)*	**C2**	**Die Chinesen waren nicht christlich und hatten doch Ehe und Patriarchat.** (A, 7)
P1C1P2	Ja, dafür sind Germanen, Römer und Griechen Beispiele. (A, 13)	**C3**	***Die Ehe ist ganz allgemein Keimzelle neuen Lebens, nicht etwas spezifisch Christliches.*** *(B, 8)*
P1P2	Das Christentum hat die Ehe dennoch geprägt. (Unchristlich) leichtfertige Scheidungen schaden den Kindern. (A, 13)	C1C3	Die Ehe dient nicht nur der Fortpflanzung. (A, 9)
C2P2	*Das Christentum hat die meisten Ehenormen nicht begründet, sondern nur übernommen. (B, 14)*	P1C1C3	*Ja, die Ehe dient auch der Kindererziehung. (B, 10)*
		P1C3	*Aber die Verpflichtung zur Kindererziehung ist nicht spezifisch christlich. (B, 10)*

476

neue, normative Spitzenformulierung: **Die christliche Ehe (Unauflöslichkeit, Sakrament usw.) soll erhalten werden.** (A, 15)			
P1	**Die standesamtliche Trauung genügt nicht.** (A, 15)	**C1**	***Die standesamtliche Trauung reicht aus, um dem Mann zu garantieren, dass die Frau ihm gehört.*** *(B, 16)*
P1P1	Die Menschen brauchen Symbole als Hilfen in Krisensituationen. (A, 19)	C1C1	Die Frau kann dem Mann nicht gehören in einer Ehe, die bloße Fortpflanzungs- und Erziehungsgemeinschaft ist. (A, 17)
		P1C1	*Die Ziviltrauung bestätigt die Zusammengehörigkeit der Eheleute. (B, 18)*

477 Ein weiteres, von der Studentin (A) ebenfalls gesehenes und erkanntes (9) Problem springt ins Auge: Die in beiden Spitzenformulierungen vorkommende Bezeichnung »Ehe« bleibt äußerst unpräzise. Im betrachteten Argumentationsausschnitt spielen mehrere Interpretationen eine Rolle:

- die Zeugung eines oder mehrerer Kinder durch einen Mann und eine Frau (4, 8, 9)
- eine besondere Liebesbeziehung zwischen einem Mann und einer Frau – auch die zu einer ›Lieblingsfrau‹ in polygamen Gesellschaften (6)
- eine komplexe gesellschaftliche Institution mit Rechten und Pflichten der Partner – vor allem der Pflicht zur Erziehung der Kinder (7, 10)
- eine Frau als ›Besitz‹ eines Mannes (16, 17)
- eine symbolisch bekräftigte, langfristige Verbindung zwischen einem Mann und einer Frau (19)
- die christliche Ehe (1, 3, 7, 11, 13, 15)

478 Mehrdeutigkeit der Spitzenformulierung ist eine häufige Ursache für Störungen im Argumentationsablauf, der durch sorgfältige Präzisierung abgeholfen werden kann. Es hätte die Argumentation von A und B wahrscheinlich erleichtert, wenn sie sich zu Beginn ihres Gesprächs, spätestens aber auf As Frage »Was verstehst du dann unter Ehe?« (9) hin, auf eine *Definition* der Bezeichnung »Ehe« geeinigt hätten. Anschließend hätten sie die Bezeichnung »Ehe« durchaus weiter verwenden können; aber es hätte Einigkeit darüber geherrscht, auf welche der möglichen Interpretationen sie sich mit ihren Argumenten beziehen.

479 Als Ergebnis unserer Überlegungen können wir der Liste unterschiedlicher Aspekte und möglicher Schwierigkeiten einer Argumentationsanalyse einige weitere Punkte hinzufügen:

- Die Spitzenformulierung kann im Laufe einer Argumentation präzisiert oder durch eine andere Spitzenformulierung ersetzt werden.
- Gelegentlich dienen deskriptive Spitzenformulierungen als stellvertretende Symbole für komplexe normative Einstellungen.
- Die Argumentierenden können während einer Argumentation Argumente auch gegen ihre ursprünglichen Thesen vorbringen. Das kann auf unbemerkte Widersprüche, aber auch auf veränderte Auffassungen zurückzuführen sein.
- Argumentationen können durch mangelnde Präzision der jeweiligen Spitzenformulierungen erheblich erschwert werden.

3.1.5 Implizite Argumentation mit vernetzten Spitzenformulierungen: Leitartikel

480 Bei dem folgenden längeren Text, einem Leitartikel (Frankfurter Allgemeine Zeitung, 5.6.1998: 1), fällt es zunächst schwer, die bislang behandelten Argumentationsstrukturen wiederzuerkennen:

> Menschenrecht auf Erfolg
>
> Kaum zu glauben: SPD-Kanzlerkandidat Schröder rührt die Tu-was-Trommel sogar in der Bildungspolitik: »Der bildungspolitische Schmusekurs muss und wird ein Ende haben«, kündigt er an. Ausgerechnet in Hamburg schwor Schröder pädagogischer Verwöhnung ab. Dabei steht die Hansestadt im Ruf, sie verzärtele ihre Schüler am unbedenklichsten. Und ausgerechnet auf einer Wahlveranstaltung der SPD bekannte sich Schröder zu stärkerem Leistungswillen. Dabei haben gerade sozialdemokratische Bildungspolitiker die Leistungsschule sozialer Kälte bezichtigt. Manch ein Zuhörer glaubte denn auch, er sei im falschen Film.
>
> Mit der Verheißung einer »neuen Epoche in der Bildungspolitik« greift Schröder die Anregung des Bundespräsidenten auf, Bildung zum »Megathema« zu machen. Das versprechen alle Parteien; aber wem soll man noch glauben? Dem Wahlkämpfer Schröder kann nicht entgangen sein, daß Herzog mit zwei Kernsätzen seiner Berliner Ruck-Rede zur Bildungspolitik auf ein geteiltes Echo gestoßen ist: mit der Absage an die Kuschelecken-Pädagogik und mit dem Plädoyer für das gegliederte Schulwesen. Es lohnt sich, seine Worte in dem von Michael Rutz herausgegebenen Band »Aufbruch in der Bildungspolitik. Roman Herzogs Rede und 25 Antworten« nachzulesen: »Es gibt keine Bildung ohne Anstrengung. Wer die Noten aus den Schulen verbannt, schafft Kuschelecken, aber keine Bildungseinrichtungen, die auf das nächste Jahrtausend vorbereiten.«
>
> Der Bundespräsident hat das Reizwort von den Kuschelecken mit Bedacht gewählt. Plötzlich stehen die Anwälte der Schmuse-Pädagogik da wie Zau-

berer ohne Hut. Gerade diejenigen, die Schröder umwirbt, nehmen Wahrheiten wieder als Selbstverständlichkeiten wahr, zu denen sie sich dreißig Jahre lang nicht mehr offen zu bekennen wagten: Die Schule ist eine Einrichtung zum Lernen, und Lernen ist nun einmal nicht möglich ohne Üben und ohne Anstrengung – »was immer GEW-Vorsitzende auch anderes darüber meinen mögen«, stichelt der Präsident der Max-Planck-Gesellschaft, Markl. Die GEW – das sind Schröders Freunde von der Gewerkschaft Erziehung und Wissenschaft. Nur wer im allgemeinen Überfluß lebt, wähnt, auch Schlappe hätten Erfolg, Zukunft. Die Diffamierung von Leistung ist eine Form der Wohlstandsverwahrlosung. Nicht Kuschelecken sind das Ärgernis, sondern reine Kuschelschulen. Schröders Formulierung Schmusekurs trifft das noch besser.

Trotzdem entzaubert der Kanzlerkandidat der SPD die Schmuse-Pädagogen nicht so mutig wie der Bundespräsident. Der geniert sich nämlich nicht, den Zusammenhang zwischen individueller Begabung, Leistungsdifferenzierung und Erfolg aufzudecken. Daher sprach und spricht Herzog sich für das gegliederte Schulwesen aus: Neben den Gymnasien und Realschulen lobt er ausdrücklich die Hauptschulen. Herzogs Kritiker aus dem Lager der SPD, der Grünen und der Gewerkschaften rügen bezeichnenderweise nicht den Aufruf zur Leistungsbereitschaft, sondern die damit verbundene indirekte Absage an die Gesamtschule. Die GEW-Vorsitzende Stange beklagt, Herzog rede einer Schule das Wort, die »Aussonderung und Ausgrenzung« bezwecke. Es gibt GEW-Mitglieder, die beim Vorwurf der »Aussonderung« nicht einmal vor dem Vergleich mit Auschwitz zurückschrecken.

Dahinter steht die Überzeugung, dass nur die Einheitsschule Integration, Chancengleichheit und Gerechtigkeit herstelle. Das sind Stichworte, die dem »sozialen Lernen« den Vorrang geben vor Wissenserwerb, Wettbewerb und Leistung. Oft genug haben Verfechter der integrierten Gesamtschule sogar den Eindruck erweckt, als ob persönliches Wohlbefinden und soziales Engagement im Widerspruch zum Leistungswillen stünden. Aber es ist verfehlt, die Spaß-Schule als Gegensatz zur Anstrengungs-Schule zu begreifen. Es geht nicht um Freude statt Arbeit, sondern um Freude an der Arbeit – in der Schule wie im Beruf. Leistung macht Spaß.

Für einen Pädagogen, der diesen Namen verdient, sind Fördern und Fordern daher keine Antithese. Man macht einen jungen Menschen nur lebenstüchtig, wenn man ihn fordert. Nur wer etwas leistet, hat Erfolg, und nur wer Erfolg hat, entwickelt Selbstbewußtsein: Daher ist Leistung ein Menschenrecht. Es kommt darauf an, jedem Schüler Erfolgserlebnisse zu vermitteln. Das ist schwerer, wenn man die Leistungsschwächsten mit den Leistungsstärksten zusammenspannt. Wollen Gesamtschulen jedem Schüler gerecht werden, brauchen sie mehr Lehrer als die Schulen des gegliederten Systems; aber gerade die von der SPD regierten Länder stellen die wenigsten Lehrer ein. Dem Gesamtschullehrer bleibt nicht viel mehr übrig, als ein mittleres Niveau anzustreben, und dabei überfordert er die Schwachen und langweilt die Starken. Die einen wie die anderen sind demotiviert.

Es wäre nicht das schlimmste, blieben Gesamtschüler in ihren Kenntnissen hinter anderen zurück. Vernichtend wäre es aber, wenn Gesamtschulen auch die von ihnen propagierten Herzenstugenden schlechter zur Entfaltung brächten. Jüngste Vergleichsstudien deuten dieses Debakel an, und wen würde es überraschen, wenn der Zusammenhalt und das Füreinander dort litten, wo der Leistungswille verkümmert? Spricht nicht umgekehrt alles dafür, daß die Leistungsschule des gegliederten Systems auch soziale Tugenden fördert? Leistung verpflichtet. Nach diesem Gesetz sind die Demokratie und die Marktwirtschaft angetreten. Wenn niemand etwas leistet, kann auch keiner etwas abgeben.

Binsenweisheiten, fürwahr. Die meisten Wähler warten darauf, sie endlich wieder zu hören. Aber noch gibt es wenig Hoffnung, daß auch diejenigen davon hören wollen, mit denen Schröder Politik macht. Der niedersächsische Ministerpräsident möge sich doch im Kultusministerium von Hannover umsehen: Dort regiert, dem jeweiligen Minister zum Trotz, die GEW.

Die Abbildung auf der folgenden Seite bietet einen groben Überblick 481
über eine von mehreren Möglichkeiten, den Leitartikel zu interpretieren. Sie geht davon aus, dass es dem Verfasser des Artikels in erster Linie darum ging, die Glaubwürdigkeit der bildungspolitischen Ankündigungen des Kanzlerkandidaten Gerhard Schröder in Frage zu stellen. Dass diese Interpretation nicht selbstverständlich und keineswegs die einzig mögliche ist, ergibt sich bereits aus der Überschrift »Menschenrecht auf Erfolg«: Man könnte auch die Forderung nach einem Menschenrecht auf Erfolg bzw., wie es im Artikel heißt, auf Leistung als Spitzenformulierung auffassen. Das ist nicht die einzige Alternative; der Artikel stellt offensichtlich mehrere verschiedene Behauptungen auf:

Schröders Bekenntnis zur Leistung ist unglaubwürdig 482
Schröders Bekenntnis zur Leistung ist weniger glaubwürdig und realistisch als das von Herzog
Ein gegliedertes Schulwesen ist notwendig
Es gibt ein Menschenrecht auf Erfolg bzw. Leistung Usw.

Hier zeigt sich, dass komplexe Argumentationen häufig mehrere 483
Funktionen gleichzeitig erfüllen. Mehrere Spitzenformulierungen werden gleichzeitig und in enger Vernetzung miteinander begründet. Statt der bislang verwendeten Baumdiagramme mit klarer Hierarchie der Argumente (A) sind in solchen Fällen eher Netzmodelle (B) angemessen.

484

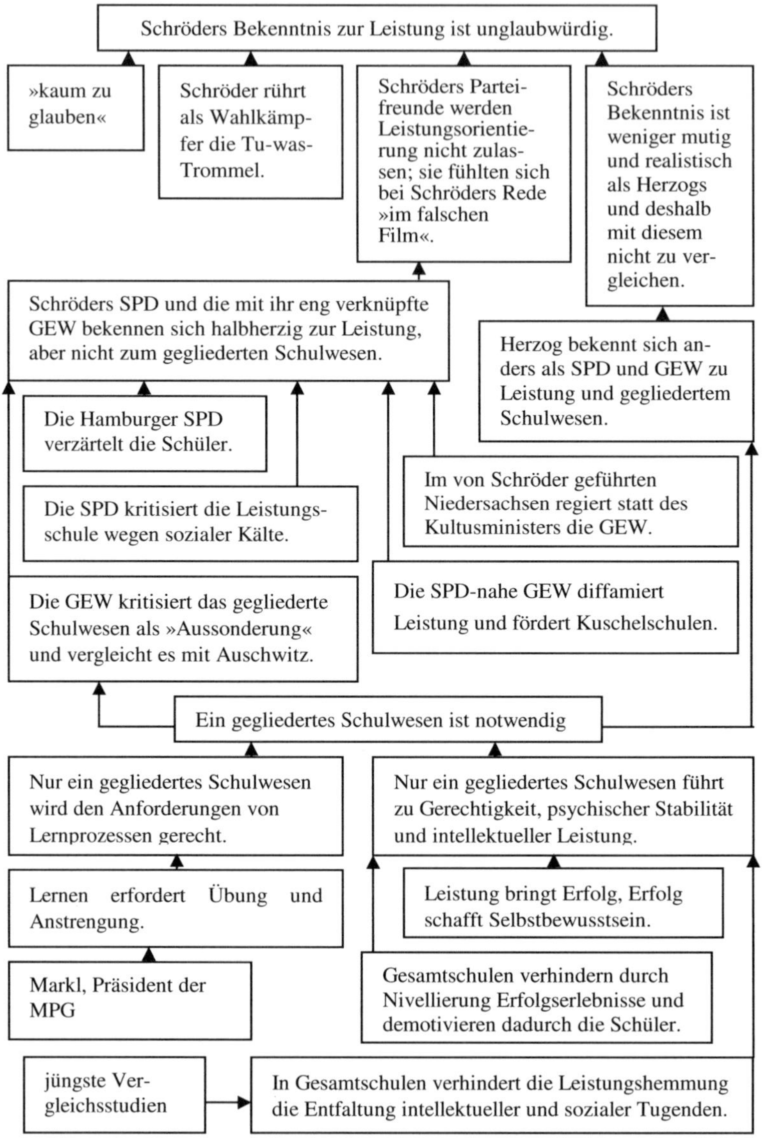
Schröders Bekenntnis zur Leistung ist unglaubwürdig.
»kaum zu glauben«
Schröder rührt als Wahlkämpfer die Tu-was-Trommel.
Schröders Parteifreunde werden Leistungsorientierung nicht zulassen; sie fühlten sich bei Schröders Rede »im falschen Film«.
Schröders Bekenntnis ist weniger mutig und realistisch als Herzogs und deshalb mit diesem nicht zu vergleichen.
Schröders SPD und die mit ihr eng verknüpfte GEW bekennen sich halbherzig zur Leistung, aber nicht zum gegliederten Schulwesen.
Herzog bekennt sich anders als SPD und GEW zu Leistung und gegliedertem Schulwesen.
Die Hamburger SPD verzärtelt die Schüler.
Die SPD kritisiert die Leistungsschule wegen sozialer Kälte.
Im von Schröder geführten Niedersachsen regiert statt des Kultusministers die GEW.
Die GEW kritisiert das gegliederte Schulwesen als »Aussonderung« und vergleicht es mit Auschwitz.
Die SPD-nahe GEW diffamiert Leistung und fördert Kuschelschulen.
Ein gegliedertes Schulwesen ist notwendig
Nur ein gegliedertes Schulwesen wird den Anforderungen von Lernprozessen gerecht.
Nur ein gegliedertes Schulwesen führt zu Gerechtigkeit, psychischer Stabilität und intellektueller Leistung.
Lernen erfordert Übung und Anstrengung.
Leistung bringt Erfolg, Erfolg schafft Selbstbewusstsein.
Markl, Präsident der MPG
Gesamtschulen verhindern durch Nivellierung Erfolgserlebnisse und demotivieren dadurch die Schüler.
jüngste Vergleichsstudien
In Gesamtschulen verhindert die Leistungshemmung die Entfaltung intellektueller und sozialer Tugenden.

485

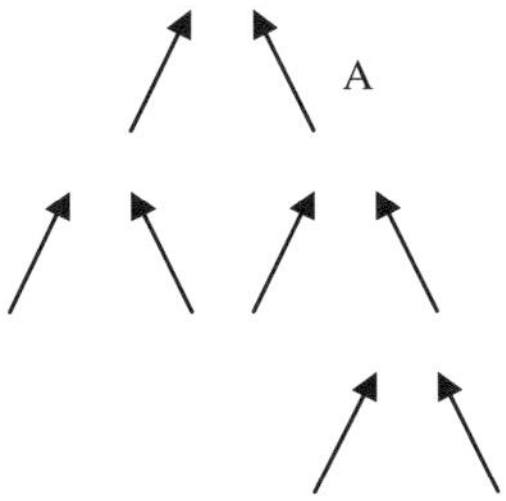

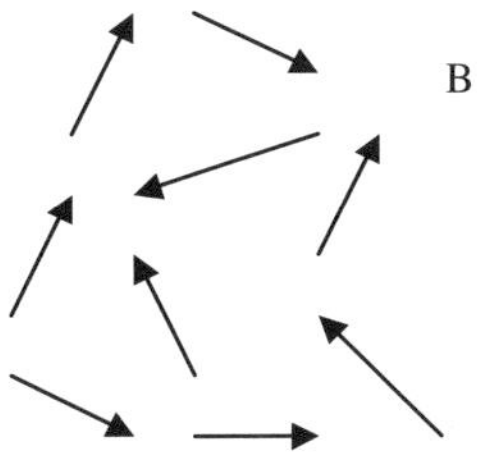

Es ist nicht immer ganz leicht, die Grobstruktur einer komplexen Argumentation angemessen wiederzugeben. Ebenso schwierig ist es bisweilen, die einzelnen Argumente zu rekonstruieren – besonders dann, wenn sie viel implizites Wissen über Zusammenhänge voraussetzen. Im Leitartikel finden sich u.a. die folgenden Argumente: 486

[deduktives, konditionales Argument, Bejahung des Antecedens:]
Wenn ein Kanzlerkandidat für das politische Vorhaben P keine Unterstützung in seiner Partei hat, ist die Ankündigung von P unglaubwürdig 487
Schröder hat für eine leistungsorientierte Bildungspolitik keine Unterstützung in seiner Partei
↓ Schröders Ankündigung einer leistungsorientierten Bildungspolitik ist unglaubwürdig

[induktives Argument aus der Autorität:]
Der Präsident der Max-Planck-Gesellschaft ist bezüglich des Lernens eine Autorität 488
Der Präsident der Max-Planck-Gesellschaft behauptet: Lernen erfordert Übung und Anstrengung
↓ Lernen erfordert Übung und Anstrengung

[Argument mit normativer Spitzenformulierung:]
Wenn es ein gegliedertes Schulwesen gibt, sind Gerechtigkeit, psychische Stabilität und intellektuelle Leistung die Folgen 489
Gerechtigkeit, psychische Stabilität und intellektuelle Leistung sind wünschenswerte Folgen eines gegliederten Schulsystems
Normen, deren Anwendung positive Folgen zeitigt, sollen gelten
↓ Ein gegliedertes Schulsystem ist notwendig

[deduktives Argument, Syllogismus:]
Leistung, Erfolg und Selbstbewusstsein sind ein elementares Grundbedürfnis des Menschen 490
Alle elementaren Grundbedürfnisse des Menschen sind Menschenrechte
↓ Leistung, Erfolg und Selbstbewusstsein sind ein Menschenrecht

[deduktives, konditionales Argument, Verneinung des Konsequens:]
Das Menschenrecht auf Leistung, Erfolg und Selbstbewusstsein ist nur in einem gegliederten Schulsystem zu verwirklichen 491
Die SPD ist gegen ein gegliedertes Schulsystem
↓ Also verweigert die SPD den Schülern das Menschenrecht auf Leistung, Erfolg und Selbstbewusstsein

[vereinfachte Form:]
Wenn das Menschenrecht auf Leistung etc. verwirklicht ist, gibt es ein gegliedertes Schulsystem
Es gibt nach dem Willen der SPD kein gegliedertes Schulsystem
↓ Also ist das Menschenrecht auf Leistung etc. nicht verwirklicht

[induktives (statistisches) Argument:]
492 Bei einer Vergleichsstudie haben N % der untersuchten Gesamtschüler weniger soziale Tugenden als Schüler anderer Schulen
↓ Also haben N % aller Gesamtschüler weniger soziale Tugenden als Schüler anderer Schulen

[deduktives, konditionales Argument, Bejahung des Antecedens:]
493 Wenn ein Regierungschef sich in seiner Regierung allererst »umsehen« muss, um sich über wichtige politische Verhältnisse zu informieren, dann ist er pflichtwidrig schlecht informiert
Schröder muss sich in Hannover allererst »umsehen«, um sich über die Verhältnisse im Kultusministerium zu informieren
↓ Schröder ist pflichtwidrig schlecht informiert

[induktives Argument, Analogieschluss:]
494 Die Landesregierung in Hannover wird bekanntermaßen von Schröder geführt
Eine zukünftige Bundesregierung wird bekanntermaßen gegebenenfalls von Schröder geführt werden
Die Landesregierung in Hannover hat ihren Einfluss auf die Bildungspolitik an die GEW abgetreten
↓ Eine zukünftige Bundesregierung wird ihren Einfluss auf die Bildungspolitik an die GEW abtreten

495 Bereits die vorstehende Auswahl lässt erkennen, dass der Artikel auf engstem Raum eine große Zahl verschiedener Argumente mit deskriptiver und mindestens ein Argument mit normativer Spitzenformulierung enthält, die aber sämtlich nicht vollständig ausformuliert, sondern eher implizit angedeutet oder auch nur zitiert werden. Bereits deshalb stellt der Artikel hohe Anforderungen an Wissen, Gedächtnis und logische Fähigkeiten des Lesers, zudem auch deshalb, weil der Leser beim Lesen ja stets mehrere mögliche Spitzenformulierungen und zahlreiche Hilfsargumente zueinander in Beziehung setzen muss.

496 Darüber hinaus ist die sprachliche Kompetenz des Lesers gefordert, weil einige Argumente nur über Wortwahl und Stil angedeutet werden. Zur Bildungspolitik der SPD und zur Gesamtschule enthält der Text die folgenden Bezeichnungen:

bildungspolitischer Schmusekurs, pädagogische Verwöhnung, Schüler verzärteln, Kuschelecken-Pädagogik, Kuschelecken, Anwälte der Schmuse-Pädagogik wie Zauberer ohne Hut, Schlappe, Wohlstandsverwahrlosung, Kuschelschulen, Schmusekurs, Schmuse-Pädagogen, Spaß-Schule, Debakel, Leistung verkümmert, niemand leistet etwas

497 Der Gegensatz zwischen Schröders Bekenntnis und seiner Partei wird unter anderem hervorgehoben durch

ausgerechnet in Hamburg, ausgerechnet auf einer Wahlveranstaltung der SPD, dabei haben …, im falschen Film, geteiltes Echo; gerade diejenigen, die Schröder umwirbt

und vor allem durch den genüsslichen Hinweis, Schröder möge sich doch im Kultusministerium der von ihm selbst geführten Regierung in Hannover umsehen: Dort regiere die GEW gegen den zuständigen Minister und also auch gegen den Ministerpräsidenten.

Der Leitartikel veranlasst den Leser auf geradezu kunstvolle Weise, 498
zahlreiche Übergänge von Bekanntem oder teilweise Bekanntem zu den miteinander vernetzten Spitzenformulierungen zu vollziehen. Durch wertende Bezeichnungen verstärkt der Text die Bereitschaft des Lesers zu weiteren, die Spitzenformulierungen stützenden Schlüssen. Es zeigt sich, dass er die in den vorausgehenden Kapiteln erörterten Argumentformen und Argumentationsstrukturen sehr wohl enthält, allerdings in einer Dichte, Vernetzung und Implizitheit, die nicht nur die reflektierte Analyse, sondern auch das spontane Leseverstehen erschweren. Die oben präsentierte Übersicht und die Rekonstruktionen einzelner Argumente sind *Deutungen*, die im Detail auch anders hätten vorgenommen werden können. Der Leser erhält weite Deutungsspielräume; immer wieder muss er Argumente rekonstruieren und ergänzen, Schlüsse ziehen und inhaltliche Beziehungen herstellen. Derartige Texte werden für geübte Leser, wenn sie zudem die Voraussetzungen des Autors teilen, durchaus eine reizvolle Herausforderung darstellen. Sie bergen aber zugleich die Gefahr, dass sich weniger aufmerksame Leser durch den Text nicht so sehr zu selbständigem Denken anregen als vielmehr manipulieren lassen. – Ein weiteres Beispiel (Frankfurter Allgemeine Zeitung, 7.7.1998: 1):

Solidarität contra Subsidiarität 499

»Hilf dir selbst, dann hilft dir Gott«, hat man den Bedürftigen und Zukurzgekommenen zugerufen, als es den Sozialstaat noch nicht gab. Aufgeklärte Zeiten haben daraus die Formel von der Hilfe zur Selbsthilfe abgeleitet, die in der Entwicklungspolitik Ton und Richtung angibt. New Labour unter Tony Blair hält sich an denselben Grundsatz, wenn es staatliche Zuwendungen davon abhängig macht, dass der Begünstigte selber tätig wird und eigene Anstrengungen unternimmt, um sich aus seiner mißlichen Lage zu befreien. In Deutschland hat man sich für diese Rangordnung, für den Vorrang der kleinen vor der großen Einheit, den sperrigen Begriff der Subsidiarität einfallen lassen.

Leider nur den Begriff. Denn was unter Subsid[i]arität im Einzelfall zu verstehen ist, kann niemand sagen, weil allgemeine Grundsätze im Alltag zu nichts verpflichten. Vor allem deshalb hat sich die Subsidiarität mit dem zweiten Paradepferd des deutschen Wohlfahrtsstaates, der Solidarität, so gut zusammenspannen lassen. Wo christlich-soziale Vorsorgepolitiker bestimmen, laufen die beiden Grundsätze nebeneinander her, als könnten sie sich niemals in die Quere kommen.

So ist es aber nicht, schon aus historischen Gründen kann es so nicht sein. Die Solidaritätsparole ist ein Motiv der Arbeiterbewegung. Sie verspricht die Hilfe des Kollektivs als Lohn für Eingliederung und Unterordnung. »Einer für alle, alle für einen!« heißt die gewerkschaftliche Devise, die dazu einlädt, den Klassenkampf als ein Versicherungsgeschäft auf Gegenseitigkeit zu betreiben. Demgegenüber stammt das Subsidiaritätsprinzip aus der katholischen Soziallehre. Es will der Staatsmacht den Eingriff nur dann erlauben, wenn der einzelne auf sich allein gestellt nicht mehr weiterkommt: Dann – und nur dann – soll der große Bruder Beistand leisten. Hilfe zur Selbsthilfe also statt Abladen von Verantwortung bei der Zentrale.

Damit verlangt der Subsidiaritätsgrundsatz etwas, was aufzubringen allen Politikern schwerfällt, am schwersten den Sozialpolitikern: Zurückhaltung nämlich, Verzicht auf Allzuständigkeit und auf die Idee, immer und überall »gefordert« zu sein. Aus ihren Solidaritätsappellen leiten sie die Ermächtigung ab, die riesige, das ganze Volk umfassende Versichertengemeinschaft so zu stärken, daß sie den schwächeren Gebilden die Luft zum Atmen nimmt. Am Beispiel der subsidiären Familienpolitik lässt sich besichtigen, wie schnell die kleine Einheit von der großen aufgefressen wird. Die gedankenlose Verbindung von zwei Grundsätzen, die nur oberflächlich aufeinanderpassen, hat dazu geführt, dass der Familie zusätzlich zu all den Verpflichtungen, die Eltern für ihre Kinder und Kinder für ihre Eltern übernommen haben, auch noch die Versorgung der übrigen, in ihrer Mehrheit fortschrittlich, also kinderlos lebenden Bevölkerung aufgeladen worden ist.

Unter dieser doppelten Last ist die Familie in die Knie gegangen. Jede neue amtliche Statistik weist aus, dass sich die Lage der Familien wieder einmal verschlechtert hat. Von zwei Seiten unter Druck gesetzt, scheint diese Lebensform nicht mehr in die Zeit zu passen. Natürlich hat das viele Ursachen; eine und ganz gewiß nicht die geringste ist allerdings eine konfiskatorische Abgabenpolitik, die sich sozial nennt, es aber nicht ist, weil sie die Lasten willkürlich verteilt. Wenn man, aus welchen Gründen auch immer, am bürgerlichen Unterhaltsrecht festhalten will, darf man die kollektive Versicherungspflicht für alle und jeden nicht einfach draufsatteln. Genau das ist allerdings geschehen; die Folgen sind danach.

Langfristig zerstört diese widernatürliche Verbindung beide Ideale. Indem die Solidaritätsrhetorik die kleineren Gebilde ausbeutet, gräbt sie sich selbst die Wurzeln ab. Es sind ja keineswegs nur einzelne, die sich auf legalen und halblegalen Wegen ihren drückenden Verpflichtungen zu entziehen suchen. Die großen, auf solidarisches Verhalten eingeschworenen Verbände machen es genauso, indem sie sich von allen möglichen, als versicherungsfremd deklarierten Leistungen zu befreien suchen. Solidarische Gefühle sind eben nichts, über das die Menschen von Natur aus verfügen. Sie müssen wachgerufen, gefördert und ausgebildet werden, und das geschieht, wenn überhaupt, im kleinen Kreis. Mit ihm stirbt, wenn er stirbt, auch die größere Gemeinschaft.

Auf Mitgefühl und Verantwortlichkeit, an die sie ständig appellieren, werden Sozialkassen und Sozialverbände auf Dauer nur dann rechnen können, wenn sie dazu bereit sind, sie ihrerseits zu schonen. Dazu scheint der Sozialstaat aber nicht bereit zu sein. Kein Wunder, daß er von einer Bedrängnis in die andere gerät und sich immer wieder neue Quellen erschließen muß: nach den Steuern die Beiträge, nach den Beiträgen die Eigenvorsorge, nach der Eigenvorsorge die Selbstbeteiligung. Als ob nicht alles, was da ausgeschüttet und umverteilt wird, von den Bürgern selbst aufgebracht worden wäre, sie zu so etwas wie Selbstbeteiligung also erst noch aufgerufen werden müßten!

Die meisten von ihnen wären herzlich gern dazu bereit, sich um sich selbst zu kümmern und die Verantwortung, die ihnen der Staat ungefragt aus den Händen genommen hat, persönlich auszuüben. Der Staat muß sie nur lassen. Solange der Bundesgesundheitsminister glaubt, mehr Freiwilligkeit mit mehr Zwang vereinbaren zu können; solange er alles zugleich will, höhere Zuzahlung und höhere Beiträge; solange er nichts dabei findet, sich über einen Milliardenüberschuß der gesetzlichen Krankenversicherung zu freuen und von den Bürgern gleichzeitig ein sogenanntes Notopfer einzutreiben, solange das so bleibt, braucht er sich über Widersetzlichkeiten nicht zu wundern.

Eine erste Schwierigkeit liegt darin, dass der Artikel zwar durchaus Argumente enthält, dass er aber über weite Strecken in erster Linie über sozialpolitische Prinzipien und Sachverhalte informiert.

Subsidiarität	**Solidarität**
• Hilfe zur Selbsthilfe • Vorrang der kleineren Einheit vor der Größeren • Hilfeleistungen der größeren Einheit erst nach entsprechenden Anstrengungen der kleineren Einheit • bürgerliches Unterhaltssystem in Familie und Verwandtschaft • Herkunft aus der katholischen Soziallehre • zurückzuführen auf das alte christliche Prinzip »Hilf dir selbst, dann hilft dir Gott.« • in der Gegenwart in England von New Labour unter Tony Blair verwirklicht	• Abladen von Verantwortung bei der Zentrale • Eingliederung und Unterordnung der kleineren Einheit wird durch Hilfe der größeren Einheit (des Kollektivs) belohnt. • Klassenkampf als Versicherungsgeschäft auf Gegenseitigkeit • Herkunft aus der Arbeiterbewegung • Solidaritätsparole »Einer für alle, alle für einen!«

501 Bei der Analyse ist es ein weiteres Mal hilfreich, zunächst die einzelnen Inhaltskomplexe in eine vorläufige Ordnung zu bringen. Breiten Raum nimmt die – über die ersten Abschnitte des Artikels verstreute – Gegenüberstellung der Prinzipien Subsidiarität und Solidarität ein, die oben in tabellarischer Übersicht zusammengefasst sind. Der Autor stellt darüber hinaus Thesen zur sozialpolitischen Realität in der Bundesrepublik Deutschland auf:

502
- Das Subsidiaritätsprinzip ist in der Bundesrepublik nicht verwirklicht.
- Das Subsidiaritätsprinzip ist in der Bundesrepublik nur ein allgemeiner, unverbindlicher Grundsatz.
- Das Subsidiaritätsprinzip wird in der Bundesrepublik mit dem Solidaritätsprinzip kombiniert und vermischt.
- Die Vermischung der beiden Prinzipien führt zu einer Überlastung der jeweils kleineren Einheiten, weil diese nun durch Unterhalts- und Hilfspflichten im Rahmen der Subsidiarität und zusätzlich durch allgemeine Zwangsversicherungen im Rahmen der Solidarität in Anspruch genommen sind (Beispiele: Familie und Gesundheitssystem).
- Die kleineren Einheiten entziehen sich deshalb zunehmend ihren drückenden Verpflichtungen.
- Das Solidaritätsprinzip schwächt die Verantwortung und zerstört den Zusammenhalt eben der kleineren Einheiten, in denen Solidarität doch erst erlernt werden müsste.

503 Bereits diese erste Übersicht lässt erkennen, dass der Text mehrere, zum Teil recht komplexe Argumente enthält. Unter anderem werden Argumente für das Subsidiaritätsprinzip, gegen das Solidaritätsprinzip und gegen eine Vermischung der beiden Prinzipien vorgebracht.

Das Subsidiaritätsprinzip ist die wohlfahrtsstaatliche Weiterentwicklung des bewährten christlichen Prinzips »Hilf dir selbst, dann hilft dir Gott« 504
↓ Das Subsidiaritätsprinzip soll verwirklicht werden

Das Subsidiaritätsprinzip wird in England von New Labour unter Tony Blair mit Erfolg angewandt 505
↓ Das Subsidiaritätsprinzip soll verwirklicht werden

Verwirklichung des Subsidiaritätsprinzips ist eine notwendige Voraussetzung für eine stets nur in begrenztem Umfang mögliche Solidarität: Solidarität und Verantwortung müssen in selbständigen und verantwortlichen kleineren Einheiten erst erlernt werden 506
↓ Das Subsidiaritätsprinzip soll verwirklicht werden

Das Solidaritätsprinzip schwächt die Verantwortung 507
↓ Das Solidaritätsprinzip soll nicht verwirklicht werden

Das Solidaritätsprinzip zerstört den Zusammenhalt der kleineren Einheiten, in denen Solidarität doch erst erlernt werden müsste 508
↓ Das Solidaritätsprinzip soll nicht verwirklicht werden

Die Vermischung von Solidarität und Subsidiarität führt zu einer Überlastung der jeweils kleineren Einheiten, weil diese nun durch Unterhalts- und Hilfspflichten im Rahmen der Subsidiarität und zusätzlich durch allgemeine Zwangsversicherungen im Rahmen der Solidarität in Anspruch genommen sind (Beispiele: Familie und Gesundheitssystem) 509
↓ Subsidiaritätsprinzip und Solidaritätsprinzip sollen nicht kombiniert werden

Auf diese – hier nur in Kurzform wiedergegebenen – Argumente lässt 510 sich das oben erläuterte Schema für normbezogene Argumente ohne weiteres anwenden; nur das erste dieser Argumente weicht geringfügig ab: Hier werden nicht ausdrücklich Folgen der Anwendung des Subsidiaritätsprinzips genannt; vielmehr wird darauf hingewiesen, dass es sich um ein überliefertes christliches Prinzip handelt; der Autor will allerdings wahrscheinlich andeuten, es handele sich um ein *bewährtes* Prinzip; ein bewährtes Prinzip aber ist nichts anderes als ein Prinzip, das in der Vergangenheit wünschenswerte Folgen gezeitigt hat. Die übrigen Argumente nennen sämtlich wünschenswerte oder schädliche Folgen der jeweiligen Normen: den Erfolg des Subsidiaritätsprinzips im England der ausgehenden neunziger Jahre; die solidaritätserzeugende Funktion des Subsidiaritätsprinzips; die Schwächung individueller Verantwortung durch kollektive Solidarität; die Zerstörung des Zusammenhalts der kleineren Einheiten durch Solidarität und die Überlastung der kleineren Einheiten durch die Vermischung von Subsidiaritätsprinzip und Solidaritätsprinzip.

Ein weiteres Mal zeigt sich hier, wie sehr die Argumentationsana- 511 lyse auf eine vorausgehende allgemein-inhaltliche Analyse des Textes angewiesen ist: Zentrale Begriffe müssen zunächst geklärt, die Hauptthesen müssen aufgefunden und in eine Ordnung gebracht werden, bevor die Argumente rekonstruiert, untersucht und möglicherweise kritisiert werden können. Beide Phasen der Analyse gehen zwar – wie bereits erwähnt – auf *Deutungen* des Lesers zurück; ihre Ergebnisse können ausführlicher oder weniger ausführlich und im Detail durchaus auch unterschiedlich dargestellt werden. Sie sind deshalb aber *keineswegs beliebig*. Man kann beim vorliegenden Beispiel eventuell darüber streiten, ob es dem Autor eher um eine Kritik der Vermischung der beiden sozialpolitischen Prinzipien oder vor allem um eine Kritik des Solidaritätsprinzips geht; man kann unsicher sein, ob der Hinweis auf die christliche Tradition überhaupt als Argument intendiert ist. Dass es im Text aber grundsätzlich um den Gegensatz der Prinzipien, um eine Begründung des Subsidiaritätsprinzips sowie um eine Kritik am Solidaritätsprinzip und an der Vermischung der beiden Prinzipien geht, wird jede vernünftige Analyse zu berücksichtigen haben.

512 Eine mögliche Kritik hätte anschließend zum einen die Haltbarkeit der einzelnen Prämissen, insbesondere der Behauptungen über gesetzmäßige Folgen der Prinzipien und ihrer Vermischung zu prüfen. Darüber hinaus müssten Relevanzfragen erörtert werden: Man könnte zum Beispiel fragen, ob das Subsidiaritätsprinzip die Individuen und die kleineren sozialen Einheiten nicht vielfach mit der ihnen aufgebürdeten Eigenverantwortung und Selbsthilfe überfordert. Wie sind solche Härten eines subsidiären Sozialsystems einzuschätzen im Vergleich mit den negativen Folgen eines solidarischen?

3.1.6 Argumentation im sozialen Kontext: Erklärungen und Weltbilder

513 Im September 1983, noch mitten in der Phase des Kalten Krieges, schoss ein sowjetisches Kampfflugzeug über der Insel Sachalin eine Boeing 747 der Korean Air Lines (KAL) ab. Zweihundertneunundsechzig Menschen kamen ums Leben. Heute weiß man, dass dieser Abschuss auf eine Verkettung tragischer Irrtümer zurückzuführen ist: Der Pilot der Boeing war durch einen Computerfehler weit von seinem Kurs abgekommen und in den sowjetischen Luftraum eingedrungen. Die sowjetische Luftraumüberwachung hatte die Boeing mit einem amerikanischen Spionageflugzeug verwechselt, das sich kurz zuvor dem sowjetischen Luftraum genähert hatte. Der Abschuss, der anfangs nur vermutet und nur mit Schwierigkeiten aus mitgehörten Funksprüchen zwischen dem Kampfflugzeug und seiner Bodenstation rekonstruiert werden konnte, löste bei den politisch und militärisch Verantwortlichen in Washington große Unruhe aus. Über einige Stunden war zunächst unklar, was sich über Sachalin überhaupt ereignet hatte. Später entbrannten hitzige Debatten zwischen ›Tauben‹ und ›Falken‹ über mögliche Erklärungen für den Abschuss: Während nüchterne Militärexperten und die Befürworter der damals angestreb-

ten Entspannungspolitik zwischen den USA und der UdSSR bald erkannten, dass der Abschuss auf einen Irrtum zurückzuführen war, bestanden die Verfechter einer harten Linie darauf, dass es sich um einen sowjetischen Terrorakt handele (C. Rademacher 1998).

1989 entstand ein amerikanischer Spielfilm (»Coded Hostile«, dt. 514
»Todesflug KAL 007«), der weniger die Ereignisse im Nordpazifik als vielmehr die Rekonstruktion und Bewertung dieser Ereignisse durch Washingtoner Politiker und Militärs schildert. Obwohl es sich beim Abschuss des KAL-Fluges 007 und bei den anschließenden Auseinandersetzungen in Washington um alles andere als alltägliche Ereignisse handelt, sind die im folgenden gekürzt und stark vereinfacht wiedergegebenen Dialoge dieses Films prägnante und aufschlussreiche Beispiele auch für alltägliche Erklärungs- und Bewertungsvorgänge.

Der erste der gekürzt verschriftlichten Ausschnitte aus den Dialo- 515
gen des Films enthält Äußerungen des Soldaten F in einer amerikanischen Luftwaffenbasis in Japan. Zunächst ähnelt seine Situation der, in der sich das menschliche Gehirn bei jeder Wahrnehmung befindet: Es muss unterschiedliche Einzelinformationen zusammenfassen und als ein Objekt oder Ereignis bestimmten Typs interpretieren:

Soldat F in einer Luftwaffenbasis in Japan 516

F: Die Russen haben einen Eindringling ausgemacht. Über Kamtschatka. Sie wissen nicht, was es ist. Wir auch nicht. Sie betrachten es als feindliches Objekt. Sie haben vier Jäger hochgeschickt.

F: (wenig später, als Meldungen über den Abschuss des eingedrungenen Flugzeugs und über das gleichzeitige Verschwinden des koreanischen Jumbos einlaufen) So was würden sie nicht tun. Nicht einmal die Russen würden so was tun.

Der Soldat geht von der durchaus vernünftigen allgemeinen Hypothe- 517
se aus, dass relativ unwahrscheinliche Ereignisse am gleichen Ort und zur gleichen Zeit mit hoher Wahrscheinlichkeit in einem Zusammenhang stehen. Er erkennt, dass die vorliegenden Einzelinformationen (unbekannter Eindringling von den Russen als feindliches Objekt betrachtet, Abfangjäger unterwegs, Abschuss eines Flugzeugs, Verschwinden des koreanischen Jumbos) unter dieser Hypothese den Schluss nahelegen, die sowjetische Luftwaffe habe das zivile Flugzeug abgeschossen. Er zögert aber, diesen Schluss zu ziehen, weil er seine Konklusion einer Plausibilitätsprüfung unterzieht: Ihm erscheint ein solcher Abschuss zunächst wenig wahrscheinlich. Auch insofern entspricht sein bewusstes Verhalten dem automatisierten Vorgehen des Gehirns bei alltäglichen Wahrnehmungen: Wenn wir etwas äußerst Unwahrscheinliches sehen, werfen wir in der Regel unwillkürlich einen zweiten Blick darauf, weil wir ›unseren Augen nicht trauen‹ und uns unsere Wahrnehmung nicht erklären können.

518 Die Beamten im State Department argumentieren ähnlich. Auch hier wird aus den Einzelinformationen sogleich ein zusammenhängendes Ereignis konstruiert; das Ergebnis dieser Konstruktion wird aber wiederum nicht sogleich akzeptiert. Obwohl der Einwand, das Flugzeug habe sich gar nicht über sowjetischem Gebiet befunden, sich als nicht haltbar erweist, erscheint ein Abschuss selbst über sowjetischem Territorium unwahrscheinlich. Erklärende Vermutungen, es handele sich um einen Unfall oder die Sowjets hätten einen prominenten Amerikaner töten wollen, werden zunächst zurückgewiesen.

519 **Beamte A, B und C im State Department**

B: Was Neues?
A: Tja, die National Security Agency hat inzwischen Alarmmeldungen von ihren Leuten aus Japan. Sie melden außergewöhnliche Aktivitäten über der Insel Sachalin. Russische Abfangjäger sind aufgestiegen. Dann Berichte über den Abschuss einer Maschine. Und eine koreanische 747 wird vermisst.
B: Besteht irgendein Zusammenhang?
A: Nein, zum jetzigen Zeitpunkt haben weder CIA noch das Pentagon irgendwelche Beweise.
C: Die Maschine war auf dem Direktflug von New York nach Seoul.
B: Wo liegt denn diese Insel überhaupt? Haben wir irgendwo eine Karte?
C: Drüben im Büro.
B: Was hältst du davon?
A: Ich kann es nicht glauben. Ich will es nicht glauben. Die Folgen wären verheerend.
C: Also, die Maschine flog von New York nach Anchorage, da hat sie aufgetankt. Und das hier wäre die normale Flugroute nach Seoul.
B: Das ist doch weit entfernt vom russischen Luftraum. Warum sollten sie sie dann abschießen?
C: Nein, nein, der Abschuss war tief im sowjetischen Luftraum, hier über Sachalin.
B: Das macht doch keinen Sinn.
A: Die Geheimdienste sehen einen möglichen Zusammenhang.
B: Also, was nun: Dass sie das Flugzeug absichtlich abgeschossen haben?
A: Sie sagen nicht, dass sie es abgeschossen haben. Sie sagen nur, dass es möglich ist, dass sie es abgeschossen haben.
C: Verdammter Mist.
B: Was macht dieses Flugzeug über sowjetischem Territorium?
C: Das ist mir egal. Und wenn es über dem Roten Platz war. Man schießt keine Maschine mit Zivilisten an Bord ab.
B: Wir wissen nicht, wie es war. Es könnte ein Unfall gewesen sein.
C: Das glaubst du doch selbst nicht.
B: Frag erst einmal unsere Leute in Moskau, ob die was wissen.
A: (legt den Hörer auf) Oh, Gott.
B: Was?
A: 66 Amerikaner waren an Bord.
C: Das hat uns gerade noch gefehlt.
B: Mein Gott.
A: Der Präsident der ...-Society ...
B: ...war auch an Bord?
A: Ja.
C: Das ist ja schrecklich.

A: Jetzt glauben einige Verrückte, dass die Russen hinter *ihm* hergewesen wären.

Die folgenden Äußerungen hoher Beamter beziehen sich nicht unmittelbar auf das immer noch weitgehend ungeklärte Ereignis, sondern auf seinen politischen Kontext. 520

Beamte B und C im State Department

C: Glaubst du, dass es sicher gelandet ist?

B: Ich weiß nicht. Mir fehlen noch Beweise.

C: Also, du scheinst mir irgendwie zu gelassen. Wir hätten beinahe 300 Tote zu beklagen gehabt.

B: So? Was glaubst du, wozu wir in dem Gebäude da sind? Wenn es irgendwo knallt, sollen wir da jedes Mal gleich vom Dach springen?

C: Ich habe nicht gesagt »gleich vom Dach springen«.

B: Mein Job ist es, Krisen zu bewältigen, nicht aufzubauschen. Wenn sich bis morgen früh herausgestellt haben sollte, dass sie es abgeschossen haben, schreien doch alle nach Vergeltung.

C: Ja, und ich schreie am lautesten.

B: Du darfst nicht vergessen, was hier alles auf dem Spiel steht.

C: Ja, so wie damals bei der Verlegung Eurer Cruise Missiles nach Europa.

B: Ja.

C: Egal, was es kostet.

B: Ich habe den Preis nicht festgesetzt. Vielleicht fangen jetzt endlich ein paar von diesen europäischen Pazifisten an zu begreifen, mit welcher Sorte Mensch sie es da zu tun haben.

C: Ah, ich verstehe. Du meinst, dann hätten wir eine Trumpfkarte gegen die Russen auszuspielen.

B: Ja, genau. Hör zu, die Russen haben immer nur aus einer Position der Stärke heraus verhandelt. Unsere jahrelange Arbeit wäre umsonst gewesen. Wenn wir jetzt in dieser Sache die Falken ranlassen, dann haben wir bald den Dritten Weltkrieg.

C: Die meisten von den Raketen funktionieren nicht einmal.

B: Ja, und? Müssen sie doch auch gar nicht im Frieden. Außerdem braucht Außenminister Shultz jeden erdenklichen Verhandlungsspielraum. Wenn sie es wirklich abgeschossen haben, sind sie dran. Niemand bringt 300 Menschen um, ohne dafür zu büßen. OK?

Bote: Gerade ist ein Bericht aus Japan gekommen. Das Flugzeug ist nicht in Sicherheit auf Sachalin. Die schließen daraus, dass es definitiv das russische Ziel war.

C: Gottverdammte Hurensöhne. Schweinehunde. Informiere sofort Außenminister Shultz!

B: Hör zu, du sagst mir nicht, was ich zu tun habe! Das erledige ich selbst, verstanden?

B und C betrachten den vermutlichen Abschuss der Zivilmaschine aus unterschiedlicher Perspektive: B ist um vorsichtige Krisenbewältigung bemüht; er sähe im Abschuss der Maschine eine Trumpfkarte der Amerikaner bei den bevorstehenden Abrüstungsverhandlungen und ein Argument in der Auseinandersetzung mit den Pazifisten in Europa. C ist dagegen erregt; er scheint eine scharfe Reaktion zu befürworten. Wie bedeutsam solche politischen und also normativen Einschätzungen auch für die Argumentation bei der Beschreibung und Erklärung des Luftzwischenfalls sind, zeigt sich in den folgenden Ausschnitten: 521

522 **Soldaten H und J im Aufklärungsdienst der Luftwaffe**

J: In zwei Stunden kommt der General zur Lagebesprechung. Er will natürlich wie immer die beste Analyse.

H: Blick auf die Karte: Das hier ist der vorgegebene Kurs der koreanischen Maschine. Den hätte der Pilot unbedingt einhalten sollen. Also weit weg von der russischen Küste. Auf diesem Kurs hätte sie also sein sollen, aber russisches Radar schreckt die Maschine hier auf.

J: Das ist immer noch kein Grund, eine Zivilmaschine abzuschießen.

H: Vielleicht wussten sie gar nicht, dass es ein Verkehrsflugzeug war. Sieh mal da!

J: Was ist das?

H: Den Kurs hier ist eine andere Maschine geflogen: eine Cobra Ball.

J: Cobra Ball – soll das heißen, wir hatten ein Spionageflugzeug da drin?

H: Ja, aber zum Zeitpunkt des Abschusses war es schon wieder weg.

J: Augenblick, was willst du damit sagen?

H: Ich habe mit unseren Leuten aus dem Pazifik gesprochen. Die haben zufällig zur gleichen Zeit eine Cobra in dieselbe Gegend geschickt, um eine russische Rakete zu filmen. Aber sie ist nicht gestartet. Irgend etwas hat nicht funktioniert. Also ist sie wieder nach Hause geflogen. Tja, und dann ist sie aus dem sowjetischen Radarbereich ungefähr hier wieder raus.

J: Ja, verschwunden von ihrem Radarschirm. Vergessen. Und was weiter?

H: Hm, kurze Zeit später taucht sie auf ihrem Schirm wieder auf, ungefähr hier. Als dicker weißer Punkt, genau wie eine Boeing 707, voll bis unters Dach mit Spionageelektronik und Kurs direkt in ihren Hinterhof.

J: Du hast doch eben gesagt, sie ist nach Hause geflogen.

H: Ist sie! Aber der Iwan weiß das nicht. Was er jetzt auf dem Schirm sieht, ist der Koreaner, aber er denkt, die Cobra Ball ist zurückgekommen, ein amerikanisches Spionageflugzeug direkt über ihrem Militärhafen.

J: Aber ich verstehe einfach nicht, wieso der Koreaner überhaupt da war, in ihrem Gebiet. Fliegt einfach über Russland, ein Verrückter!

H: Vielleicht hat er das gar nicht gewusst, hat irgendwas falsch gemacht.

J: Na gut, aber der russische Pilot hat doch gesehen, auf was er gefeuert hat. Die Ball ist eine 707 und der Koreaner ein 747. Die kann man nicht einfach verwechseln.

H: Vielleicht hat er sie überhaupt nicht gesehen.

J: Ach, rede doch keinen Unsinn. Du willst uns wohl eine Mitverantwortung in die Schuhe schieben.

H: Diese verdammten Hurensöhne haben sie abgeschossen, nicht wir. Ich habe lediglich gesagt, es war vielleicht ein Riesenirrtum. Die Russen haben wahrscheinlich gedacht, es wäre ein Spionageflugzeug in ihrem Revier.

J: So eine verrückte Idee schätzt hier keiner.

H: Mein Job ist es, Nachrichten zu analysieren. Mir ist es doch egal, wer hier was hören will. Ich sage nur meine Meinung.

J: Gut, aber trotzdem kann man eine 747 nicht mit einer 707 verwechseln. Die 747 hat nämlich diesen gottverdammten riesigen Buckel auf dem Rücken.

H: Ich würde Dir gern noch jemanden vorstellen. Erzählen Sie ihm ein bisschen was.

P: Ich hab Maschinen vom Typ Boeing 707 aufgetankt.

J: Cobra Balls?

P: Ja, Cobra Balls.

H: Erzählen Sie ihm, wie es nachts war.

P: Tja, also, nachts ist das eine verdammt heikle Operation.

J: Warum?

P: Nachteinsätze sind irgendwie unheimlich. Man ist vollkommen desorientiert. Es fällt schwer, Distanzen richtig einzuschätzen. Man erkennt kaum noch, was draußen los ist. He, neulich habe ich beinahe auf einer 747 der Japan Air Lines aufgesetzt – eine Verkehrsmaschine! Ich wollte ihm schon meine Treibstoffleitung einführen. Der Japsenpilot hat sich garantiert in die Hosen gemacht.
J: Hm, hm, da haben wir also jetzt Piloten – Piloten! –, die nicht mehr unterscheiden können zwischen einer 747 und einer 707.
P: Hören Sie, Sir: Nachts löschen die die Lichter aus und die Passagiere an Bord ziehen die Rollos herunter, um zu schlafen. In der Dunkelheit können Sie nicht erkennen, was es ist. Und Sie wissen, Sir, bei einem feindlichen Flugzeug kommt man von hinten und von unten. Sir, da können Sie den Buckel einer 747 einfach nicht erkennen. Sie können sie nicht identifizieren.

Die Luftwaffensoldaten entwickeln sehr schnell eine – wie sich später 523
herausstellen soll – weitgehend korrekte Erklärung des Luftzwischenfalles: Der koreanische Pilot befand sich irrtümlich auf falschem Kurs, und die Sowjets haben das zivile Flugzeug mit dem kurz zuvor im gleichen Gebiet operierenden amerikanischen Spionageflugzeug verwechselt. Diese zunächst noch unwahrscheinliche Verwechslung wird angesichts der Aussagen des Piloten durchaus plausibel. Die hypothetische Erklärung des Aufklärungsdienstes für den Luftzwischenfall lautet also: Der sowjetische Pilot hat das Zivilflugzeug mit einem Spionageflugzeug verwechselt und deshalb irrtümlich abgeschossen. In den Äußerungen von J deutet sich aber an, dass diese Erklärung nur schwer mit verbreiteten politischen Auffassungen in Einklang zu bringen ist: »Du willst uns wohl eine Mitverantwortung in die Schuhe schieben.« und »So eine verrückte Idee schätzt hier keiner.«

Als die Luftwaffenoffiziere dem zuständigen General Bericht er- 524
statten, wird die Erklärung des Zwischenfalls um wichtige Details erweitert. Hätte es sich beim Abschuss des Flugzeugs um eine geplante kriegerische Aktion gehandelt, so wären die sowjetischen Truppen umfassend alarmiert worden und die Kriegsschiffe ausgelaufen. Da dies nicht der Fall ist, schließt der General, handelt es sich nicht um eine geplante kriegerische Aktion; zudem scheinen die Sowjets nicht mit einem Vergeltungsschlag zu rechnen:

General T und Beamte im Aufklärungsdienst der Luftwaffe 525
T: Gentlemen, um 8 Uhr 30 lege ich den Luftwaffenchefs unseren Bericht vor, und diese berichten dann dem Obersten Stab. Ich will wie immer den besten Bericht liefern, nicht der CIA, nicht die NSA, sondern wir. OK? Was haben wir?
J: Gentlemen, Sir – es ist zu einem ernsten Zwischenfall gekommen. Im asiatischen Luftraum hat ein sowjetisches Jagdflugzeug ein Verkehrsflugzeug abgeschossen.
T: Noch irgendwas?
J: Sir?
T: Alarmbereitschaft bei den Sowjets? Truppenbewegungen, mehr Luftpatrouillen?
X: Nein, Sir.

T: Schiffe noch im Hafen?
X: Ja, Sir.
T: Was schließen Sie daraus?
X: Sie rechnen nicht mit einem Vergeltungsschlag, Sir.
T: Ihren scharfsinnigen Schluss in Ehren, Captain. Aber es zeigt uns noch etwas anderes, nämlich dass das, was sie getan haben, in großer Eile geschah. Eine Einzelaktion. Wir schließen daraus, Gentlemen, dass es keinen Krieg geben wird.

526 General T erhält für seine erklärende Analyse die Rückendeckung seines Vorgesetzten E. Allerdings deutet sich auch hier gleich anfangs der Konflikt zwischen der gefundenen Erklärung und den herrschenden politischen Auffassungen an:

Gespräch zwischen General T und einem weiteren hohen Militär E
E: Die Herrn des Obersten Stabs waren ziemlich betroffen über Ihren Bericht. Sie hatten anderes geplant. So etwas haben sie nicht erwartet. Sind Sie absolut sicher mit dieser Auslegung?
T: Nach der jetzigen Beweislage: Ja, Sir.
E: Dann ist den Sowjets also nur ein Fehler unterlaufen?
T: Ja, Sir.
E: Ein verdammt großer Fehler.
T: Sie haben Probleme mit ihrem Radar. Sie haben die Ball auf ihrem Bildschirm gehabt, irgend etwas falsch abgelesen und, als sie es bemerkt haben, war die Ball längst wieder weg.
E: Sie haben sie nicht einmal identifiziert?
T: Wahrscheinlich nicht.
E: Sind Sie sich der Tragweite Ihrer Worte bewusst, wenn Sie sagen, es sei ein Unfall gewesen?
T: Ja, Sir.
E: Und Sie halten es für völlig ausgeschlossen, dass dieser Koreaner irgendwas Verrücktes vorhatte?
T: Die Air Force schließt es aus.
E: Also, eine gute Analyse. Sehr gut. Niemand anderer hätte es so ausgelegt. Wir werden es durchdrücken. Bis oben.

527 Die Beamten im State Department entscheiden sich dagegen für eine ganz andere Erklärung des Zwischenfalls. Sie gehen von drei Prämissen aus:

Die Sowjets wurden durch das koreanische Flugzeug nicht provoziert
Die Sowjets haben das Flugzeug als Zivilflugzeug identifiziert
Die Sowjets haben das Flugzeug abgeschossen

528 Aus diesen Prämissen schließen sie, dass die Sowjets das Flugzeug absichtlich abgeschossen haben:

Beamte A, B und C im State Department
B: Was empfehlen wir ihnen?
A: Erstens: Es war keine Provokation. Zweitens: Sie haben die Maschine identifiziert. Und drittens: Sie haben sie abgeschossen.
B: Quellen?
A: Der CIA ist sich so gut wie sicher, dass sie das Flugzeug als Verkehrsmaschine identifiziert haben.
C: Mit anderen Worten: Es war ein gewollter, absichtlicher Abschuss.
B: Beweise?

A: Die Bänder aus Japan sind noch nicht alle übersetzt. Aber wir können davon ausgehen, dass der russische Pilot die Maschine und die Navigationslampen gesehen hat und dann die Rakete abgefeuert hat.
C: Es gibt keine aufgezeichneten Warnungen.
B: Kam der Schießbefehl von unten?
X: Das ist üblich so.
B: Schlussfolgerungen?
A: Sämtliche Informationen des CIA bestätigen einen Abschuss nach der Identifizierung.
B: Gut, dann werde ich den Außenminister unterrichten. Hast du mit dem Fernsehen gesprochen?
C: Ja, ich habe vereinbart, dass Außenminister Shultz um 10 Uhr eine Rede hält.
B: OK, Gentlemen, jetzt wird es ernst.

Ähnlich verfahren verschiedene Beamte, vor allem der Leiter für sowjetische Angelegenheiten im Nationalen Sicherheitsrat. Hier wie schon im vorausgehenden Dialogausschnitt ist ein Fehlschluss der unvollständigen Erfahrungsdaten zu erkennen: Die beiden konkurrierenden Erklärungen, die den Luftzwischenfall im einen Fall auf einen Irrtum, im anderen Fall auf eine Absicht der Sowjets zurückführen, gehen auf induktive Analogieschlüsse zurück. Man versucht jeweils, sich das Verhalten der Sowjets in Analogie zum möglichen eigenen Verhalten verständlich zu machen. Die korrekte Argumentation des Aufklärungsdienstes lautet etwa: 529

[induktives Argument aus der Autorität] 530
Der befragte Pilot ist bezüglich der Sichtverhältnisse bei Nachtflügen eine verlässliche Autorität
Der befragte Pilot sagt, dass Flugzeuge vom Typ des amerikanischen Spionageflugzeugs und des koreanischen Zivilflugzeugs nachts einander zum Verwechseln ähnlich sind
↓ Nachts waren das Spionageflugzeug und das Zivilflugzeug einander zum Verwechseln ähnlich

[komplexer psychologischer Analogieschluss] 531
Nachts waren das amerikanische Spionageflugzeug und das koreanische Zivilflugzeug einander so ähnlich, dass beliebige Beobachter die Flugzeuge hätten verwechseln können
Die Kurse des Spionageflugzeugs und des Zivilflugzeugs verliefen so, dass beliebige Radarbeobachter die beiden Flugzeuge für ein einziges hätten halten können
↓ Das Spionageflugzeug und das Zivilflugzeug wären zum Beispiel auch von amerikanischen Radarbeobachtern und Piloten leicht zu verwechseln gewesen
↓ Analog sind das Spionageflugzeug und das Zivilflugzeug wahrscheinlich auch von den sowjetischen Radarbeobachtern und Piloten verwechselt worden, so dass der Abschuss irrtümlich erfolgte

Dagegen lautet der Fehlschluss, den L, der Leiter für sowjetische Angelegenheiten im Nationalen Sicherheitsrat, und die Beamten im State Department ziehen und der das Spionageflugzeug und die Sichtverhältnisse unberücksichtigt lässt, ungefähr:

[komplexer psychologischer Analogieschluss]
Das koreanische Zivilflugzeug war von Radarbeobachtern und Piloten auch nachts klar als Zivilflugzeug zu identifizieren
Das Zivilflugzeug hat die Sowjets nicht provoziert
Wenn amerikanische Piloten ein Flugzeug abgeschossen hätten, das klar als Zivilflugzeug zu identifizieren war und sich keiner Provokation schuldig gemacht hat, so hätte es sich nicht um einen Irrtum gehandelt, sondern um einen absichtlich vollzogenen und verwerflichen Akt
↓ Analog hat es sich bei dem sowjetischen Abschuss des koreanischen Zivilflugzeugs, das klar als Zivilflugzeug zu identifizieren ist und sich keiner Provokation schuldig gemacht hat, nicht um einen Irrtum gehandelt, sondern um einen absichtlich vollzogenen und verwerflichen Akt

533 Psychologische Erklärungen sind in besonderer Weise darauf angewiesen, dass alle verfügbaren Informationen über die Situation des Handelnden einbezogen werden. Eben dies geschieht aber weder im State Department noch im Nationalen Sicherheitsrat. Die Unvollständigkeit der Informationen deutet sich in As Äußerungen an: »Der CIA ist sich so gut wie sicher.«, »Die Bänder aus Japan sind noch nicht alle übersetzt. Aber wir können davon ausgehen ... .« L stützt sich auf Experten, die offensichtlich die Verhältnisse im nächtlichen Luftraum nicht korrekt einschätzen. Er weigert sich zudem, die Möglichkeit eines Unfalls oder Irrtums überhaupt in Betracht zu ziehen.

534 **Nationaler Sicherheitsrat: L und andere**

L: [hält Bilder hoch] Das sind die beiden Flugzeuge. Ich frage Sie: Kann man die wirklich miteinander verwechseln? Unsere Experten sagen: Nein. Die Sowjets wussten ganz genau, was sie taten, meine Herren. Selbst, wenn sie es nicht gewusst haben, sie haben sich schuldig gemacht. Sie hätten wissen müssen, auf was sie sich da einlassen.
R: Trotzdem sollten wir die Möglichkeit in Betracht ziehen, dass es ein Unfall war.
X: Das glaube ich auch.
V: Was wollen sie eigentlich? Eine Atombombe auf Moskau schmeißen?
L: Nein. Ich möchte nur ein einziges Mal eine passende Antwort.
U: Mord wird bei uns immer noch bestraft.

535 Schließlich setzt sich die falsche Erklärung durch, es habe sich um einen absichtlichen Abschuss gehandelt. Der folgende Gesprächsausschnitt zwischen dem Leiter T des Aufklärungsdienstes der Luftwaffe und einem weiteren hohen Militär E lässt erkennen, dass die korrekte Erklärung des Aufklärungsdienstes aus politischen Gründen unterdrückt wird: Sie wird als unangebrachte »Schonung« und »Inschutznahme« der Sowjets interpretiert. Vom Flug eines amerikanischen Spionageflugzeuges, dem für die angemessene Erklärung ja entscheidenden Faktum, »will kein Mensch etwas wissen«. Man entscheidet sich bewusst für unvollständige Erfahrungsdaten und eine falsche, aber politisch nutzbare Erklärung.

Gespräch zwischen General T und einem weiteren hohen Militär E 536

E: Es tut mir leid.
T: Sir?
E: Wegen Ihrer Analyse. Sie wollen wissen, warum Sie diese Kerle auf einmal schonen.
T: Ich habe niemand geschont.
E: Tja, so sieht es das Weiße Haus. Ich habe Ihren Bericht voll unterstützt. Jetzt ist er im Papierkorb. Verdammt noch mal: 269 Menschen sind dabei ums Leben gekommen.
T: Darüber bin ich genauso bestürzt wie Sie. Aber wir können doch nicht auf jeden Zwischenfall mit offener Konfrontation reagieren.
E: Sie nehmen die ja in Schutz.
T: Die Analysen aller Fakten besagen, es war ein Irrtum.
E: Sie bestehen weiter darauf?
T: Unsere Analysen *beweisen* es.
E: Sie machen einen großen Fehler. Ich war mit in der Sitzung. Sie waren sich in diesem Fall alle einig. Ja, wirklich. Das Außenministerium, der CIA, das Kabinett und auch George Bush. Was ist denn: Haben Sie mit dem lieben Herrgott telefoniert?
T: Hm, wenn Sie die Kurse beider Flugzeuge betrachten …
E: Beider Flugzeuge?
T: Die 747 und die Cobra Ball.
E: Richtig, das habe ich vergessen, Ihnen zu sagen: Die Cobra Ball spielt überhaupt keine Rolle. Kein Mensch will von ihr was wissen. Die Russen haben ein ziviles, unbewaffnetes Verkehrsflugzeug abgeschossen. Und das ist Mord. Jedenfalls in unserem Kulturkreis. Glauben Sie, wenn wir es getan hätten, hätten die Russen es anders bezeichnet?
T: Tja, Sir. Ich, … ähm … wenn das Weiße Haus es auf diese Weise interpretiert. Wenn das deren Meinung ist, dann … äh … werde ich mich natürlich bei all den Informationen, die denen zur Verfügung stehen, nicht in den Weg stellen.
E: Daran ist nichts zu ändern. Sie sehen es so. Diesmal wollen sie die Sowjets nicht davonkommen lassen. Geben Sie auf! Es hat doch keinen Sinn. Jetzt wollen Sie auch noch wissen, wie es überhaupt möglich war. So eine Schnapsidee!

Vergleichbares ereignet sich in vielen anderen Argumentationen, z. B. 537
auch bei der Diskussion um sogenannte ›Sekten‹. Dort begründen Sektengegner ihre Behauptungen über die Gefährlichkeit religiöser Minderheiten häufig mit dem Hinweis auf individuelle und kollektive Selbstmorde von Mitgliedern solcher Gemeinschaften. Wer nüchtern darauf hinweist, dass unter den 80 Millionen Einwohnern der Bundesrepublik Deutschland jährlich etwa 13000 Selbstmordfälle vorkommen, so dass bei etwa 800000 Mitgliedern religiöser Minderheiten erst bei erheblich mehr als 130 Suiziden pro Jahr ein Zusammenhang zwischen Sektenmitgliedschaft und Selbstmord vermutet werden dürfte, sieht sich leicht als Verharmloser oder Sympathisant angeblich gefährlicher ›Sekten‹ diskreditiert. In einschlägigen Veröffentlichungen von Kirchenvertretern und Politikern, vor allem aber in publikumswirksamen Talkshows setzt sich meist nicht die statistisch korrekte Argumentation durch, sondern eine unzureichende, auf tragische Einzelfäl-

le gestützte Statistik, die verbreitete Vorurteile bestätigt und als Waffe im Kampf gegen die ›Sekten‹ taugt (H. Seiwert 1998: 23).

538 Hier und bei anderen Erklärungsversuchen und Argumentationen kommt es offensichtlich nicht allein auf die sachlichen und logischen Verhältnisse, sondern auch auf die Ziele und Absichten der Argumentierenden sowie auf den sozialen Kontext an. So, wie die Beamten im State Department und im Nationalen Sicherheitsrat bestimmte Fakten und damit bestimmte Erklärungsmöglichkeiten *aus politischen Gründen* nicht in Erwägung ziehen *wollen*, weist man im Alltag bisweilen durchaus korrekte Erklärungen etwa für abweichendes Verhalten einer *unbeliebten* Person zurück, übergeht man gute Argumente gegen eine bestimmte Entscheidung nur deshalb, weil man sich anders entscheiden *will*, oder nimmt man in der Wissenschaft neue Erklärungsversuche allein deshalb nicht zur Kenntnis, weil sie eine verbreitete und *als selbstverständlich empfundene* Theorie in Frage stellen (T. Kuhn 1973; D. Føllesdal et al. 1988: 79–82). Die formale Korrektheit der Argumente ist eine zweifellos notwendige, aber keineswegs hinreichende Voraussetzung korrekten Argumentierens. Im Alltag können Argumente stets nur so gut sein, wie ihre Prämissen haltbar und vollständig sind; Erklärungen taugen nur dann, wenn die Randbedingungen des zu erklärenden Ereignisses angemessen beschrieben werden und die zugrunde gelegten Gesetzeshypothesen verlässlich sind; wahre Konklusionen schließlich können nur dann ihre handlungsorientierende Funktion erfüllen, wenn man bereit ist, sie zur Kenntnis zu nehmen.

539 In vergleichbaren Zusammenhängen tritt oft das ein, was man nach Christian Morgensterns Gedicht »Die unmögliche Tatsache« (C. Morgenstern 1940: 165f.) den Palmström-Effekt nennen könnte. Palmström, die Hauptfigur des Gedichts, wird von einem Auto überfahren. Die letzten beiden Strophen lauten:

540 Eingehüllt in feuchte Tücher,
prüft er die Gesetzesbücher
und ist alsobald im klaren:
Wagen durften dort nicht fahren.

Und er kommt zu dem Ergebnis:
Nur ein Traum war das Erlebnis.
Weil, so schließt er messerscharf,
nicht sein *kann*, was nicht sein *darf*.

541 Palmström ignoriert die Fakten, aus denen er schließen müsste, dass er überfahren wurde. Statt dessen schließt er, dass es sich um einen Traum gehandelt haben muss, dass er nicht überfahren worden sein kann, weil am Unfallort Wagen gar nicht zugelassen waren. In Palmströms Denken deutet sich an, wie bisweilen auch korrekte Ar-

gumente wegen vorgefasster Meinungen bereits in ihren Prämissen verbogen oder in ihren Konklusionen nicht akzeptiert werden.

Insofern sind Palmströms ›messerscharfer‹ Schluss, die fragwürdi- 542
gen Argumente bestimmter Sektenkritiker und die Reaktionen amerikanischer Beamter und Politiker auf den sowjetisch-koreanischen Luftzwischenfall aufschlussreiche Beispiele, in denen die allgemeine Dynamik menschlicher Weltbilder erkennbar wird (W. v. O. Quine 1969: 17ff.). Wir haben in einem früheren Kapitel festgestellt, dass uns nicht einmal die Gegenstände unserer Wahrnehmung objektiv vorgegeben sind, dass wir sie vielmehr aus verschiedenen Sinnesreizen überhaupt erst *zusammensetzen*. Dabei sind wir gelenkt durch die evolutionär vorgegebene Bauweise des Gehirns und durch unsere Sprache. Die Sprache dient dabei durchaus nicht in erster Linie dazu, unsere privaten Erfahrungen auszudrücken. Sie leitet uns und unsere Kommunikationspartner vielmehr an, Objekte so zu konstruieren, dass sie allen auf gleiche oder wenigstens ähnliche Weise zugänglich sind und als gemeinsame Nenner verschiedenster privater Sinneserfahrungen dienen können (W. v. O. Quine 1969: 18). In dieser Vereinheitlichung individueller Sinneserfahrungen zu sozial definierten Objekten liegt eine wesentliche soziale Funktion der Sprache. Insofern funktioniert etwa das Wort »Baum« wie eine normative Konditionalaussage:

> Wenn die Merkmale ‹Stamm›, ‹Wurzeln›, ‹Zweige›, ‹Blätter›, ‹Blüten›, ‹Früchte› usw. in bestimmten jahreszeitlich wahrscheinlichen Kombinationen gegeben sind, dann sprich von einem Objekt Baum

Der Gebrauch jener Wörter, die wir zur Beschreibung der einzelnen 543
Merkmale verwenden, folgt ähnlichen Regeln:

> Wenn die Merkmale ‹grüne oder rötliche Farbe›, ‹flache, rundliche Form› usw. in bestimmten jahreszeitlich wahrscheinlichen Kombinationen gegeben sind, dann sprich von einem Objekt Blatt Usw.

Selbst die Objekte und Ereignisse unserer Weltbilder sind deshalb in 544
der Regel nur über zahlreiche Schlussfolgerungen und also nur auf Umwegen mit der Erfahrung verbunden. Man kann sich die einzelnen Weltbilder versuchsweise bildlich vorstellen als große, kuppelartige Strukturen aus miteinander vernetzten Begriffen und Aussagen. Diese mächtigen Kuppeln sind zwar an ihren unteren Rändern durch – unverhältnismäßig dünne und schwache – Erfahrungssäulen abgestützt. Ihre stets gefährdete Stabilität beziehen sie aber weniger aus diesem brüchigen Erfahrungsfundament als aus der Sprache. Diese schwebt – in unserer bildlichen Hilfsvorstellung – wie ein großer Fesselballon oberhalb der vielen einzelnen Weltbildkuppeln, um sie zu vereinheitlichen, miteinander zu verbinden und im Gleichgewicht zu halten. Angesichts dieser entscheidenden Funktion der Sprache ist es keine Überraschung, dass Religionen, politische Bewegungen und Ideolo-

gien stets danach trachten, Einfluss auf die Sprache ihrer Anhänger zu gewinnen: Wer die Sprache beherrscht, bestimmt die Art und Weise, in der die Sprecher ihre Weltbilder konstruieren und stabilisieren, Erfahrungen miteinander verknüpfen, Ereignisse erklären und voraussagen.

545 Die Dynamik der Weltbilder wird sichtbar, wenn Erfahrungen oder auch nur Mitteilungen über Erfahrungen nicht mit den getroffenen Voraussagen übereinstimmen und unerklärlich bleiben. In solchen bedrohlichen und irritierenden Situationen müssen Weltbilder verändert werden. Es leuchtet aber ein, dass man erfahrungsnahe Aussagen wie »Die Sonne scheint«, »Ich trage gerade ein kariertes Hemd« oder auch »Nach zuverlässigen Mitteilungen der Korean Air Lines ist KAL-Flug 007 nicht wie erwartet in Seoul eingetroffen« nicht einfach aufgeben kann, wenn man das ohnehin dürftige und brüchige Erfahrungsfundament seines Weltbildes nicht vollends zerstören will.

546 Wenn man also die erfahrungsnahen Aussagen am unteren Rand der Weltbildkuppel nicht aufgeben will, welche Sätze kommen dann für eine Veränderung in Frage? Offensichtlich sind auch die zentralen Aussagen im oberen Teil der Kuppel in besonderer Weise schutzbedürftig: Oberste Glaubenssätze sowie letzte Prinzipien der Erkenntnis und der Moral – die Götterbilder und Gebote also, mit denen die Kuppel ausgemalt und geschmückt ist – lässt man sich aus gutem Grund nicht ohne weiteres nehmen. Wer sein Weltbild an neue Bedingungen anpassen will, muss deshalb bei Veränderungen möglichst sowohl auf »unleugbare« Erfahrungen als auch auf »unumstößliche« Grundsätze Rücksicht nehmen (K. Bayer 2004: 12–20, 50–53).

547 Das gelingt durchaus nicht immer: Palmström entscheidet sich für seinen Glauben an Geltung und ausnahmslose Einhaltung der Gesetze; er leugnet die Erfahrung, dass er verletzt zu Bett liegt, und schließt, sein Unfall müsse ein Traum gewesen sein. Die amerikanischen Regierungsbeamten entscheiden sich, den amerikanischen Spionageflug nicht in ihre Erklärung des Luftzwischenfalls einzubeziehen: »Die Cobra Ball spielt überhaupt keine Rolle. Kein Mensch will von ihr was wissen.« Sektengegner treiben falsche Statistik, damit sie weiter an einen auffälligen Zusammenhang zwischen Sekten und Selbstmord glauben dürfen. Und Lehrer entscheiden sich nicht selten unbewusst, eine unbequeme Schülerfrage besser gar nicht erst gehört zu haben.

548 Das andere Extrem ist die Abkehr von allgemeinen Glaubenssätzen und Prinzipien: Partei- oder Kirchenaustritte, Konversionen und spektakuläre Meinungsänderungen kommen durchaus vor, sind aber aus verständlichen Gründen eher selten. Konfessions- und Parteizugehörigkeit, das Eintreten für bestimmte Moralsysteme oder für bestimmte wissenschaftliche Methoden und Positionen sind meist so bedeutsam

für die personale Identität und den sozialen Status eines Menschen, dass sie nur unter großen Schwierigkeiten, nur in Form einer einschneidenden ›Bekehrung‹ und meist nur unter gleichzeitigem Wechsel des sozialen Umfeldes aufgegeben werden können. Ähnlich – wenn auch kulturell unterschiedlich – problematisch ist eine Abkehr von den Gesetzen der Logik. In den westlichen Industrieländern jedenfalls wird man Aussagen wie

> Gut, eigentlich passen meine Aussagen nicht zusammen. Aber das macht nichts
>
> Mag sein, meine Begründung ist nicht stichhaltig. Aber für mich ist sie stichhaltig Usw.

höchstens in eng umgrenzten subkulturellen Milieus akzeptieren, im übrigen aber als gefährliche Irrationalität oder als Symptome einer psychischen Erkrankung einschätzen.

In der Regel nimmt man die notwendigen Veränderungen in weniger exponierten Bereichen seines Weltbildes vor. Man lässt dann allgemeine Prinzipien – Götterbilder und Gebote oben in der Kuppel – ebenso unangetastet wie die aus Gründen der Statik dringend notwendigen Erfahrungssäulen aktueller Wahrnehmungen. Statt dessen führt man zum Beispiel Hilfsannahmen und unprüfbare Behauptungen ein, mit deren Hilfe Widersprüche ausgeräumt werden können. Der Widerspruch zwischen vermeintlich guten Kenntnissen und einer misslungenen Prüfung wird dann durch die Annahme einer plötzlichen Denkblockade am Prüfungstag, der Widerspruch zwischen einem angeblich guten politischen System und seinen grausamen Folgen durch den Einfluss des politischen Gegners und der Widerspruch zwischen einer angeblich wohlgeordneten Welt und der Allgegenwart des Leidens durch das Wirken von Teufeln und bösen Geistern beruhigend erklärt. 549

Zur Vertiefung: W. v. O. Quine 1969: 17–24; T. Kuhn 1973; D. Føllesdal et al. 1988: 79–82; K. Bayer 2004

3.2 Leitfragen zur Argumentationsanalyse

Im folgenden sollen zusammenfassend einige teils inhaltliche, teils methodische Leitfragen formuliert werden. Diese bieten zwar zahlreiche Ansatzpunkte zur Analyse von Argumentationen. Man wird aber kaum einmal sämtliche Fragen vollständig und in gleicher Reihenfolge bearbeiten. Wie eine Analyse im einzelnen anzulegen ist, hängt von der jeweiligen *Zielsetzung* ab, über die man sich vor allem anderen klar werden sollte: *Will man sich nur einen Überblick über die Argumente für und gegen eine bestimmte These verschaffen? Will man die* 550

Argumentation durchschauen, um selbst Erkenntnisse und Entscheidungshilfen bezüglich dieser These zu gewinnen? Will man die Argumentation im Detail kritisieren? Will man vermutete Fehlschlüsse oder Unsachlichkeit aufdecken? Will man einen Versuch machen, implizite und möglicherweise absichtlich verschwiegene Voraussetzungen der Argumentation sichtbar zu machen? Will man aus der Argumentation auf die Weltbilder und Interessen der Beteiligten schließen? Will man kultur- oder gruppenspezifische Argumentationsmuster aufdecken? Will man Voraussetzungen schaffen, einen Streit zu schlichten, der gegebenenfalls aus Unsachlichkeit oder aus nur scheinbarer Uneinigkeit entstanden ist? Will man die sprachliche Formulierung der Argumente untersuchen? Stehen Textaufbau und Gesprächsorganisation im Vordergrund? Oder will man sich selbst auf die Teilnahme an späteren Argumentationen vorbereiten? – Im folgenden geht es allerdings nicht um eine solch zielgerichtete Analyse, sondern darum, die einzelnen Fragen anhand eines Textes zunächst einmal zu formulieren und zu erläutern. Bei dem Text handelt es sich um einen Leserbrief (Frankfurter Allgemeine Zeitung, 20.6.1998: 8) zu dem oben bereits untersuchten Leitartikel über ein »Menschenrecht auf Erfolg«.

551 Überforderte Kinder an Hamburgs sozialen Brennpunkten

Zum Leitartikel »Menschenrecht auf Erfolg" (F.A.Z. vom 5. Juni): Mit seinen kritischen Anmerkungen zur Bildungspolitik der SPD spricht Kurt Reumann mir und vielen meiner Kollegen – wir unterrichten seit Jahrzehnten an einer Grund-, Haupt- und Realschule in einem sozialen Brennpunkt Hamburgs – aus der Seele. Ergänzend möchte ich weitere Reformen beziehungsweise im Schulgesetz niedergelegte Bestimmungen ansprechen, die die Schularbeit belasten und nicht einmal mehr im gegliederten Schulwesen das »Menschenrecht auf Erfolg" gewährleisten. Hamburgs Bildungspolitiker rühmen sich damit, Reformen flächendeckend für alle Schulen einzuführen, um damit Chancengleichheit und Chancengerechtigkeit zu erreichen, doch hat dieser Grundsatz in vieler Beziehung das Gegenteil bewirkt. Elternrechte sind seit Jahrzehnten ausgeweitet worden, offensichtlich in der Annahme, Eltern und Schüler handelten sinnvoll und vernünftig. An sozialen Brennpunkten, aber auch anderswo haben wir jedoch immer mehr Familien, in denen Erziehung kaum noch stattfindet. Alle Eltern aber haben selbstverständlich das Recht, über die Schullaufbahn ihrer Kinder allein zu entscheiden. Eltern können ihr Kind mit sechs Jahren einschulen – auch ohne die notwendige Schulreife. Jedes Kind kann nach Klasse 4 auf das Gymnasium wechseln – auch ohne die nötigen Voraussetzungen. Elternwille kann eine Klassenwiederholung verhindern, ebenso den Besuch der Förderschule. An sozialen Brennpunkten gehen folglich viele überforderte Kinder von einer

Klasse zur nächsten über mit allen sich daraus möglicherweise ergebenden psychosozialen Folgen wie ungünstiges Sozialverhalten, Disziplinlosigkeit, Aggression, Verweigerung, Schuleschwänzen und im schlimmsten Falle Abdriften in die Kriminalität. Die Unterrichtsarbeit wird behindert, worunter leistungsstärkere Kinder der Klasse zu leiden haben. Die vom politischen System gewollten heterogenen Klassen, in denen im Normalfall auch in Schulen an sozialen Brennpunkten ein einzelner Lehrer bis zu 30 Schüler allein unterrichtet, senken zwangsläufig das Leistungsniveau. Hinzukommt, daß der von der Behörde festgesetzte Maßstab beispielsweise für den Übergang zur Realschule nach Klasse 6 oder zum siebenstufigen Gymnasium so niedrig ist, dass Schulabschlüsse erteilt werden, die in vielen Fällen nichts mehr wert sind. Mit Recht hört man in der Wirtschaft und an den Universitäten Klagen über das vielfach zu niedrige Leistungsniveau von Schulabgängern. Es scheint auch die Verantwortlichen in der Politik nicht stutzig zu machen, daß der Ausbau von kommerziell geführten Studienkreisen und Nachhilfeeinrichtungen in Hamburg boomt, wo sich bereits außer Grund-, Haupt-, Real-, Gymnasial- und Gesamtschülern Studenten anmelden, deren schulische Ausbildung fürs Studium nicht reicht. Schaffte man wieder vernünftige Rahmenbedingungen, angemessene Versetzungs- und Benotungsbestimmungen und schulformbezogene Lehrpläne, wären möglicherweise auch heute in Hamburg hoch im Kurs stehende Maßnahmen überflüssig, die viel Geld kosten, bisher aber meist nicht zum gewünschten Erfolg geführt haben; wie beispielsweise teure Zusatzausbildungen von Lehrern zu Beratertätigkeiten aller Art oder das Erlernen von Psychotechniken auf Staatskosten in diversen Kursen zur »Arbeitszufriedenheit« von ausgebrannten und resignierten Lehrern. Viele engagierte Lehrer und Lehrerinnen haben es zwar geschafft, auch unter den geschilderten Umständen gute Arbeit zu leisten, doch sind zunehmend Klagen zu hören; Frust und Ärger über verfehlte Schulpolitik wachsen. Die Bildungsreformer haben vor Jahrzehnten auf die Misere des Bildungssystems aufmerksam gemacht und den Bildungsnotstand ausgerufen, jetzt ist es mehr als legitim, die Folgen ihrer Politik zu kritisieren und ein baldiges Umdenken zu fordern.

3.2.1 Liegt überhaupt eine Argumentation vor?

Eine Argumentationsanalyse ist selbstverständlich nur dann sinnvoll, 552
wenn in dem zu untersuchenden Text oder Textausschnitt tatsächlich argumentiert wird. Man kann zwar nicht kategorisch behaupten, dass zum Beispiel in Gedichten, Erlebniserzählungen, Berichten oder Reportagen grundsätzlich nicht argumentiert werde; aber diese und ähnliche Texte dienen in der Regel nicht in erster Linie der Begründung von Konklusionen, sondern verschiedenen anderen Zwecken. Auch wenn – wie oben festgestellt – jeder Text dem Leser im Verstehens-

prozess bestimmte Schlüsse abverlangt, ist deshalb nicht jeder Text auch ein argumentativer Text. In wissenschaftlichen Abhandlungen, Leitartikeln, Leserbriefen, Diskussions- und Debattenbeiträgen oder etwa in juristischen Schriftsätzen dürfte dagegen die Argumentation meist im Vordergrund stehen. Entscheidend ist, dass dort jeweils bestimmte Aussagen als Gründe angeführt werden, eine bestimmte Konklusion zu akzeptieren.

553 Im obigen Beispiel ist das offensichtlich der Fall: Die Schreiberin stimmt dem Leitartikel zu; sie erweitert die dort aufgestellten Thesen und führt Gründe für ihre Behauptungen an. Sie schreibt:

> Ergänzend möchte ich weitere Reformen beziehungsweise im Schulgesetz niedergelegte Bestimmungen ansprechen, die die Schularbeit belasten und nicht einmal mehr im gegliederten Schulwesen das »Menschenrecht auf Erfolg« gewährleisten.

Im Leitartikel war unter anderem behauptet worden, das »Menschenrecht auf Erfolg« sei im Gegensatz zu den Annahmen der Schulreformer nur in einem gegliederten Schulwesen gewährleistet. Der Leserbrief verschärft diese These: Durch verschiedene Reformmaßnahmen sei jede Schularbeit belastet; *aus diesem Grund* sei das »Menschenrecht auf Erfolg« nicht einmal mehr im gegliederten Schulsystem gewahrt.

3.2.2 Welches ist die zentrale Spitzenformulierung? Gibt es eventuell mehrere?

554 Bevor man eine detaillierte Analyse beginnt, sollte man sozusagen einen Schritt zurücktreten und fragen: Worum geht es dem Sprecher oder Schreiber? Welche Hauptaussage möchte er begründen? Hat man die zentrale Spitzenformulierung herausgefunden, so lassen sich die einzelnen Argumente und Unterargumente des Textes meist leichter erkennen und einschätzen. Die Spitzenformulierung funktioniert dann wie ein Magnet, in dessen Feld sich die übrigen Formulierungen wie Eisenfeilspäne zu einem übersichtlichen Muster anordnen. Sind mehrere Spitzenformulierungen vorhanden, so stehen diese in der Regel in einem Zusammenhang. Das gilt auch für den Leserbrief. Die Leserin konzentriert sich auf die folgenden Thesen:

> Die Schularbeit ist durch Reformen belastet
> Die Bildungspolitik muss neu orientiert werden
> Die Reformer sind als Bildungspolitiker unfähig

3.2.3 Ist die Spitzenformulierung deskriptiv oder normativ?

555 Da Argumente zu deskriptiven Spitzenformulierungen anders aufgebaut und anders zu beurteilen sind als Argumente zu normativen Spit-

zenformulierungen, sollte man zunächst klären, ob die aufgefundenen Spitzenformulierungen deskriptiv oder normativ sind. Der vorliegende Leserbrief enthält deskriptive und normative Spitzenformulierungen. Einerseits *beschreibt* die Leserin schulische Verhältnisse; und sie *beschreibt*, dass diese Verhältnisse der im Leitartikel begründeten Rechtsnorm eines »Menschenrechts auf Erfolg« nicht entsprechen. Darüber hinaus *fordert* sie eine Neuorientierung der Bildungspolitik; sie begründet ihre Forderung mit dem ausdrücklichen Hinweis auf die negativen Folgen der bisherigen Reformpolitik.

Insofern lässt sich die Argumentation des Leserbriefs als prägnantes Beispiel einer normbezogenen Argumentation interpretieren. Unter den oben aufgeführten Spitzenformulierungen wäre danach die Forderung 556

> Die Bildungspolitik muss neu orientiert werden

die zentrale. Diese normative Spitzenformulierung wird, wie in einem früheren Abschnitt ausführlich erläutert, über deskriptive Behauptungen begründet, in denen die Folgen der gegenwärtigen Bildungspolitik beschrieben werden: Folgen der gegenwärtigen Bildungspolitik sind verschiedene Belastungen der Schularbeit. Die Leserin misst diese Folgen an der Norm des Menschenrechts auf Erfolg und kommt zu der negativen Bewertung:

> Die Folgen der gegenwärtigen Bildungspolitik sind mit dem Menschenrecht auf Erfolg nicht vereinbar

Da aber eine Norm, die gemessen am Maßstab einer höherrangigen Norm negative Folgen nach sich zieht, aufgegeben werden sollte, ergibt sich die normative Konklusion:

> Die Bildungspolitik muss neu orientiert werden

Aus der Antwort auf die Frage nach dem deskriptiven beziehungsweise normativen Charakter der Spitzenformulierungen ergibt sich in diesem Fall zugleich eine plausible Ordnung der zentralen Thesen: Den deskriptiven Thesen über die Hamburger Schulen kommt zwar durchaus eine gewisse Eigenständigkeit zu; gleichzeitig erfüllen sie aber eine wichtige Hilfsfunktion im Hinblick auf die normativ-bildungspolitischen Konklusionen der Leserin. 557

3.2.4 Verweisen Spitzenformulierung und Argumentation auf ein bestimmtes Weltbild?

Die Frage nach Zusammenhängen zwischen Argumentation und Weltbild ist ebenso nützlich wie problematisch. Wie nützlich sie ist, hat sich bereits in verschiedenen Beispielanalysen gezeigt: Häufig sind implizite Prämissen erst unter Rückgriff auf das vermutete Welt- 558 bild der Argumentierenden zu erschließen; bestimmte Fehlschlüsse werden oft erst verständlich, wenn man ihre Funktion für die Stützung und Erhaltung eines Weltbildes berücksichtigt. Es ist deshalb bei der Interpretation von Argumentationen unerlässlich, dass man sich eine Vorstellung von den einschlägigen Auffassungen der Argumentationsteilnehmer macht.

559 Andererseits läuft man dabei Gefahr, Begründungs- und Entdeckungszusammenhang unzulässig miteinander zu vermischen. Bringt man ein bestimmtes Argument in Zusammenhang mit einem Weltbild, das man nicht teilt oder sogar für gefährlich hält, so ist man bei seiner Analyse möglicherweise voreingenommen. Die Leserbriefschreiberin ist offensichtlich eine Gegnerin der von SPD und GEW vertretenen und durchgesetzten Bildungspolitik. Sie teilt die Kritik des Bundespräsidenten an bestimmten Zuständen im Bildungssystem der Bundesrepublik und wünscht sich eine Neuorientierung. Wer die im Leserbrief vertretene Position dagegen ablehnt, dessen Analyseperspektive könnte prinzipiell ebenso verzerrt sein wie möglicherweise auch die Argumentationsperspektive der Schreiberin. Gegen solche Verzerrungen der Perspektiven gibt es nicht das Allheilmittel eines absoluten Maßstabs: Hier hilft – neben einem immer nur mehr oder weniger erfolgversprechenden Bemühen um Objektivität – allein die wechselseitige Korrektur unterschiedlicher Einschätzungen in offener Kritik. Man sollte sich jedenfalls hüten, unliebsame Argumentationen immer sogleich auf nichts als die unbewussten Motive und Interessen, auf die Partei- oder Religionszugehörigkeit ihrer Vertreter zu reduzieren. Wenn man die einzelnen Argumente nicht sorgfältig zur Kenntnis nimmt und abwägt, verbaut man sich – als Teilnehmer wie als Beobachter einer Argumentation – wichtige Erkenntnischancen.

3.2.5 Welche Argumente werden vorgebracht?

560 Bevor man den Aufbau einer Argumentation untersucht, empfiehlt es sich, zunächst ihre einzelnen Aussagen in einer Liste zusammenzustellen. Im Leserbrief sind die folgenden Aussagen aufzufinden bzw. zu erschließen:

- Ich stimme der Kritik des Leitartikelschreibers zu.
- Viele meiner Kollegen teilen meine Auffassung.
- Meine Kollegen und ich unterrichten seit Jahrzehnten an einer Brennpunktschule.
- Reformen und entsprechende Gesetze belasten die Schularbeit.
- Das »Menschenrecht auf Erfolg« ist nicht einmal mehr im gegliederten Schulsystem gewährleistet.
- Die Reformer streben Chancengleichheit und Chancengerechtigkeit an, erreichen aber das Gegenteil.
- Die Reformer rühmen sich zu unrecht.

- Im Vertrauen auf die Vernunft von Eltern und Schülern wurden Elternrechte seit Jahrzehnten ausgeweitet.
- Die unterstellte Vernunft ist nicht wirklich gegeben.
- Nicht nur an sozialen Brennpunkten findet in vielen Familien Erziehung kaum noch statt.
- Eltern haben das Recht, beliebig über Einschulung, Schulwechsel, Klassenwiederholung oder Förderschulbesuch zu entscheiden.
- Viele Kinder an sozialen Brennpunkten sind überfordert.
- Daraus ergeben sich Disziplinlosigkeit, Aggression, Verweigerung, Schuleschwänzen und ggf. Kriminalität.
- Die Unterrichtsarbeit wird behindert.
- Leistungsstärkere Kinder leiden.
- In heterogenen Klassen mit bis zu 30 Schülern sinkt das Leistungsniveau.
- Die Maßstäbe für den Übergang zu weiterführenden Schulen sind unangemessen niedrig.
- Die Schulabschlüsse dieser weiterführenden Schulen sind nichts mehr wert.
- Wirtschaft und Universitäten klagen mit Recht über schlechte Leistungen von Schulabgängern.
- Nachhilfeeinrichtungen für Schüler und sogar Studenten boomen.
- Auch darüber werden die verantwortlichen Politiker nicht stutzig.
- Gegenwärtig gibt es teure Zusatzausbildungen und psychologische Kurse für Lehrer auf Staatskosten.
- Diese würden durch verbesserte Versetzungs- und Benotungsbestimmungen und Lehrpläne überflüssig.
- Viele engagierte Lehrer sind trotz der Probleme erfolgreich; aber Frust und Ärger breiten sich aus.
- Die Bildungsreformer haben vor Jahrzehnten das Bildungssystem kritisiert.
- Jetzt muss man die Folgen ihrer Politik kritisieren und umdenken.

3.2.6 Welche Beziehungen bestehen zwischen den Argumenten?

Es ist nicht immer ganz einfach, von einer derartigen Aussagenliste zur Struktur einer Argumentation zu gelangen. Die zuvor zusammengestellten Spitzenformulierungen (im Fettdruck) bieten Anhaltspunkte für eine erste Gruppierung der Aussagen, die sich nun nicht mehr an der *Reihenfolge*, sondern an der *Funktion* der Aussagen orientiert. 561

Die Bildungspolitik der Reformer belastet die Schularbeit. 562

- Die Reformer räumen Eltern die Freiheit zu unvernünftigen Entscheidungen über die Schullaufbahn ihrer Kinder ein.
- Schüler sind überfordert.
- Sie zeigen problematisches Sozialverhalten.
- Der Unterricht hat wenig Erfolg.
- Leistungsstärkere Schüler werden nicht ausreichend gefördert.
- Schulabschlüsse sind oft wertlos.
- Ein Nachhilfeboom entsteht.
- Teure, aber überflüssige Zusatzausbildungen und Psychokurse werden veranstaltet.

563 **Die Bildungspolitik muss neu orientiert werden.**

- Die vielfältige Belastung der Schularbeit missachtet das »Menschenrecht auf Erfolg«.
- Chancengleichheit wird nicht erreicht.
- Es ergeben sich Folgeprobleme für Wirtschaft und Universitäten.

564 **Die Reformer sind als Bildungspolitiker unfähig.**

- Reformer handeln eigenen Zielen zuwider.
- Reformer erreichen das Gegenteil von Chancengleichheit.
- Reformer missachten das »Menschenrecht auf Erfolg«.
- Reformer rühmen sich zu unrecht.
- Reformer überschätzen die Elternvernunft.
- Reformer werden nicht stutzig.
- Reformer finanzieren teure, aber überflüssige Maßnahmen.
- Reformer haben das Bildungssystem kritisiert und bieten nun selbst Anlass zu Kritik.

565 Einige weitere Aussagen lassen sich den Spitzenformulierungen nicht direkt zuordnen; sie verweisen auf die Übereinstimmung der Schreiberin mit vielen ihrer Kollegen sowie auf die einschlägige Erfahrung dieser Personen.

566 **[Verfasserin und Kollegen sind erfahren und urteilsfähig.**
Verfasserin und Kollegen stimmen überein.]

- Kollegen teilen die Auffassung der Verfasserin.
- Schreiberin und Kollegen haben Brennpunkterfahrung.
- Viele Lehrer leisten trotz der Schwierigkeiten gute Arbeit, sind aber ärgerlich und frustriert.

567 Insofern bereiten diese Aussagen ein induktives Argument aus der Autorität und aus der Übereinstimmung vor: Die Verfasserin und ihre Kollegen sind ihrer jahrzehntelangen Schulerfahrung wegen Autoritäten; und sie stimmen in ihren Einschätzungen überein. Die Verfasserin verwendet dieses induktive Argument, um die behauptete Belastung der Schularbeit durch die aktuelle Bildungspolitik zu begründen.

568 Es ist auch hier offensichtlich, dass die vorgenommenen Umformulierungen und Zuordnungen auf Interpretationstätigkeiten zurückgehen. Wie alle übrigen Texte sind argumentative Texte auf ein aktives Verstehen des Lesers angewiesen – mit der Folge, dass unterschiedliche Leser jeweils zu mehr oder weniger unterschiedlichen Deutungen gelangen (W. Klein 1980: 41ff.). Auch hier gibt es keinen absoluten Maßstab: Das einzige Korrektiv ist eine kritische Diskussion der jeweils vorgeschlagenen Analysen. Insofern handelt es sich bei der vorliegenden Leserbriefanalyse wie bei jeder anderen Argumentationsanalyse um einen diskussionsbedürftigen Vorschlag.

3.2.7 Wie lässt sich die Argumentation im Überblick darstellen?

In einem weiteren Schritt können wir nun versuchen, uns anhand mehrerer ineinander eingebetteter Instanzen des Toulminschen Schemas einen Überblick über die Struktur der Argumentation zu verschaffen. Wie bereits festgestellt, lässt sich im Leserbrief als oberste Spitzenformulierung (1) die *Forderung nach Erneuerung der Bildungspolitik* ausmachen. Damit eng verknüpft ist als zweite Spitzenformulierung (2) *die negative Bewertung der herrschenden Bildungspolitiker*. Diesen beiden Spitzenformulierungen liegt *die negative Bewertung der gegenwärtigen Bildungspolitik* (3) zugrunde. Diese wird begründet über ein deskriptives Hilfsargument aus der Übereinstimmung verschiedener Autoritäten, mit dem *die Belastung der Schularbeit als negative Folge der Bildungspolitik* (4) belegt werden soll. 569

Die Übersicht könnte den Eindruck erwecken, der Leserbrief argumentiere überwiegend normativ. Das ist, was die *Menge* der Argumente angeht, nicht der Fall: Der überwiegende Teil der Aussagen *beschreibt* die Belastung von Schülern und Lehrern durch die schulpolitischen Verhältnisse in Hamburg. Die Schreiberin beabsichtigt wohl vor allem, die politische Aussage des Leitartikels durch einen ›Bericht aus der Praxis‹ zu untermauern. Dennoch argumentiert sie immer wieder auch politisch und also *normativ*: Ihre erfahrungsgestützte Beschreibung mündet in eine deutlich negative Bewertung der Hamburger Schulsituation, aus der sie anschließend ihre Kritik an Bildungsreformern und Bildungspolitik ableitet. 570

571

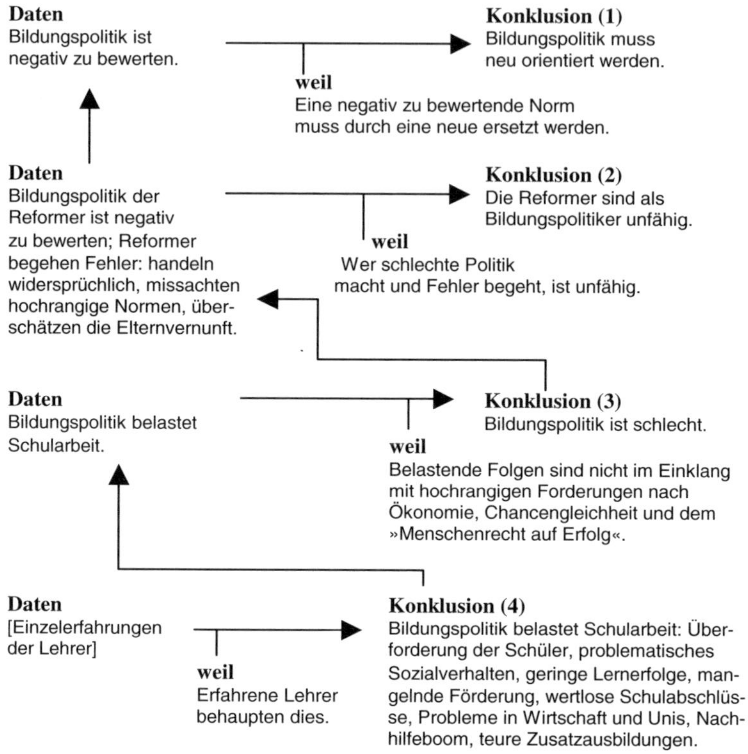

3.2.8 Um welche Typen von Argumenten handelt es sich?

572 Nachdem man sich einen Überblick über die Argumentation verschafft hat, sollte man einen Versuch machen, den Typ und die Form der wichtigsten Argumente zu bestimmen. Dass der Leserbrief in seinen deskriptiven Passagen überwiegend *induktiv* argumentiert, ist selbst in unserer immer noch recht oberflächlichen Analyse deutlich geworden. Die Aussagen über die Folgen der Hamburger Schulpolitik sind *Verallgemeinerungen* aus den Erfahrungen der Schreiberin und ihrer Kollegen. Zudem greift die Verfasserin auf unvermeidlich induktiv gewonnene Hypothesen über Zusammenhänge zwischen Überforderung und bestimmten Formen von Schülerverhalten, zwischen Klassenstärken und Leistungsniveau, zwischen Schulsituation und Nachhilfeboom etc. zurück. Das spricht keineswegs von vornherein gegen die Thesen der Verfasserin; die bekannten Schwächen der Induktion sollten aber Anlass zu einer vorsichtigen Prüfung sein.

3.2.9 Wie sind die Argumente mit normativer Konklusion zu analysieren?

Die Grundstruktur normbezogener Argumente ist weiter oben bereits mehrfach erörtert worden: Normen werden über positive oder negative Folgen ihrer Anwendung bewertet. Aber wie bewertet man solche Folgen? Hat die Leserbriefschreiberin recht? Oder die Hamburger Schulpolitiker? Oder muss jede Analyse mit einem achselzuckenden Verweis auf die Subjektivität und Interessenabhängigkeit aller Bewertungen an dieser Stelle abgebrochen werden? 573

Auch wenn eine Argumentationsanalyse sich selbstverständlich kein letztes Urteil über die Legitimität bestimmter Bewertungen anmaßen darf, kann sie doch helfen, die Struktur von Bewertungen aufzudecken und damit die – in der Tat unvermeidlich subjektive und interessenbestimmte – Auseinandersetzung über Bewertungen durch Klärung ihrer Voraussetzungen zu versachlichen (K. Bayer 1982a). 574

Zunächst hat jede **Bewertung** einen *Gegenstand*, auf den sie sich bezieht. Der Gegenstand ist das, was bewertet wird: in Konklusion (3) unseres Beispiels die Hamburger Bildungspolitik. Jede Bewertung setzt zudem voraus, dass es neben dem Gegenstand eine oder mehrere *Alternativen* gibt, mit denen der Gegenstand *verglichen* wird. Im Beispiel sind das bildungspolitische Konzeptionen (»vernünftige Rahmenbedingungen«, »angemessene Versetzungs- und Benotungsbestimmungen« und »schulformbezogene Lehrpläne«), die sich von der tatsächlichen Bildungspolitik unterscheiden. Der Vergleich zwischen dem Gegenstand der Bewertung und den Alternativen erfolgt immer gemäß einer bestimmten *Hinsicht*, unter einem bestimmten *Aspekt*. Im Beispiel sind diese Aspekte Leistungsförderung, Disziplin, Ökonomie und Effektivität im Hinblick auf Beruf und Studium, so dass die Schreiberin nicht eigentlich eine, sondern mehrere parallele Bewertungen vornimmt. Aus dem Vergleich zwischen dem Gegenstand und den Alternativen gemäß einer bestimmten Hinsicht ergibt sich eine *Ordnung* von Gegenstand und Alternativen. Im Beispiel liegt die aktuelle Hamburger Bildungspolitik am einen, die von der Schreiberin favorisierte bildungspolitische Konzeption am anderen Ende dieser Ordnung. Die eigentliche Wertkomponente besteht darin, dass über dieser Ordnung ein personen-, gruppen- oder gesellschaftsspezifischer *Sollwert* definiert ist, der die erstrebenswerte Position in der Ordnung auszeichnet und so die bloße Ordnung zu einer *Rangordnung* macht. Für die Schreiberin liegt der Sollwert bei der von ihr gewünschten leistungsfördernden und effektiven Bildungspolitik. *Bei der Bewertung wird der Sollwert mit dem Istwert des Gegenstandes verglichen*: Daraus ergibt sich eine Art ›Lob‹ oder ›Tadel‹ für den Gegenstand, – 575 im Beispiel ein scharfer ›Tadel‹, weil die Hamburger Bildungspolitik weit vom definierten Sollwert entfernt liegt. Die folgende Schemaskizze soll die Grundelemente einer Bewertung veranschaulichen:

576 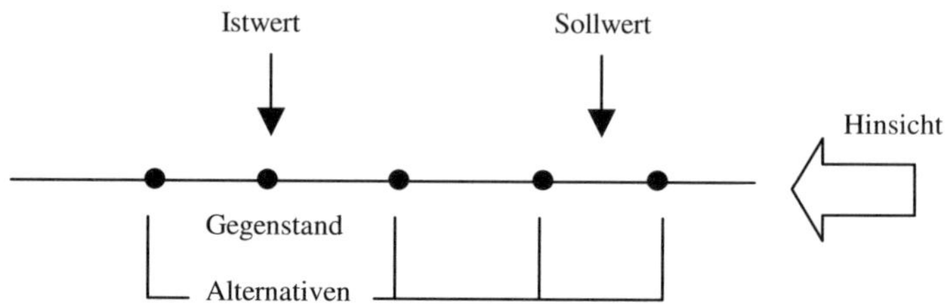

577 Wie können diese Überlegungen zur Versachlichung von Bewertungen beitragen? Man kann leicht sehen, dass Hinsicht und Sollwert einer Bewertung nicht selbstverständlich sind. Während die Leserbriefautorin die Hamburger Schulpolitik in Hinsicht auf *Leistung, Disziplin, Ökonomie* und *Effektivität* bewertet, würden Befürworter dieser Schulpolitik möglicherweise andere Hinsichten in den Vordergrund stellen, etwa *soziale Gleichheit* oder *Internationalität* (E.–M. Stange 1997: 257ff.). Auch wenn die jeweiligen Hinsichten sehr unterschiedlich sind, kann es bei der Auseinandersetzung um Normen gelegentlich bereits helfen, die Konkurrenz der Hinsichten und die damit zusammenhängenden Wertkonflikte offenzulegen. Auf diese Weise können die Beteiligten – jedenfalls bei einem gewissen Maß an Intelligenz und gutem Willen – erkennen, dass die anstehende Normfrage nicht wie in obiger Schemaskizze eindimensional, sondern mehrdimensional ist.

578 Wenn die Hinsichten dann nicht völlig unvereinbar sind, kann man im Rahmen eines Kompromisses Normen suchen, die in den unterschiedlichen Rangordnungen aller beteiligten Parteien relativ nahe an den jeweiligen Sollwerten liegen. In der folgenden Schemaskizze kommen die Alternativen A1 und A2 jeweils dem Sollwert der Bewertungshinsichten 1 und 2 sehr nahe; sie haben aber den Nachteil, dass sie sehr weit vom Sollwert der jeweils anderen Hinsicht entfernt sind. Der – für beide Parteien durchaus schmerzhafte! – Kompromiss nähert sich dagegen beiden Sollwerten an. Bei der schulpolitischen Auseinandersetzung könnte etwa gefragt werden, ob es Regelungen gibt, die einerseits Leistung wieder stärker fordern und fördern und andererseits krasse Formen sozialer Ungleichheit vermeiden helfen.

579

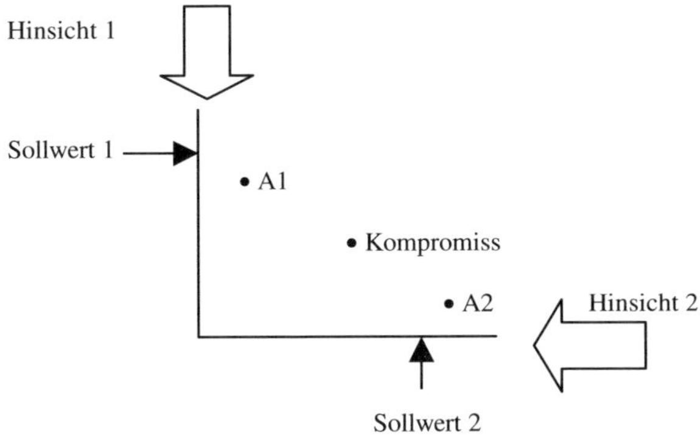

3.2.10 Welche impliziten Aussagen müssen expliziert werden?

Die bisherigen Analysen haben gezeigt, dass wohl nur in den Musterbeispielen der Logikbücher alle Prämissen und Hilfsargumente explizit genannt werden. Je genauer man eine Argumentation analysiert, um so mehr Ergänzungen muss man vornehmen. Im Leserbrief etwa müssen unter anderem die deduktiv anzuwendenden Bewertungsprinzipien (»Wer schlechte Politik macht und Fehler begeht, ist unfähig.«, »Eine negativ zu bewertende Norm muss durch eine neue ersetzt werden.«) oder das induktive Argument aus der Autorität bei der Analyse zunächst herauspräpariert und formuliert werden. Der implizite Charakter der weitaus meisten Argumentationen bietet einerseits Anlass zum Staunen über die Leistungen des menschlichen Gehirns, das in vielen Fällen die notwendigen Aussagen durchaus korrekt zu ergänzen vermag. Andererseits erklärt solche Implizitheit die relative Häufigkeit von Missverständnissen und fruchtlosem Aneinandervorbeireden: In argumentativen Auseinandersetzungen ergänzen wir Fehlendes spielend leicht, gelegentlich auch leichtfertig, – häufig aber nicht gemäß den Intentionen des Sprechers oder Schreibers. 580

Für die Untersuchung von Argumentationen aber stellt sich die Frage, wie weit die Analyse und die Ergänzung von Fehlendem getrieben werden sollen. Hier gilt es, einen Mittelweg zwischen unfruchtbarer Pedanterie und nicht minder unfruchtbarer Oberflächlichkeit zu finden, über den jeweils nur im Hinblick auf das *Ziel der jeweiligen Untersuchung* entschieden werden kann. Wenn zum Beispiel Grundschüler Argumente für oder gegen eine Klassenfahrt austauschen, dann können sie durchaus mit Gewinn über das Verhältnis ihrer Pro- und Contra-Argumente und über unterschiedliche Bewertungshinsichten nachdenken, ohne dass ihre Lehrerin sie deshalb mit einer Reflexion über Induktionsprinzipien und deskriptive Hilfsargumente 581 quälen und überfordern müsste. In der schulpolitischen Auseinandersetzung wäre es aber etwa durchaus lohnend, die implizite Prämisse über den Zusammenhang zwischen Überforderung und ungünstigem Sozialverhalten auszuformulieren und genauer auf ihre Stichhaltigkeit hin zu untersuchen.

3.2.11 Sind die Argumente korrekt? Liegen offensichtliche Fehlschlüsse vor?

582 Die ausführliche Erörterung unterschiedlicher Formen deduktiver und induktiver Argumente im zweiten Kapitel hatte vor allem die Funktion, häufig vorkommende Formen von Fehlschlüssen erkennbar und kritisierbar zu machen. Und in der Tat sollte eine Argumentationsanalyse zunächst alle offensichtlichen Fehlschlüsse markieren. Wie das Leserbriefbeispiel zeigt, sind allerdings eindeutig erkennbare Fehlschlüsse (wie etwa die Bejahung des Konsequens in einem konditionalen Argument) in komplexen, schriftlich ausgefeilten Argumentationen eher selten. Die meisten interessanteren Argumentationen enthalten neben deduktiven induktive Argumente, die oft nicht völlig unkorrekt, sondern nur mehr oder weniger zuverlässig sind, und normbezogene Argumente, die logisch nicht kritisierbare Bewertungen enthalten. Die Suche nach fehlerhaften Argumenten mündet deshalb sehr bald in eine Abwägung der unterschiedlich gewichtigen Argumente, die für und/ oder gegen eine Spitzenformulierung vorgebracht wurden.

3.2.12 Wie lassen sich Pro- und Contra-Argumente gegeneinander abwägen?

583 Es ist wichtig zu bemerken, dass man spätestens mit dem Versuch einer *Abwägung* der einzelnen Argumente in einer Argumentation den Bereich der Logik und der Argumentationsanalyse im engeren Sinne verlässt. Gegeneinander abwägen kann man Argumente mit deskriptiver Spitzenformulierung nur dann, wenn man nicht nur die Relevanz, sondern auch die *Haltbarkeit* der Prämissen der Einzelargumente berücksichtigt; Haltbarkeitsfragen aber können nicht durch die Logik, sondern nur aus dem Alltagswissen oder durch die zuständigen Einzelwissenschaften beantwortet werden. Bei normbezogenen Argumentationen ist eine Abwägung noch schwieriger, weil hier – wie mehrfach festgestellt – zusätzlich die *Relevanz* der Einzelargumente von den Wertpräferenzen der Beteiligten abhängt und nicht nach logischen und statistischen Kriterien beurteilt werden kann. In der einfachen Argumentation

A: Wenn das Barometer fällt, gibt es Regen. Das Barometer fällt. Und deshalb wird es Regen geben
B: Nein, die Schwalben fliegen heute sehr hoch. Wenn die Schwalben hoch fliegen, gibt es keinen Regen. Und deshalb wird es nicht regnen

geht es um die deskriptive Spitzenformulierung »Es wird regnen« Wie lassen sich die Argumente abwägen? Offensichtlich sind die deduktiven Argumente von A und B gültig; beide bedienen sich der Bejahung des Antecedens; in beiden Fällen sind die Prämissen relevant für die Konklusion. Nehmen wir darüber hinaus an, dass ihre Beobachtungsprämissen haltbar sind, dass also das Barometer fällt und die Schwalben tatsächlich hoch fliegen. Das Gewicht der Argumente hängt dann ausschließlich von der Haltbarkeit der jeweiligen konditionalen Prämissen ab, das heißt von der Wahrscheinlichkeit, mit der auf ein Fallen das Barometers Regen und auf hoch fliegende Schwalben trockenes Wetter folgt.

Hier wird ein weiteres Mal die besondere Funktion konditionaler Prämissen erkennbar: Die Beobachtungen »Das Barometer fällt« und »Die Schwalben fliegen heute sehr hoch« hätten im Toulminschen Schema den Status von *Daten*; die konditionalen Hypothesen »Wenn das Barometer fällt, gibt es Regen« und »Wenn die Schwalben hoch fliegen, gibt es keinen Regen« hätten dagegen den Status von *Rechtfertigungen*. In einem eher umgangssprachlichen, wenn auch nicht in dem hier vorgeschlagenen logischen Sprachgebrauch sind diese Rechtfertigungen entscheidend für die ›Relevanz‹ (A. Naess 1975: 150) der jeweiligen Daten. Ohne Änderung der bislang verwendeten Terminologie können wir feststellen: Wenn sich bei der Abwägung unterschiedlicher Argumente innerhalb einer Argumentation alle Argumente als formal korrekt und alle Datenprämissen als haltbar erweisen, dann hängt das Gewicht der einzelnen Argumente von der Zuverlässigkeit ihrer jeweiligen (meist konditionalen) ›Übergangsprämissen‹ ab. Für das obige Beispiel müsste man deshalb meteorologisch-einzelwissenschaftlich untersuchen, ob die Barometerhypothese oder die Schwalbenhypothese die zuverlässigere ist. In jedem Fall lässt das Beispiel erkennen, dass eine Abwägung selbst dann einige Schwierigkeiten bereitet, wenn gültige deduktive Argumente vorgebracht werden. Das Problem liegt dann nicht in der Form der Argumente, sondern in der komplexen Frage nach der Haltbarkeit – in Toulmins Terminologie: der Stützung – ihrer konditionalen Prämissen. 584

Mindestens ebenso wichtig wie das Gewicht der vorhandenen Argumente ist die Frage, ob Argumente von großem Gewicht in einer Argumentation etwa vergessen, verdrängt oder bewusst nicht vorgebracht wurden. Überall dort etwa, wo Spitzenformulierungen in Widerspruch zu religiösen und politischen Weltbildern, zu Trieben, Wünschen oder wichtigen sozialen Beziehungen geraten, werden 585 meist zahlreiche Contra-Argumente und nur wenige Pro-Argumente vorgebracht. Im untersuchten Leserbrief werden viele Argumente gegen, aber nur ein einziges Argument für die gegenwärtige Hamburger Schulpolitik genannt, zudem in einer Formulierung und einem Kontext, die das Argument sofort widerlegen:

> Hamburgs Bildungspolitiker rühmen sich damit, Reformen flächendeckend für alle Schulen einzuführen, um damit Chancengleichheit und Chancengerechtigkeit zu erreichen, doch hat dieser Grundsatz in vieler Beziehung das Gegenteil bewirkt

586 Dieses Verfahren ist in einem politischen Leserbrief zwar durchaus legitim. Das Beispiel lässt aber erkennen, dass abwägende Argumentationsanalysen mit zwei durchaus unterschiedlichen Zielsetzungen vorgenommen werden können. Zum einen können *die tatsächlich vorgebrachten Argumente* gegeneinander abgewogen werden; dann liefert die Abwägung eben jene Entscheidung für oder gegen die Spitzenformulierung, welche die Argumentierenden selbst treffen oder ihren Adressaten nahelegen. Zum anderen kann man versuchen, neben den tatsächlich vorgebrachten *weitere Argumente*, etwa die einer Gegenpartei, einzubeziehen; dann ergibt sich aus der Abwägung möglicherweise eine abweichende Entscheidung und eine Kritik an der ursprünglichen Argumentation.

587 Umfassende abwägende Übersichten über die wichtigsten Pro- und Contra-Argumente (A. Naess 1975: 134ff.) zu Spitzenformulierungen sind nicht nur bei der Analyse, sondern auch bei der Vorbereitung von Argumentationen von großem Nutzen: Nur wer die Argumente der Gegenpartei kennt, kann sich auf Diskussionen angemessen vorbereiten, vielleicht zu neuen Erkenntnissen gelangen, wenn nötig seine Meinung ändern und sein Weltbild korrigieren. Allerdings ist solches Abwägen mit psychischen Bedürfnissen und sozialen Zwängen häufig nur schwer in Einklang zu bringen. Die Beschäftigung mit möglichen Gegenargumenten zur eigenen Auffassung verunsichert und lähmt. Wer in Parteien oder Religionsgemeinschaften, aber auch in privaten Kleingruppen die Argumente der Gegenseite vorträgt, erscheint als entscheidungsschwacher ›unsicherer Kantonist‹ und läuft in den Augen seiner Freunde Gefahr, ›Beifall von der falschen Seite‹ zu erhalten. Die Kunst der Abwägung von Argumenten müsste deshalb im Erziehungssystem und in den politischen Institutionen einer demokratischen Gesellschaft eigentlich nachdrücklich gefördert werden; in Wirklichkeit widersteht man allerdings – auch in der Bundesrepublik Deutschland – häufig nicht der Versuchung, statt dessen einseitig denkende und einseitig argumentierende Parteigänger zu erziehen und entsprechend zu belohnen.

Obwohl die Abwägung von Argumenten auch bei großer Sorgfalt nicht immer zu einem eindeutigen und für jedermann akzeptablen Ergebnis führt, gibt es durchaus auch Fälle, in denen man sich nach einem Vergleich der vorgebrachten Argumente klar für oder gegen die jeweilige Spitzenformulierung entscheiden wird. Wenn mehrere verlässliche Ärzte zu einer bestimmten Therapie raten, wird man der Warnung eines zufällig gelesenen Zeitungshoroskops als Gegenargument wohl kaum großes Gewicht beimessen, obwohl auch der ärztliche Rat selbstverständlich nicht mit letzter Sicherheit zu einer – in welcher Hinsicht auch immer – ›richtigen‹ Entscheidung führen muss. Bei der Wetterprognose wird man sich vielleicht eher auf den Wetterbericht als auf die angeblich untrüglichen Gelenkschmerzen des Großvaters oder auf den Flug der Schwalben verlassen. Wenn eine in Aussicht genommene Bergtour wegen vereister Felsen und unsicheren Wetters besonders gefährlich ist, wird man sie wahrscheinlich trotz verlockender Berichte über den zu erwartenden Gipfelblick verschieben. 588

Dennoch lassen sich Argumentationen – abgesehen von bestimmten formallogischen und mathematischen Argumentationen – grundsätzlich nicht auf bloße Rechenexempel reduzieren, mit denen sich etwa wahre Konklusionen am Fließband produzieren ließen. Das haben bereits unsere erkenntnistheoretischen Überlegungen ergeben; und unsere Überlegungen zur Struktur von Argumentationen bestätigen diese Einschätzung: Wir tun gut daran, jede Aussage immer wieder der Kritik auszusetzen, auch wenn wir sie eben erst durch eine komplexe Argumentation gestützt haben. 589

Zur Vertiefung: A. Naess 1975: 134–137

3.2.13 Wird die Abwägung der Argumente durch Unsachlichkeit erschwert?

Nicht in dem bisher erörterten Leserbriefbeispiel, wohl aber in vielen anderen Argumentationen wird die Abwägung der Argumente dadurch erschwert, dass Textautoren oder Gesprächsteilnehmer **unsachlich** sind: Sie leisten dann zwar keinen brauchbaren Beitrag zur Argumentation, verhalten sich aber so, dass die Argumente einer der Parteien *scheinbar* an Gewicht gewinnen. Wir betrachten hier vier Formen solcher Unsachlichkeit, das »tendenziöse Gerede«, die »tendenziöse Faktendarstellung«, die »tendenziöse Wiedergabe« und die »tendenziöse Präparierung der äußeren Umstände« (A. Naess 1975: 160–197; vgl. auch Groeben et al. 1993: 366ff.) 590

Tendenziöses Gerede

591 Diese Form der Unsachlichkeit ist weit verbreitet. Irrelevante oder unhaltbare Argumente oder unzulängliche Präzisierungen beeinflussen hier die Adressaten im Sinne einer der beteiligten Parteien. Als Reaktionen auf ein Argument sind Äußerungen wie

> Wenn Sie als Linker »Bildung« sagen, meinen Sie doch nur Gleichheit!
>
> Passen Sie auf, dass Sie nicht Beifall von der falschen Seite bekommen!
>
> Wieder mal typisch Mann!
>
> Unter Schönheit sollen wir hier wohl so etwas wie das Aussehen Ihrer Ehefrau verstehen, was?
>
> Dir haben Deine Hormone wohl wieder mal den Kopf vernebelt!
>
> Wenn ich Ihr Bankkonto hätte, würde ich auch so reden.
>
> Ihre Schwarzseherei passt gar nicht zu dem schönen Wetter heute!

zwar häufig durchaus wirksam; sie sind aber in den meisten Fällen kein Beitrag zu der Sachfrage, von der die Rede ist. Ein Beispiel für tendenziöses Gerede findet sich auch in dem oben ausführlicher erörterten Film über den sowjetisch-koreanischen Luftzwischenfall:

592 **Nationaler Sicherheitsrat: L und andere**

L: (hält Bilder hoch) Das sind die beiden Flugzeuge. Ich frage Sie: Kann man die wirklich miteinander verwechseln? Unsere Experten sagen: Nein. Die Sowjets wussten ganz genau, was sie taten, meine Herren. Selbst, wenn sie es nicht gewusst haben, sie haben sich schuldig gemacht. Sie hätte wissen müssen, auf was sie sich da einlassen.
R: Trotzdem sollten wir die Möglichkeit in Betracht ziehen, dass es ein Unfall war.
X: Das glaube ich auch.
V: *Was wollen sie eigentlich? Eine Atombombe auf Moskau schmeißen?*
L: Nein. Ich möchte nur ein einziges Mal eine passende Antwort.
U: Mord wird bei uns immer noch bestraft.

593 Auch wer die Position von L nicht teilt, muss zugestehen, dass er sachlich Argumente für die Behauptung anführt, es habe sich um einen absichtlichen Abschuss gehandelt. Die provozierende Frage von V (»*Was wollen sie eigentlich? Eine Atombombe auf Moskau schmeißen?*«) ist dagegen zwar geeignet, L als Falken und Kriegstreiber zu diskreditieren, aber gewiss kein Beitrag zur Argumentation.

594 Statt dessen legen solche Äußerungen den Adressaten eine Vermengung von Entdeckungs- und Begründungszusammenhang nahe: Das Geschlecht, die finanzielle Situation, die psychische Disposition oder die aktuellen Motive eines Menschen mögen gelegentlich durchaus erklären, warum er eine bestimmte Position vertritt; und bisweilen mag eine Motivanalyse unter psychologischen und sozialen Gesichtspunkten durchaus von Interesse sein. Ziel einer Argumentation ist jedoch die Begründung oder Widerlegung einer Spitzenformulierung,

bei der ausschließlich Haltbarkeit und Relevanz der Argumente, nicht aber die Motive ihrer Vertreter bedeutsam sind.

Die beschriebene Form der Unsachlichkeit hat meist problematische Folgen: Wenn man unsachlich angegriffen wird, fühlt man sich irritiert oder bloßgestellt; möglicherweise lässt man sich einschüchtern, so dass man weitere, sachlich wichtige Argumente gar nicht mehr vorzutragen wagt; oder man reagiert seinerseits mit unsachlichen Angriffen, so dass es statt zu sachlicher Argumentation zu einer Folge wechselseitiger Beschimpfungen kommt. 595

Tendenziöse Faktendarstellung

Fakten werden hier falsch oder unvollständig dargestellt mit dem Ziel, die Adressaten im Sinne einer der beteiligten Parteien zu beeinflussen. Auch für diese Form der Unsachlichkeit, die in den vielen Fällen auf den bereits erläuterten Fehlschluss der unvollständigen Erfahrungsdaten hinausläuft, bietet der Film über den sowjetisch-koreanischen Luftzwischenfall Beispiele: Für die Erklärung des Abschusses der koreanischen Maschine durch sowjetische Flugzeuge wichtige Fakten werden nicht zur Kenntnis genommen oder verschwiegen: Das amerikanische Spionageflugzeug, mit dem die sowjetischen Piloten das koreanische Flugzeug wahrscheinlich verwechselt haben, wird in den offiziellen Verlautbarungen nicht erwähnt. Die Öffentlichkeit wird dadurch im Sinne derer beeinflusst, die den Zwischenfall als sowjetischen Terrorakt darstellen und propagandistisch ausschlachten wollen. 596

Tendenziöse Faktendarstellungen sind etwa auch dann häufig, wenn Verkäufer Argumente für den Kauf einer bestimmten Ware vorbringen: Die hohen Folgekosten bestimmter Anschaffungen bleiben dann oft ebenso unerwähnt wie steuerliche Zuschläge auf den angegebenen Nettokaufpreis. Wenn Kernkraftgegner in der hitzigen Debatte um die Nutzung der Kernenergie Störfälle in Kraftwerken anführen, gehen sie bisweilen nicht auf das Maß und die Gefährlichkeit der jeweiligen Verunreinigung von Wasser, Luft oder Transportbehältern ein: Auch wer die Kernenergie skeptisch sieht, muss dagegen wohl zugestehen, dass bei der Bewertung der Störfälle jeweils ihr Umfang und ihre möglichen Auswirkungen entscheidend sein sollten. Kernkraftgegnern kann aber an solcher Quantifizierung kaum gelegen sein: Ihre Position wird durch den pauschalen Hinweis auf den Störfall eher gestärkt als durch eine differenzierte Darstellung. 597

Bei einer Debatte über die Opfer des Kommunismus stellte ein Historiker einschränkend fest: 598

> Statt 7 bis 8 Millionen Insassen von 53 Arbeitslagern und 425 Arbeitskolonien ... lassen sich ›nur‹ rund 3,5 Millionen belegen und statt einer selten präzisierten, aber auf mehrere Millionen geschätzten Anzahl ›vorzeitiger‹ Todesfälle ›nur‹ 2,3 Millionen. (zitiert nach Mohr 1998: 177)

Hier liegt ein weiteres Beispiel für tendenziöse Faktendarstellung vor: Die Formulierung soll wohl trotz der exakten Zahlenangabe »2,3 Millionen« und der Anführungszeichen bei »nur« den Eindruck erwecken, die Zahl der Todesfälle betrage nicht »mehrere« Millionen.

Tendenziöse Wiedergabe

599 Argumente werden hier tendenziös wiedergeben, so dass sich ihre Haltbarkeit und Relevanz zugunsten einer der beteiligten Parteien verschiebt. Wenn zum Beispiel A tatsächlich äußert

> Ich bin dafür, dass die gewalttätigen Demonstranten hart bestraft werden

und ein Boulevardblatt ihn anschließend durch

> A sauer: »Macht mit den Demonstranten kurzen Prozess!«

wiedergibt, so ist diese Wiedergabe in dreierlei Hinsicht tendenziös. Zum einen hat A nicht für einen »kurzen Prozess« plädiert; die Wiedergabe suggeriert aber, A habe eine Bestrafung unter Missachtung rechtsstaatlicher Regeln gefordert. Zum anderen hat A seine Forderung auf die gewalttätigen Demonstranten eingeschränkt; die Auslassung dieser Einschränkung in der Wiedergabe legt die Interpretation nahe, A wolle eine Bestrafung aller, also auch der friedlichen Demonstranten. Schließlich deutet die einleitende Formel »A sauer:« an, A habe seine Forderung nicht in ruhiger Überlegung, sondern in großer Erregung erhoben. Möglicherweise werden die Leser des Boulevardblattes seine Forderung deshalb weniger ernst nehmen.

600 Der Zusammenhang mit unseren Überlegungen zur Präzision von Formulierungen ist offensichtlich. Im Beispiel und in vielen anderen Situationen ist die Wiedergabe weniger präzise als das Original; bei der Wiedergabe handelt es sich um eine Vergröberung. Die Formulierung der Zeitung erlaubt nicht nur weit mehr Interpretationen als die ursprüngliche Aussage von A; der überwiegende Teil dieser Interpretationen ist auch geeignet, die Position von A in der beschriebenen Weise als pauschalisierend, scharfmacherisch und nicht rechtsstaatlich auszugeben. Eine andere Form von tendenziöser Wiedergabe liegt vor, wenn Zitate aus ihrem Zusammenhang gerissen werden. Hätte A gesagt:

> Man könnte fordern: Sperrt alle Demonstranten ins Gefängnis. Aber das erlaubt aus guten Gründen unsere rechtsstaatliche Ordnung nicht ...

so wäre es offensichtlich grob unsachlich, wenn man ihn mit dem Satz

> Sperrt alle Demonstranten ins Gefängnis

zitierte. Man unterstellt dann dem Sprecher eine Aussage, die er in Wirklichkeit nur zitiert oder nur als *mögliche* Forderung angeführt hat, als seine eigene Forderung. Diese Form des Zitatenschwindels ist zwar nicht mehr als ein übler Trick; sie wird aber nicht selten angewandt, wenn man die Position des Gegners schwächen will.

Tendenziöse Präparierung der äußeren Umstände

Die äußeren Umstände (der sprachliche und mediale Kontext, die 601
räumlichen, zeitlichen, psychischen und sozialen Bedingungen, die stilistische Gestaltung etc.) der Argumentation beeinflussen hier – ganz unabhängig vom Gewicht etwa vorgetragener Argumente – die Adressaten im Sinne einer der beteiligten Parteien. Mildere Formen dieser Art von Unsachlichkeit sind allgegenwärtig: Kleidung, Geschlecht, sozialer Status, Mimik, Gestik, Formulierungsgeschick, persönliche Ausstrahlung und Sitzordnung der Argumentationsteilnehmer üben unvermeidlich fast immer einen mehr oder weniger unterschwelligen Einfluss auf die Argumentation aus. Kein Gespräch findet in einem ganz und gar machtfreien Raum statt; selbst philosophisch-kontemplativer Gedankenaustausch vollzieht sich in psychischen und sozialen Spannungsfeldern. Insofern ist jede Argumentation von Unsachlichkeit bedroht. Abhilfe bietet nur das unablässige, wenn auch gewiss nicht immer erfolgreiche Bemühen aller Beteiligten, nicht die äußeren Umstände, sondern vor allem die vorgebrachten Argumente zur Grundlage ihrer Einschätzungen und Entscheidungen zu machen.

Vielfach werden die Umstände einer Argumentation allerdings weit 602
über das unvermeidliche Maß hinaus sehr bewusst und gezielt präpariert: Man platziert den Gesprächspartner auf einen niedrigeren, schlechter gepolsterten Stuhl und suggeriert ihm, seine Argumente seien weniger gewichtig; man blendet ihn durch eine Lampe oder ein helles Fenster; man versucht, die eigenen Argumente durch aufwendige Kleidung und andere Statussymbole aufzuwerten; man artikuliert bewusst unangemessen scharf oder wählt eine der Situation unangemessen hohe Stilebene, um den Gegner einzuschüchtern; man verweist auf private und geschäftliche Freunde, um den Gesprächspartner durch Macht, Einfluss und Erfolg zu beeindrucken; man gibt zu erkennen, dass man äußerst verletzlich oder leicht erregbar ist, um den Gesprächspartner an freier Argumentation zu hindern; man zitiert in einer wissenschaftlichen Abhandlung Autoren, die der eigenen Auffassung nahestehen, im Haupttext, weniger genehme Autoren dagegen nur in den Fußnoten; man bringt den Gesprächspartner durch Einladungen, Werbegeschenke, gelegentlich sogar durch Bestechung in eine Situation, die ihm Widerspruch schwer, wenn nicht unmöglich

macht; man teilt dem Gegner weniger Raum oder Sendezeit für die Publikation seiner Argumente zu usw.

Zur Vertiefung: A. Naess 1975: 160–197; Groeben et al. 1993

4. Nachbemerkung

Angesichts gewandelter kultureller Bedingungen ist eine Einführung in die Argumentationsanalyse heute ein gewagtes und vom Scheitern bedrohtes Unternehmen. Die Logik hat sich in einer abendländischen Kultur entwickelt, die durch den Umgang mit *Texten* geprägt wurde. Im Laufe vieler Jahrhunderte hat die lineare, eindimensionale Schrift den zweidimensionalen Code der Bilder zwar nie vollständig zu verdrängen vermocht, ihm gegenüber aber schließlich einen klaren Vorrang gewonnen. Während die Bilder historischer Bildkulturen ihre Gegenstände zu synchronen Szenen ordneten und eine zyklische Zeiterfahrung hervorriefen, brachte der geschriebene Text die Dinge in ein strukturiertes zeitliches Nacheinander: An die Stelle der magischen Beschwörung immer wiederkehrender Szenen traten konzipierendes Schreiben und entschlüsselndes Lesen, Erzählen und Erklären, historisches Bewusstsein und ein immer stärker begriffliches Denken – und damit eben auch die logische Analyse (V. Flusser 1997: 21–28). 603

Gegenwärtig hat es aber den Anschein, als sei dieser ›Sieg der Texte über die Bilder‹ keineswegs endgültig und gesichert. Der Philosoph Vilém Flusser stellt fest, dass seit der Jahrhundertmitte zweidimensionale, farbige Oberflächen und Bilder im Vergleich zur textorientierten und deshalb »grauen« Vorkriegssituation wieder mehr Bedeutung gewinnen; das Alphabet als eindimensionaler Code verliere demgegenüber an Wichtigkeit: 604

> In dem Maße, in dem Oberflächencodes überwiegen, in dem Bilder alphabetische Texte ersetzen, hört die Zeiterfahrung auf, die mit den Kategorien der Geschichte, also als irreversibel, fortschreitend und dramatisch erfasst wird. Die kodifizierte Welt, in der wir leben, bedeutet nicht mehr Prozesse, ein Werden, sie erzählt keine Geschichten, und leben in ihr bedeutet nicht handeln. Daß sie das nicht mehr bedeutet, nennt man die ›Krise der Werte‹. Denn wir sind ja noch immer weitgehend von Texten programmiert, also für Geschichte, für Wissenschaft, für politisches Programm, für ›Kunst‹. Wir ›lesen‹ die Welt, zum Beispiel logisch und mathematisch. Aber die neue Generation, welche von Techno-Bildern programmiert wird, teilt nicht unsere ›Werte‹. Und wir wissen noch nicht, für welche Bedeutung die Techno-Bilder, die uns umgeben, programmieren. (V. Flusser 1997: 27) 605

Wer Argumentationsanalyse lehren will, muss deshalb mit Schwierigkeiten rechnen: Viele Angehörige der von Flusser beschriebenen neuen Generation sind weit weniger textorientiert und texterfahren als frühere Generationen; sie leben in einer Fülle von Bildern und Klän- 606 gen, denen mit logischem Zergliedern und mit dem Herauspräparieren formaler Strukturen nicht beizukommen ist und die zu solchen Aktivitäten gewiss nicht motivieren. Deshalb die Logik über Bord zu werfen und einfach aus dem Lehrplan zu streichen, wäre allerdings gewiss falsch; die in den vorausgehenden Kapiteln angeführten Argumente für die Nützlichkeit logischer Analysen bleiben stichhaltig.

607 Zudem sind die Bilder der Neuen Medien nicht einfach als Rückschritt zu interpretieren; sie unterscheiden sich vielmehr erheblich von den Bildern früherer, schriftloser Kulturen. Nach Flusser haben die frühen Bilder ihre Gegenstände unmittelbar wiedergegeben. Die Schrift repräsentiere dagegen ihre Gegenstände vermittelt über begrifflich evozierte Bilder. Mit den Neuen Medien sei ein weiterer Schritt vollzogen: Deren Bilder stellten ihre Gegenstände anders als die frühen Bilder eben nicht unmittelbar, sondern vermittelt über Begriffe dar, welche der Fotograf bezüglich einer Szene habe. Während die Schriftkultur also *durch Begriffe Bilder* hervorrufe, evoziere die Techno-Kultur *durch Bilder Begriffe* (V. Flusser 1997: 27f.).

608 Dieses Neue wird etwa deutlich in den Bildbotschaften der Werbung, die Gegenstände und Szenen nicht unmittelbar abbilden, sondern – wenn auch bisweilen recht diffuse – Begriffe wie ‹Erfolg›, ‹Reichtum›, ‹Genuss›, ‹Gesundheit› oder ‹Geschwindigkeit› vermitteln. Solche Botschaften müssen als bildhafte Oberflächen auf einen Blick erfasst, zugleich aber durchaus auch begrifflich ›gelesen‹ werden.

609 Insofern ist die neue Kultur zwar beunruhigend anders als die vorausgehende Textkultur; sie scheint jedoch wichtige Teile dieser Textkultur in sich aufgenommen zu haben und vorauszusetzen: Kameras, Computer und Unterhaltungselektronik sind ohne logische Intelligenz nicht zu entwerfen und zu bedienen; die immer noch weiter digitalisierte Technik ist ebenso wenig auf analoge Bilder zu reduzieren wie die komplexen Prozesse der Produktion von Bildern und Tönen; und schließlich bleibt auch die moderne Medienkultur eingebettet in das dichte Netz einer sprachlichen, nicht zuletzt auch schriftlichen Kommunikation, die logischer Analyse nicht nur zugänglich ist, sondern solcher Analyse – wie wir begründet haben – bisweilen dringend bedarf.

610 Wer diese Analyse trotz der zu erwartenden Schwierigkeiten und Widerstände lehrt und fordert, gibt sich deshalb zwar als Angehöriger der Textgeneration, aber nicht notwendig als Ewiggestriger zu erkennen: Auch wenn traditionelle Analysetechniken den Bedingungen der Medienkultur bislang noch nicht ausreichend angepasst sind, könnte eine solche Lehre dazu beitragen, die mögliche Spaltung zwischen *sowohl bild- als auch textkompetenten Medienproduzenten* einerseits

und *nur bildkompetenten* und entsprechend unkritischen und manipulierbaren *Medienkonsumenten* (H. Giesecke 1996: 38f.) andererseits zu verhindern oder wenigstens zu mildern. Risiken und Chancen halten sich dabei die Waage:

> Dieser gähnende Abgrund unter unseren Füßen, in den wir stürzen, ist aber 611
> zugleich auch eine Öffnung. (...) Sie erlaubt (...), über die gegenwärtige Glaubenskrise hinweg und in die sich neu bildenden Inseln hineinzublicken. Wir selbst werden wahrscheinlich, gleich Moses, dieses Neue Land nicht mehr beschreiten, weil wir in den Kategorien verstrickt sind, für die wir programmiert sind, selbst wenn wir nicht an sie glauben. Aber wir können, allerdings mit gemischten Gefühlen, beobachten, wie die jüngeren, nicht mehr voll alphabetisierten Generationen darangehen, dieses neue Gebiet zu erobern (...). (V. Flusser 1997: 40)

5. Wiederholungsfragen

Den Wiederholungsfragen folgen jeweils in eckigen Klammern die Randnummern der Abschnitte, die zur Lösung herangezogen werden können. Komplexere Aufgaben, die über eine bloße Wiederholung hinausführen, sind dort mit einem Stern (*) gekennzeichnet.

zu 1.1 Schließen und Argumentieren

a) Suchen Sie Beispiele für Schlüsse im Alltag: Von welchen bekannten Voraussetzungen geht man dabei jeweils aus? [13–20, bes. 13–14]
b) Suchen Sie Beispiele dafür, dass Sprachverstehen beim Lesen und im Gespräch stets auf zahlreiche Schlüsse angewiesen ist. [13–20]
c) Nennen Sie Situationen und Textsorten, in denen Argumente in der Regel relativ ausführlich formuliert werden. Versuchen Sie, in einigen Beispielen Prämissen und Konklusion aufzufinden. [13–20]
d) Gibt es in Ihrem Umfeld Aussagen, die grundsätzlich nicht in Zweifel gezogen und also nicht zum Gegenstand von Argumentationen gemacht werden dürfen? Warum? [13–20, bes. 19]

zu 1.2.1 Assoziationen, Analogien und andere Schlussmechanismen

a) Nennen Sie Beispiele für Alltagsargumente, die stark verkürzt formuliert sind. [21–31, bes. 22]
b) Nennen Sie Beispiele für Alltagsschlüsse und Alltagsargumente, die sich auf fragwürdige Verallgemeinerungen und Assoziationen stützen. [21–31, bes. 22–23]
c) Nennen Sie weitere Beispiele für Analogieschlüsse und Analogieargumente im Alltag. [21–31, bes. 28–29]
d) Nennen Sie Situationen, in denen unsere Schlüsse durch ästhetische Kriterien beeinflusst werden. Wo ist dieser Einfluss problematisch? [21–31, bes. 30]
e) Suchen Sie Redensarten und Sprichwörter, die uns Schlüsse bestimmter Art nahelegen. Inwiefern sind diese Schlussformen nützlich bzw. gefährlich? [21–31, bes. 31]
f) Nennen Sie Beispiele dafür, dass Schlüsse und Argumente gelegentlich durch Metaphern bestimmt werden. Berücksichtigen Sie auch G. Lakoff/ M. Johnson (1980). [* 21–31, bes. 31]

zu 1.2.2 Neuronale Netze

a) Erläutern Sie in eigenen Worten Bau und Funktion eines Neurons. Verwenden Sie dabei die Begriffe ‹Eingang›, ‹Ausgang›, ‹Impuls›, ‹Schwellenwert›, ‹Gewichtung›, ‹Hemmung› und ‹Erregung›. [32–53]
b) Verfolgen Sie anhand der Skizzen und Tabellen Schritt für Schritt das Verhalten der einzelnen Neuronen und des Neuronennetzes. [32–53]
c) Machen Sie sich klar, dass das ›Wissen‹ des Neuronennetzes nicht symbolisch an einer ganz bestimmten Stelle gespeichert, sondern über das gesamte Netz verteilt ist. [32–53, bes. 51]
d) Erweitern Sie anhand von R. Männer/ R. Lange 1994 und V. Braitenberg 1993 Ihre Kenntnisse über Bau, Funktion und mögliche Lernleistungen neuronaler Netze. [* 32–53]

zu 1.2.3 Die Schwächen der Intuition und 1.2.4 Kontrolle durch Argumentation

a) Woher ›wissen‹ unsere Nervennetze, wie sie funktionieren sollen? Wie kommen unsere Intuitionen zustande? [52–57]
b) Warum sollten wir den Intuitionen unserer Nervennetze trotz ihres vielfach reibungslosen Funktionierens gelegentlich misstrauen und Argumente formulieren? [54–63]
c) Warum sollte Argumentation in der Wissenschaft eine besondere Rolle spielen? [62]

zu 1.3.1 Weltbilder

a) Inwiefern sind die Weltbilder aller Lebewesen – und also auch menschliche Weltbilder – in hohem Maße indirekt und vermittelt? [66–85, bes. 66–69]
b) Inwiefern kann man sagen, unsere Welt habe ihren Ursprung in unserem Gehirn (E. Pöppel 1993)? [66–85, bes. 66–69]
c) Informieren Sie sich anhand von R. Stark/ W. S. Bainbridge 1996 (bes. 11–119) über Strukturen und Funktionen religiöser Weltbilder. [* 66–85]

zu 1.3.2 Gedankenexperiment mit einem Meerestier

a) Erweitern und ergänzen Sie das Gedankenexperiment anhand von V. Braitenberg 1993. [* 70–74]

b) Sofern Sie Programmiererfahrung haben, programmieren Sie einige der von V. Braitenberg 1993 beschriebenen Vehikel, die sich zwischen Hindernissen, Lichtquellen etc. auf dem Bildschirm Ihres Computers bewegen. Erörtern Sie die ›Weltbilder‹ der einzelnen Vehikel. [* 70–74]

zu 1.3.3 Die Konstruiertheit und Relativität von Weltbildern

a) Warum spielen bei der Konstruktion und der Anwendung von Weltbildern Schlüsse, beim Menschen zusätzlich auch Argumente eine Rolle? [75–85]
b) Warum ist das Reden von ›Objekten‹ problematisch? [75–85, bes. 80–83]
c) Inwiefern sind unsere Weltbilder relativ? Inwiefern sind sie dennoch mehr oder weniger brauchbar? [75–85, bes. 83–85]

zu 1.3.4 Verallgemeinerungen und Voraussagen

a) Warum wären Weltbilder ohne Verallgemeinerungen für Lebewesen unbrauchbar? [86–90]
b) Warum sind ohne Verallgemeinerungen keine Voraussagen möglich? [88–90]
c) Wie ist es zu erklären, dass im Lauf der Evolution die Weltbilder der Lebewesen und also auch des Menschen nicht zu in irgendeinem Sinne ›perfekten‹ Abbildern der Wirklichkeit entwickelt wurden? [88]

zu 1.3.5 Erklärungen

a) In welchem Sinne sind Voraussagen und Erklärungen Schlüsse bzw. Argumente? [88–102, bes. 88, 92–93, 98–102]
b) Beschreiben Sie die Grundstruktur einer Erklärung und geben Sie verschiedene Beispiele aus Alltag und Wissenschaft. [91–102]
c) Erörtern Sie mögliche Unterschiede zwischen wissenschaftlichen Erklärungen und Alltagserklärungen. [95]
d) Suchen Sie Beispiele dafür, dass Ereignisse aus der Perspektive unterschiedlicher Weltbilder bzw. unterschiedlicher Theorien unterschiedlich erklärt werden. [* 94–96]

zu 1.3.6 Induktion und Deduktion

a) Erläutern Sie an Beispielen die Unterschiede zwischen Deduktion und Induktion. [103–105]
b) Trotz der Zuverlässigkeit der Deduktion und der relativen Unzuverlässigkeit der Induktion kann auf induktive Schlüsse und Argumente nicht verzichtet werden. Warum? [105]
c) Welche Konsequenzen ergeben sich aus den Überlegungen zu Deduktion und Induktion für die Zuverlässigkeit von Weltbildern? [105]

zu 1.3.7 Der hypothetisch-deduktive Charakter menschlicher Erkenntnis

a) Beschreiben Sie verschiedene Alltagssituationen, in denen Menschen das hypothetisch-deduktive Verfahren anwenden. [106–116, bes. 108–116]
b) Beschreiben Sie wissenschaftliche Anwendungen des hypothetisch-deduktiven Verfahrens z. B. in der Syntaxtheorie, der medizinischen Forschung oder in der Astronomie etc. [* 106–116]
c) Orientieren Sie sich anhand von H. Albert 1968: 1–54 über Alternativen zum hypothetisch-deduktiven Verfahren und über deren Schwächen. [*]
d) Interpretieren Sie die Formulierung »Konstruktion und Kritik« bei H. Albert 1968: 47ff. [*]

zu 1.3.8 Argumentation und Kommunikation

a) Nennen Sie Situationen, in denen mehrere Personen gemeinsam argumentieren. Wo steht kooperative Problemlösung, wo antagonistische (W. Klein 1980: 14) Auseinandersetzung im Vordergrund ? [117–123]
b) Protokollieren Sie eine Seminar- oder Gruppendiskussion: Welche Teilnehmer sind in welcher Weise an der Argumentation beteiligt? [* 117–123]

zu 1.4 Argumentation und Kultur

a) Nennen Sie aus Ihrer persönlichen Erfahrung Beispiele dafür, dass psychische und soziale Faktoren die Argumentation häufig behindern. [124–167]

b) Erläutern Sie die Bedeutung der Schrift für das Argumentieren. [129–130]
c) Diskutieren Sie kritisch die Auswirkungen aktueller kultureller Entwicklungen (Erziehung, Medien, Informationsfülle etc.) auf das Argumentationsverhalten. Wo sind die Ausführungen in 1.4.2 bis 1.4.5 ggf. problematisch oder ergänzungsbedürftig? [124–167]
d) Nennen Sie Situationen, in denen nach Ihrer Einschätzung Machtausübung eine größere Rolle spielt als Erkenntnisgewinn. Warum ist das der Fall? [163–167]

zu 2.1 Semantische und kommunikationstheoretische Grundlagen

a) Erläutern Sie mit eigenen Worten und Beispielen die Begriffe ‹Formulierung›, ‹Aussage›, ‹Sachverhalt› und ‹Tatsache›. [168–173]
b) Erläutern Sie unter Verwendung der Begriffe ‹Objektsprache› und ‹Metasprache› die Problematik des Satzes »Dieser Satz ist falsch.« [174–179]
c) Erläutern Sie den Unterschied zwischen dem Alltagsbegriff ‹Interpretation‹ und dem hier verwendeten, von A. Naess 1975 übernommenen Interpretationsbegriff. [181–185]
d) Erläutern Sie anhand eigener Beispiele unterschiedliche Formen von Mehrdeutigkeit im Zusammenhang mit Referenz, Prädikation und komplexen Propositionen. [186–194, bes. 194]
e) Tragen Sie Beispiele für Scheineinigkeit und Scheinuneinigkeit aus Seminardiskussionen, Talkshows, privaten Gesprächen etc. zusammen und erläutern Sie die jeweiligen Missverständnisse anhand der Tabelle aus 2.1.5. [* 195–200]
f) Versuchen Sie, verschiedene aktuell strittige Behauptungen zu präzisieren, und beurteilen Sie Ihre Präzisierungsversuche: Welche sind angemessen, welche sind misslungen, welche sind pedantisch und unökonomisch? [201–226]
g) Untersuchen Sie unterschiedliche Definitionen aus beliebigen Fachbüchern: Unterscheiden Sie Definiendum und Definiens. Wo handelt es sich um extensionale, wo um intensionale Definitionen? [* 227–231]
h) Inwiefern sind wissenschaftliche Definitionen normativ, die »Bedeutungsdefinitionen« in Wörterbüchern aber deskriptiv? Klären Sie, welche Rolle Objektsprache und Metasprache in Definitionen spielen. [227–231, 174–179]

zu 2.2 Die logische Analyse von Argumenten

a) Erläutern Sie den Unterschied zwischen logischem und alltäglichem Argumentbegriff. [232]
b) Bilden Sie Beispiele für Argumente, in denen die Prämissen haltbar, aber nicht relevant bzw. relevant, aber nicht haltbar sind. Warum werden solche Argumente jeweils vorgebracht? [232–240]
c) Was spricht dafür, dass sich die Logik mit der Relevanz, nicht aber mit der Haltbarkeit von Prämissen beschäftigt? [241]
d) Zeigen Sie an Beispielen, dass wichtige Merkmale sprachlicher Äußerungen bei einer logischen Analyse unberücksichtigt bleiben müssen. [243–245]
e) Beschreiben Sie den begrenzten Aufgabenbereich der Logik. Welche wichtigen Funktionen kann die Logik trotz der engen Beschränkung ihrer Aufgaben übernehmen? [241–247, bes. 246–247]
f) Überprüfen Sie anhand von Leitartikeln, wissenschaftlichen Veröffentlichungen, verschriftlichten Debatten, Diskussionen oder Parlamentsreden, wie Prämissen und Konklusionen jeweils sprachlich markiert und mehr oder weniger explizit formuliert werden. Welche Vor- und Nachteile hat die Auslassung tatsächlich oder vermeintlich selbstverständlicher Argumentteile? [248–266]
g) Erläutern Sie die Unterscheidung zwischen Entdeckungs- und Begründungszusammenhang. Welche Gründe sprechen für diese Unterscheidung? [267–274]

zu 2.3 Deduktive Argumente

a) Die Konklusionen deduktiver Argumente sind in ihren Prämissen immer schon enthalten. Warum sind deduktive Argumente dennoch nicht grundsätzlich überflüssig? [275–278]
b) Welche Rolle spielt die abstrakte Form von Argumenten bei der Feststellung ihrer Gültigkeit? [279–289]
c) Zeigen Sie, dass ein Argument mehrere Formen haben kann. [287–289]
d) Wenden Sie die Methode des Gegenbeispiels auf selbstgewählte Beispielargumente an. [286–287]
e) Was versteht man unter einem konditionalen Argument? [290–292]
f) Suchen Sie Beispiele für die gültigen und die ungültigen Formen konditionaler Argumente. Kommen die ungültigen Formen nur in Logikbüchern oder auch im Alltag vor? [290–300]

g) Erläutern Sie den Unterschied zwischen konditionaler und bikonditionaler Verknüpfung von Aussagen. [298–300]
h) Beschreiben Sie, wie man bei der Überprüfung von Hypothesen und bei der Reductio ad absurdum die Falschheit von der Konklusion auf die Prämissen überträgt. [301–307]
i) In einem Kriminalfilm nehmen die Kommissare zunächst an, gewisse belastende Dokumente seien von den Tätern aus dem Safe eines Ermordeten entwendet worden. Als dieselben Täter wenig später zwei weitere Wohnungen durchsucht haben, äußert einer der Kommissare: »Warum suchen sie die Dokumente, wenn sie sie doch schon im Safe des Ermordeten gefunden haben? Na? Weil sie sie eben nicht gefunden haben!« Kommentieren Sie diese Äußerung. [301–307]
j) Wozu dienen Wahrheitstafeln? [308]
k) Erstellen Sie eine Wahrheitstafel für $(p \supset q) \equiv (\neg q \supset \neg p)$. Was fällt Ihnen auf? [308–329]
l) Tautologien sind unabhängig von den Wahrheitswerten der in sie eingehenden Teilaussagen stets wahr und sagen deshalb nichts über die Wirklichkeit. Informieren Sie sich anhand von E. Topitsch 1968a über Problematik und möglichen Missbrauch tautologischer »Leerformeln«. [* 318-321]
m) Überprüfen Sie den kategorischen Syllogismus *Einige Bayern sind Biertrinker. Kein Chinese ist ein Bayer. ↓ Kein Chinese ist Biertrinker.* anhand eines Mengendiagramms. Ist der Syllogismus gültig? Um welche Arten von kategorischen Aussagen handelt es sich? [330–363]
n) Bilden Sie eigene Beispiele für syllogistische Fehlschlüsse und begründen Sie, warum es sich um Fehlschlüsse handelt. [353–363]
o) Befassen Sie sich anhand von W. Stegmüller 1974a mit Unschärfen und Mehrdeutigkeiten der Alltagssprache. [* 364–375]
p) Informieren Sie sich anhand F. von Kutschera/ A. Breitkopf 1971: 71–138 und H. Reichenbach 1966 über Grundzüge der hier nicht behandelten Prädikatenlogik, die zusätzliche Mittel zur Analyse von Sätzen und Argumenten bereitstellt. [*]

zu 2.4 Induktive Argumente

a) Worin liegen die Schwächen und der Nutzen induktiver Argumente? [103–105, 376–377]
b) Warum bezeichnet man brauchbare induktive Argumente nicht als gültig, sondern als korrekt? [377]
c) Erläutern Sie das Grundprinzip statistischer Argumente und die Haupttypen statistischer Fehlschlüsse. Nennen Sie aus eigener Erfahrung Beispiele für statistische Fehlschlüsse im Alltag. [376–395]

d) Was sind Argumente aus der Autorität und Argumente gegen den Mann? Zeigen Sie an Beispielen, dass Argumente aus der Autorität und aus der Übereinstimmung nach wie vor vielfach verwendet werden. Wie lässt sich die Beliebtheit dieser Argumentformen erklären? [396–402]
e) Interpretieren Sie die folgende Notiz von Lichtenberg: Die Schlüsse aus der Analogie sind sehr unsicher. Das Viscum quercinum (Eichen-Mistel) wächst nach allen Richtungen unter sich und über sich, da fast alle Pflanzen nur über sich wachsen (G. C. Lichtenberg 1971: 44; KA_{II} 17). Achten Sie auf die Bedeutung der Konjunktion »da«! [403–410]
f) Ein Fünfjähriger verfolgt ein Rockkonzert im Fernsehen: *Nicht, wenn man sehr viel Musik macht, kriegt man ganz dicke Haare.* Erläutern Sie das Grundprinzip kausaler Argumente; welchen Fehlschluss begeht das Kind? [411–419]

zu 2.5 Das Analyseschema von Stephen Toulmin

a) Interpretieren Sie einige Argumente aus Zeitungskommentaren oder Seminardiskussionen nach dem Toulminschen Schema. Versuchen Sie, Daten, Rechtfertigung, Stützung, Qualifikator, Ausnahmebedingungen und Konklusion im Text aufzufinden oder sinngemäß zu ergänzen. [420–427]
b) Erläutern Sie Gemeinsamkeiten und Unterschiede zwischen Toulmins Schema und dem hier im übrigen vorgestellten logischen Ansatz. [426–427]

zu 3.1 Die Analyse von Alltagsargumentationen

a) Informieren Sie sich anhand der einführenden Darstellung von Drösser 1994 über die sogenannte »Fuzzy Logic«. [* 428–433]
b) Nehmen Sie Stellung zu der häufig vertretenen Auffassung, ›die Logik der Mathematiker und Philosophen‹ sei zwar für wissenschaftliche, nicht aber für alltägliche Argumentation von Bedeutung. Gibt es Anhaltspunkte dafür, dass Menschen auch in Alltagssituationen häufig an deduktiver Gültigkeit und induktiver Korrektheit gelegen ist? [428–438, bes. 434–438]
c) Setzen Sie sich mit Toulmins Kritik an der ›idealisierten‹ traditionellen Logik (S. Toulmin 1958: 146–154) auseinander: Welche der dort (148f.) genannten Unterscheidungen sind in unseren bisherigen Überlegungen bereits berücksichtigt? [* 428–438]

d) Erläutern Sie anhand von Textbeispielen den Unterschied zwischen linearem Text und hierarchischer Argumentationsstruktur. Warum sind Texte linear, Argumentationsstrukturen hierarchisch geordnet? Experimentieren Sie bei der Darstellung der Argumentationen mit Baumstrukturen und Tabellen. [439–453]
e) Machen Sie sich bewusst, welche stilistischen, rhetorischen und pragmatischen Aspekte bei einer ausschließlich logischen Argumentationsanalyse unberücksichtigt bleiben. Untersuchen Sie dazu die Videoaufzeichnung etwa einer politischen Fernsehdiskussion: Welchen Einfluss haben die Beziehungen, Gefühle und das Gesprächsverhalten der Teilnehmer? Welchen Einfluss hat die äußere Situation (Öffentlichkeit, Sitzordnung, Beleuchtung etc.)? Ist die Argumentation kooperativ oder antagonistisch? Mit welchen Sprachhandlungen (Feststellung, Frage, Aufforderung etc.) werden die Argumente vorgebracht? Wie wird die Abfolge der einzelnen Äußerungen organisiert? Gibt es eine Diskussionsleitung? Gibt es wechselseitige Unterbrechungen oder thematische Sprünge? Welche Rolle spielt die besondere stilistische Form der einzelnen Äußerungen? [* 5–12]
f) Suchen Sie Beispiele für deskriptive und normative Konklusionen/ Spitzenformulierungen. Erläutern Sie jeweils, wie diese Formulierungen sich auf ein ›Sein‹ bzw. auf ein ›Sollen‹ beziehen. [126–127, 454]
g) Zeigen Sie anhand aktueller politischer oder moralischer Argumentationen, wie jeweils Normen über mögliche Folgen ihrer Anwendung begründet werden. Versuchen Sie, jeweils Haltbarkeit und Relevanz einzuschätzen. Bietet die Frage nach der Haltbarkeit eine Chance zur Versachlichung? [454–464]
h) Analysieren Sie die Argumentation im folgenden Gespräch der Schülerinnen B und R (10. Klasse) über Zeugnisse und Notengebung. [454–479]

R: Na also, ich bin eigentlich gegen Zeugnisse. Also meiner Meinung muss eine gewisse Kontrolle eben durch Zensur erfolgen. Aber eben wie das heute so ist in unserem Schulsystem ist mit dem Zensurengeben, ist das, glaube ich, ich glaube echt, dass das nicht richtig ist.
B: Ja. Ich finde auch, es ist ziemlich … ziemlich blöd. Zum Beispiel dass manche Lehrer dann ihre Lieblingsschüler haben und …
R: Ja genau. Und … diese Antipathie gegen manche und Sympathie wird so richtig ausgenutzt. Ich glaube zwar, sie versuchen es schon objektiv. Aber, es ist eben sehr schwer möglich.
B: Ich meine, … Lehrer hat seine Lieblingsschüler und so. Aber kann man nichts gegen machen. Aber trotzdem, irgendwie … Zeugnisse sind ja auch irgendwie eine Selbstkontrolle und so, ne? Also ich finde das ganz gut eigentlich, Zeugnisse, weil sich da selbst kontrollieren kannst in …
R: Ja schon, ja ja, ich meine schon …
B: … in den einzelnen Fächern, wie du in einzelnen Fächern stehst.

R: … eine gewisse Zensur muss da sein. Aber sie muss auch möglichst objektiv sein. Und ich glaube, das ist bei unserem Schulsystem nicht gegeben.
B: Ja, aber das kannste nicht so gut …
R: …
B: Ja, genau. Das kannste doch bei sechs Zensuren nicht, kannste doch nicht objektiv sein …
R: Ja ich …
B: Und wenn de dazu ein Beispiel nimmst, zum Beispiel irgendwie ne Drei. Das sagt doch nichts aus. Irgendwie ist das mittelmäßig. Aber wie mittelmäßig? Was is n überhaupt ne Drei? Oder so denn ja, ne Drei, du kannst mit ner Drei doch nicht den Schüler vergleichen. Ja, der Schüler hat ne Drei im Rechnen. Kann man irgendwie gar nicht vergleichen.

i) Suchen Sie in privaten Argumentationen oder z. B. in Talkshows des Fernsehens Beispiele für plötzliche Wechsel oder allmähliche Veränderungen der Spitzenformulierungen: Werden neben den offen genannten ggf. bewusst oder unbewusst auch ›heimliche‹ Spitzenformulierungen diskutiert? [* 465–479]
j) Untersuchen Sie Leitartikel überregionaler Tageszeitungen. Gibt es Beispiele für Argumentationen, die sich auf mehrere miteinander vernetzte Spitzenformulierungen beziehen? [* 480–512]
k) Analysieren Sie die in C. Spiegel 1999 abgedruckten Schülertexte. [* 439–602]
l) Untersuchen Sie die Argumentation in dem bei W. Klein 1980: 52–56 abgedruckten Text. Ziehen Sie dazu Kleins Analyse (W. Klein 1980: 30–40) heran. Welche besonderen Schwierigkeiten bietet der Text? Ist der Text typisch für Alltagsargumentationen? Wo reichen unsere Begriffe und Verfahren aus; wo müssen sie ergänzt werden? [* 439–602]
m) Die Geschichten in Goscinny/ Sempé 2005 enthalten eine große Zahl unterschiedlicher Argumente. Suchen Sie solche Argumente: Um welche Typen handelt es sich? Wo gelangt der kleine Nick zu wahren, wo zu falschen Konklusionen? Warum? Welche Funktionen haben Nicks Argumente für die Wirkung der Geschichten? [* 91–102, 439–602]

zu 3.2 Leitfragen zur Argumentationsanalyse

a) Analysieren Sie anhand der Leitfragen unterschiedliche geschriebene und gesprochene Texte im Hinblick auf ihre Argumentation. Beginnen Sie mit dem folgenden kurzen Text aus dem Jahre 1968. Es handelt sich um die hier stark vereinfachte und gekürzte Verschriftlichung eines telefonischen Beratungsgesprächs, das der Lebensberater des Norddeutschen Rundfunks (B) mit einer jungen Anruferin (A) führte (H. P. Fuchs/ G. Schank 1975: 141–145). [* 550–602]

B: Hier vier eins sieben sieben sieben.
A: Ja, guten Tag, spreche ich mit Doktor von Hollander?
B: Jawohl.
A: Guten Tag. Ich hätte nur eine Frage. Mein Bekannter hat jetzt öh eine Wohnung bekommen.
B: Hm.
A: Und zwar öh findet das nächste Woche statt. Nun hat er mich gebeten, auch mit hin zu kommen und zwar, um die Wohnung zu besichtigen.
B: Ja.
A: Nun äh is das eine sehr gute Freundschaft. Nun wollte ich mal fragen, ob ich da mit hin gehen kann und die Wohnung besichtigen oder nicht.
B: Ich wüsste nicht, warum sie nicht dahin gehen können …
A: ja
B: … sollten.
A: Mein Vater meint, das tut man *nicht*.
B: Was heißt »Das tut man nicht«? Äh ich finde, warum soll man es nicht tun? Also, wie lange kennen sie diesen jungen Mann?
A: S is n dreiviertel Jahr.
B: Und sie sind befreundet miteinander?
A: Ja.
B: Ja? Eine lockere Freundschaft?
A: Ja.
B: Und ihr Vater meint wahrscheinlich, es ist dann ein wenig äh zu eng die Freundschaft. S wird etwas betont, was gar nicht da ist, ja?
A: Ja.
B: Denn sonst wüsste ich nicht. Also, das ist ein Junggeselle, ja?
A: Ja, s is ein Junggeselle.
B: Wie alt?
A: Er wird einundzwanzig.
B: Wird einundzwanzig. Da ist er schon stolzer Besitzer einer Wohnung?
A: Ja. Also er lebt jetzt im Moment noch bei seiner Mutter. Aber weil er mit seiner Mutter immer Auseinandersetzungen hat, hat er jetzt eine Wohnung bekommen.
B: Und nun ist die Wohnung also da und ist – sie gehört ihm, ja?
A: Ja.
B: Ja. Und jetzt ist die Frage, ob sie diese Wohnung mit ihm zusammen besichtigen können, ja?
A: Ja.
B: Und äh das ist ja eine sehr einfache Frage. Können sie sich auf ihn verlassen, auf sein Benehmen?
A: Oh ja, das kann ich.
B: Na ja, dann können sie auch die Wohnung besichtigen. Sie werden da hingehen und werden gucken und werden aus dem Fenster sehen und werden sagen »Ach, das ist aber hübsch!« oder sie werden sagen »Na, dies und das gefällt mir nicht!« und »An deiner Stelle würde ich es so einrichten.«
A: Ja.
B: Denn dazu sind sie doch wahrscheinlich gebeten worden …
A: Ja.
B: … na eben, ihr Urteil abzugeben.
A: Ich wollte ihm bei diesen kleinen Tatsachen zu Rate stehen.
B: Ja, und klein … ja, denn eine Frau ist im allgemeinen, was Wohnungen anbetrifft, praktischer, ja?
A: Ja.
B: Und das wird er sich wahrscheinlich davon erhoffen, ja?

A: Ja.
B: Und beabsichtigen sie irgendwie, bald mal zu heiraten?
A: Also, davon hatten wir leider noch nicht gesprochen.
B: Ja.
A: Aber kann ja noch kommen, nich?
B: Das kann ja noch kommen. Jedenfalls augenblicklich geht es tatsächlich um die Wohnung und nicht um die Person …
A: Ja.
B: … ja?
A: Also könnt ich das machen?
B: Meiner Ansicht nach ja.
A: Recht schönen Dank.
B: Bitte schön. Wiederhören.
A: Wiederhören.

6. Glossar

Antecedens: (lat.: das Vorausgehende) die umgangssprachlich meist mit »wenn« eingeleitete Teilaussage (*Wenn es regnet, dann ist die Straße nass.*) in einem → Konditional.

Argument: Folge von Sätzen, bestehend aus mindestens einer Prämisse und genau einer Konklusion. Die Prämissen (*Wenn die Sonne scheint, ist es warm.* und *Die Sonne scheint.*) werden angeführt als Gründe, die Konklusion (*Also ist es warm.*) zu akzeptieren. (*Wenn die Sonne scheint, ist es warm. Die Sonne scheint. ↓ Also ist es warm.*)

Argument aus der Analogie: → induktives → Argument, bei dem man aus der Tatsache, dass bestimmte Dinge bekanntermaßen bestimmte Eigenschaften gemeinsam haben, darauf schließt, dass sie auch eine weitere Eigenschaft gemeinsam haben. (*Bäume und Sträucher haben gemeinsam die Eigenschaft, Blattpflanzen zu sein. Von Bäumen ist bekannt, dass sie Chlorophyll enthalten. ↓ Also enthalten auch Sträucher Chlorophyll.*)

Argument aus der Autorität: → induktives → Argument, bei dem eine → Konklusion mit dem Hinweis begründet wird, diese Konklusion werde durch eine bestimmte Person, Institution, Schrift etc. behauptet; das Argument aus der Autorität ist nur dann korrekt, wenn u. a. die Person, Institution, Schrift etc. verlässlich ist und die Konklusion in ihren Kompetenzbereich fällt. (*Der Experte X behauptet p. ↓ Also p.*)

Argument aus der Übereinstimmung: → induktives → Argument, Sonderfall des → Arguments aus der Autorität, bei dem eine → Konklusion mit dem Hinweis begründet wird, diese Konklusion werde durch eine bestimmte Gruppe von Personen, Institutionen, Schriften etc. übereinstimmend behauptet; das Argument aus der Übereinstimmung ist nur dann korrekt, wenn die Personen, Institutionen, Schriften etc. verlässlich sind und die Konklusion in ihren Kompetenzbereich fällt. (*Zahlreiche Autoritäten behaupten p. ↓ Also p.*)

Argument gegen den Mann: → induktives → Argument, bei dem eine → Konklusion mit dem Hinweis abgelehnt wird, diese Konklusion werde durch eine bestimmte Person, Institution, Schrift etc. behauptet; das Argument gegen den Mann ist nur dann korrekt, wenn die Person, Institution, Schrift etc. eine verlässliche Anti-Autorität auf dem fraglichen Gebiet darstellt, so dass es gute Gründe zu der Annahme gibt, dass ihre Aussagen in der Regel falsch sind. (*Die Anti-Autorität X behauptet p.* ↓ *Also nicht-p.*)

Argument mit normativer Konklusion: → Argument, dessen → Konklusion eine → normative Aussage ist; es besteht aus einer deskriptiven (→ deskriptive Aussage) Prämisse (→ Argument), in der eine Folge der Anwendung der Norm behauptet wird, einer normativen Prämisse, die eine Bewertung dieser Folge enthält, einer allgemeinen Prämisse *Normen, deren Anwendung positive (negative) Folgen nach sich zieht, sollen (sollen nicht) gelten.* und der normativen Aussage als Konklusion.

Argumentation: Sprachliche Handlung einer oder mehrerer Personen, bei deren Vollzug ein Argument oder mehrere → Argumente geäußert werden, z. B. um Behauptungen zu begründen oder Entscheidungen zu rechtfertigen.

Argumentform: abstraktes Muster (z. B. $p \supset q$, p ↓ q), das einer Klasse ähnlicher Argumente (z. B. *Wenn die Sonne scheint, ist es warm. Die Sonne scheint.* ↓ *Also ist es warm. – Wenn der Tank leer ist, läuft der Motor nicht. Der Tank ist leer.* ↓ *Also läuft der Motor nicht.* – etc.) zugrundeliegt. Argumentformen können gültig/ korrekt (→ Gültigkeit, → Korrektheit) oder ungültig/ unkorrekt sein. Ein einzelnes Argument kann mehrere Formen aufweisen; die obigen Beispiele haben nicht nur die gültige Form $p \supset q$, p ↓ q, sondern auch die ungültige Form u, v, ↓ w.

Assoziation: Verknüpfung von Erlebnisinhalten oder Begriffen im Gedächtnis (*Feuer* und *heiß*; *Tiger* und *gefährlich*); häufig Grundlage von Schlüssen (→ Schluss).

Aussage: übereinzelsprachlicher Denkinhalt (*‹dass Peter krank ist›*, *‹Peters Krankheit›*), bestehend aus einer einfachen → Proposition oder einer → Verknüpfung mehrerer Propositionen (*‹dass Peter krank ist und Maria ihn pflegt›*); beschreibt einen → Sachverhalt; handelt es sich bei dem beschriebenen Sachverhalt um eine Tatsache, so ist die Aussage wahr. Die Aussage wird ausgedrückt durch einzelsprachliche → Formulierungen. (*Peter ist krank. – Peter is ill. – Peter est malade.* – usw.)

Begründungszusammenhang: Im Begründungszusammenhang einer Aussage geht es um → Argumente, d. h. um die Frage, ob es Gründe gibt, diese Aussage zu akzeptieren. Der Begründungszusammenhang ist streng vom → Entdeckungszusammenhang zu trennen.

Bejahung des Antecedens: gültige → Argumentform des → konditionalen Arguments; die nicht-konditionale → Prämisse bejaht das → Antecedens; → Konklusion ist das → Konsequens. (*Wenn es regnet, ist die Straße nass. Es regnet.* ↓ *Die Straße ist nass.*)

Bejahung des Konsequens: ungültige → Argumentform des → konditionalen Arguments; die nicht-konditionale → Prämisse bejaht das → Konsequens; → Konklusion ist das → Antecedens. (*Wenn es regnet, ist die Straße nass. Die Straße ist nass.* ↓ *Es regnet.)*

Bewertung: → Aussage, mit der ein Gegenstand und verschiedene alternative Gegenstände gemäß einer bestimmten Hinsicht geordnet werden; in der entstehenden Ordnung ist eine bestimmte Position als Sollwert definiert; die Bewertung drückt aus, dass der Gegenstand diesen Sollwert erfüllt (*gut*), nicht erfüllt (*schlecht*), teilweise erfüllt (*einigermaßen*) o. ä.

Bezeichnung: Teil einer → Formulierung, mit dem man auf Gegenstände referiert (→ Referenz). (*Paris*, *der Mann an der Ecke*, *Peter*, *die Hauptstadt von Großbritannien*, *ein Buch* usw.)

Bikonditional: aussagenlogische → Verknüpfung zweier Aussagen p und q, die nur dann wahr ist, wenn p und q den gleichen Wahrheitswert haben. (→ Wahrheitstafeln)

Deduktion: → Schluss oder → Argument, bei dem eine → Konklusion aus → Prämissen abgeleitet wird, die den Gehalt der → Konklusion explizit oder implizit bereits vollständig enthalten. (*Alle Füchse sind Säugetiere. Dies ist ein Fuchs.* ↓ *Dies ist ein Säugetier.*) Wenn die Prämissen einer gültigen (→ Gültigkeit) Deduktion wahr sind, muss auch die Konklusion wahr sein.

deduktiver Fehlschluss: ungültige (→ Gültigkeit) → Deduktion.

deduktives Argument: → Deduktion.

Definiendum: → Definition.

Definiens: → Definition.

Definition: normative Festlegung (→ normative Aussage), dass eine in der Regel kürzere Formulierung oder Bezeichnung, das Definiendum, in einem bestimmten Zusammenhang auf dieselbe Weise interpretiert werden soll wie eine andere, meist längere und relativ präzise Formulierung oder Bezeichnung, das Definiens. Das Definiens enthält entweder eine begriffliche Beschreibung (intensionale Definition) oder eine Aufzählung der Gegenstände (extensionale Definition), auf die mit dem Definiendum Bezug genommen werden soll.

deskriptive Aussage: Aussage, die einen Sachverhalt wiedergibt, von dem prinzipiell entschieden werden kann, ob ihm eine Tatsache entspricht oder nicht. (*Frankfurt liegt in Deutschland.*) Anders als → normative Aussagen beschreiben deskriptive Aussagen ein ›Sein‹ und können insofern wahr oder falsch sein.

Disjunktion: logische → Verknüpfung zweier Aussagen p und q, die nur falsch ist, wenn sowohl p als auch q falsch ist. (→ Wahrheitstafeln)

Entdeckungszusammenhang: Im Entdeckungszusammenhang einer Aussage geht es um die psychologische, soziologische, historische etc. Frage, wie eine bestimmte Person oder Personengruppe zu dieser Aussage gekommen ist. Der → genetische Fehlschluss, bei dem Entdeckungs- und → Begründungszusammenhang vermengt werden, ist unzulässig: Einzelheiten aus dem Entdeckungszusammenhang sind in der Regel für die Akzeptabilität einer Aussage nicht von Bedeutung.

Erklärung: → Schluss oder → Argument, mit dem ein vergangenes Ereignis (↓ *Die Straße ist glatt.*) aus mindestens einer allgemeinen Gesetzmäßigkeit (*Wenn es schneit, ist die Straße glatt.*) und mindestens einer Aussage über seine besonderen Voraussetzungen (*Es schneit.*) abgeleitet wird. Eine Erklärung demonstriert, dass das Ereignis mit den allgemeinen Aussagen des jeweiligen → Weltbilds vereinbar ist.

Erwähnung von Formulierungen und Bezeichnungen: besondere Form der Verwendung von → Formulierungen und → Bezeichnungen im Zusammenhang des Redens über Sprache. Dabei werden die sprachlichen Ausdrücke nicht zur Erwähnung außersprachlicher → Sachverhalte oder Gegenstände, sondern als Namen zur Erwähnung sprachlicher Gegenstände gebraucht und deshalb durch

Anführungszeichen o. ä. markiert. In der Äußerung *»Peter« hat fünf Buchstaben.* wird »*Peter*« als Name für das Wort gebraucht; das Wort wird erwähnt. In *»Peter ist müde.« ist ein deutscher Satz.* wird *»Peter ist müde.«* als Name für den Satz gebraucht; der Satz wird erwähnt.

falsch: Ist der → Sachverhalt, auf den eine → Aussage sich bezieht, nicht gegeben, handelt es sich also nicht um eine → Tatsache, so nennt man die Aussage falsch.

Falschheit: → falsch.

Fehlschluss der unzureichenden Statistik: → statistischer Fehlschluss.

Fehlschluss der voreingenommenen Statistik: → statistischer Fehlschluss.

Fehlschluss der unvollständigen Erfahrungsdaten: → statistischer Fehlschluss.

Formulierung: einzelsprachlicher Ausdruck einer vollständigen → Aussage. (*Ludwig kennt Else.*)

Gebrauch von Formulierungen und Bezeichnungen: Verwendung von → Formulierungen und → Bezeichnungen zur → Erwähnung irgendwelcher → Sachverhalte oder Gegenstände, von denen gerade die Rede ist. In der Äußerung *Peter ist müde.* wird der Name *Peter* gebraucht, um Peter zu erwähnen; die gesamte Äußerung erwähnt den Sachverhalt, dass Peter müde ist.

genetischer Fehlschluss: Fehlschluss, bei dem Einzelheiten aus dem → Entdeckungszusammenhang unzulässig in den → Begründungszusammenhang einbezogen werden. (*Frau X ist eine Frau und zudem über sechzig Jahre alt.* ↓ *Also sind ihre politischen Ansichten nicht akzeptabel.*)

Gesamtheit: → statistisches Argument.

Gültigkeit: Eigenschaft bestimmter → deduktiver Argumentformen, in denen bei wahren → Prämissen auch die → Konklusion wahr sein muss. Deduktive Argumentformen, denen diese Eigenschaft nicht zukommt, werden ungültig genannt.

Haltbarkeit: Bei → Argumenten mit einer → deskriptiven → Aussage als → Konklusion sind die → Prämissen haltbar, wenn sie wahr sind. – Bei Argumenten mit einer → normativen Aussage als Konklusion ist die deskriptive Prämisse, in der eine Folge der Anwendung der Norm behauptet wird, um so haltbarer, je wahrscheinlicher die Anwendung der Norm die behauptete Folge nach sich zieht.

hierarchische Argumentationsstruktur: System der inhaltlichen Beziehungen zwischen übergeordneten und untergeordneten → Argumenten in einer komplexen → Argumentation; meist gut in einem Baumgraphen darzustellen; aus der bisweilen chaotischen, von pragmatischen und rhetorischen Faktoren bestimmten linearen Abfolge der Äußerungen im Text häufig nur mit Schwierigkeiten zu rekonstruieren.

Hypothese: vorläufige → Aussage, die im Zusammenhang des → hypothetisch-deduktiven Verfahrens als Prämisse in ein deduktives Argument aufgenommen wird, damit ihre Vereinbarkeit mit zu erklärenden oder vorauszusagenden Beobachtungen überprüft werden kann.

hypothetisch-deduktives Verfahren: wichtige Methode alltäglicher und wissenschaftlicher Erkenntnis. Dabei werden allgemeine Gesetzmäßigkeiten nicht durch → Induktion gewonnen, sondern durch die freie, intuitive, phantasievolle Formulierung von → Hypothesen. Diese Hypothesen werden anschließend in → deduktiven Argumenten auf ihre Brauchbarkeit bei Erklärung und Prognose von Beobachtungen überprüft. Unbrauchbare Hypothesen gelten als falsifiziert und müssen aufgegeben werden. Brauchbare Hypothesen gelten nur bis zu einer möglichen späteren Falsifikation. Eine endgültige ›Verifikation‹ von Hypothesen ist nicht möglich.

Induktion: → Schluss oder → Argument, bei dem eine → Konklusion aus → Prämissen abgeleitet wird, die den Gehalt der → Konklusion nur teilweise enthalten. Die Prämissen beschreiben dabei z. B. ein(ige) Teil(e), etwas Besonderes oder Individuelles, die Konklusion das Ganze, etwas Allgemeines oder Universelles. (*Alle bisher beobachteten Kaffeebohnen enthalten Koffein.* ↓ *Also enthalten alle Kaffeebohnen Koffein.*) Wenn die Prämissen einer korrekten Induktion (→ Korrektheit) wahr sind, ist die Konklusion wahrscheinlich, aber keineswegs sicher wahr.

induktives Argument: → Induktion.

Interpretation: Eine → Formulierung F_1 ist eine Interpretation einer Formulierung F_0, wenn F_1 in mindestens einem Zusammenhang dieselbe → Aussage ausdrücken kann wie F_0.

Intuition: Erkenntnis, die nicht durch bewusstes Beobachten, Schließen oder Argumentieren, sondern durch die unbewusste Aktivität teils angeborener, teils im Laufe des Lebens trainierter Nervennetze zustande kommt.

kategorische Aussage: → Aussage, die eine Beziehung zwischen Mengen beschreibt: allgemein-affirmativ (*Alle Bienen sind Insekten.*), allgemein-negativ (*Kein Löwe ist ein Insekt.*), partikular-affirmativ (*Einige Meerestiere sind Säugetiere.*) oder partikular-negativ (*Einige Meerestiere sind keine Fische.*).

kategorische Syllogismen: → Argumentformen mit zwei → Prämissen, in denen Prämissen und Konklusion → kategorische Aussagen sind.

kausales Argument: → induktives → Argument, bei dem aus beobachteten Wirkungen auf die Ursachen oder aus beobachteten Ursachen auf die Wirkungen geschlossen wird.

kausaler Fehlschluss: unkorrektes → kausales Argument; entweder werden z. B. zwei zeitlich aufeinander folgende, aber nicht wirklich zusammenhängende Ereignisse als Ursache und Wirkung interpretiert; oder Ursache und Wirkung werden verwechselt; oder zwei Ereignisse, die gemeinsam Wirkung eines dritten sind, werden als Ursache und Wirkung interpretiert.

Konditional: aussagenlogische → Verknüpfung zweier Aussagen p und q, die nur dann falsch ist, wenn p wahr und q falsch ist. Die – in umgangssprachlichen Formulierungen meist mit »wenn« eingeleitete – Teilaussage p des Konditionals $p \supset q$ bezeichnet man als → Antecedens, die – umgangssprachlich meist mit »dann« eingeleitete – Teilaussage q als → Konsequens. (→ Wahrheitstafeln)

konditionales Argument: → Argumentform mit einer konditionalen (→ Konditional) → Prämisse und einer weiteren Prämisse, die eine der Teilaussagen des Konditionals enthält. Man unterscheidet zwei gültige (→ Gültigkeit) Unterformen, die → Bejahung des Antecedens und die → Verneinung des Konsequens, und zwei ungültige Unterformen, die → Verneinung des Antecedens und die → Bejahung des Konsequens.

Konjunktion: aussagenlogische → Verknüpfung zweier Aussagen p und q, die nur dann wahr ist, wenn p und q wahr sind. (→ Wahrheitstafeln)

Konklusion: → Argument

Konsequens: (lat.: das Folgende) die umgangssprachlich meist mit »dann« eingeleitete Teilaussage (*Wenn es regnet, dann ist die Straße nass.*) in einem → Konditional.

Korrektheit: Eigenschaft bestimmter → Formen induktiver Argumente, in denen bei wahren → Prämissen die → Konklusion mit einer gewissen Wahrscheinlichkeit wahr ist.

Logik: im engeren Sinne Wissenschaft von den → deduktiven Argumenten unter den Gesichtspunkten des → Begründungszusammenhangs ihrer Konklusionen und der → Relevanz ihrer Prämissen. Die → Haltbarkeit von Prämissen und der → Entdeckungszusammenhang gehören nicht zum Gegenstandsbereich der Logik. – Logik im weiteren Sinn befasst sich darüber hinaus mit → induktiven Argumenten.

Metasprache: Sprache, in der man sich über eine andere Sprache, die Objektsprache, verständigt. Metasprache zu sein ist keine situations*un*abhängige Eigenschaft einer Sprache, sondern eine situationsabhängige Beziehung dieser Sprache zu einer anderen, die gerade als Objektsprache fungiert. Spreche ich in deutscher Sprache über die englische, so dient die deutsche Sprache als Metasprache und die englische als Objektsprache. Spreche ich kurz darauf in englischer Sprache über die deutsche, so dient die englische Sprache als Metasprache und die deutsche als Objektsprache. Spreche ich in deutscher Sprache über die Grammatik der deutschen Sprache, so dient die deutsche Sprache als Objektsprache und als Metasprache zugleich; deutsche Formulierungen und Bezeichnungen werden dann teils gebraucht, teils erwähnt. (→ Gebrauch und → Erwähnung von Formulierungen und Bezeichnungen)

Methode des Gegenbeispiels: Verfahren zum Nachweis der Ungültigkeit (→ Gültigkeit) eines deduktiven Arguments (→ Deduktion). Man konstruiert dabei Situationen, bezüglich derer die → Prämissen des Arguments wahr sind, die → Konklusion dagegen falsch.

Negation: aussagenlogische → Verknüpfung, in die eine einzelne Aussage p eingeht; sie ist wahr, wenn p falsch ist, und falsch, wenn p wahr ist. (→ Wahrheitstafeln)

negatives Argument aus der Übereinstimmung: → induktives → Argument, Sonderfall des → Arguments gegen den Mann, bei dem eine → Konklusion mit dem Hinweis abgelehnt wird, diese Konklusion werde durch bestimmte Personen, Institutionen, Schriften etc. behauptet; das negative Argument aus der Übereinstimmung ist nur dann korrekt, wenn die Personen, Institutionen, Schriften etc. verlässliche Anti-Autoritäten darstellen, so dass es gute Gründe zu der Annahme gibt, dass ihre Aussagen in der Regel falsch sind. (*Die Anti-Autoritäten X, Y, Z behaupten p. ↓ nicht-p.*)

neuronales Netz: theoretisches oder als Schaltung realisiertes Modell eines Nervennetzes. Ein neuronales Netz besteht aus miteinander verbundenen Neuronen, die über ihre Eingänge eintreffende Signale summieren und jeweils dann über ihren Ausgang ihrerseits ein Signal abgeben, wenn die Summe der eintreffenden Signale einen bestimmten Schwellenwert übersteigt. Durch die jeweiligen Verbindungen der Neuronen, durch hemmende bzw. erregende Gewichtungen der einzelnen Eingänge und durch die Wahl der Schwellenwerte können neuronale Netze komplexe Aufgaben z. B. bei der Sprach- oder Bildverarbeitung erfüllen; dabei ist das ›Wissen‹ der Netze nicht an einer bestimmten Stelle gespeichert, sondern über das gesamte Netz verteilt. Neuronale Netze werden häufig nicht ›von Hand‹ eingestellt, sondern über eingebaute Lernmechanismen für die Erledigung bestimmter Aufgaben trainiert.

normative Aussage: → Aussage, die eine moralische, politische etc. Forderung wiedergibt, die für unterschiedliche Menschen mit unterschiedlichen Werten und Interessen unterschiedlich akzeptabel ist. (*Man soll täglich beten.*) Anders als → deskriptive Aussagen beschreiben normative Aussagen kein ›Sein‹, sondern ein ›Sollen‹; insofern können sie nicht wahr oder falsch sein.

Objektsprache: → Metasprache.

Prädikation: elementare Teilhandlung einer Proposition, bei der einem Objekt eine Eigenschaft (‹*Peking ist groß.*›) bzw. mehreren Objekten eine Beziehung (‹*Katrin liebt Peter*›) zugesprochen wird.

Prämisse: → Argument.

Präzisierung: → Formulierung F_P mit geringerem Interpretationsspielraum, die eine Formulierung F_U mit größerem Interpretationsspielraum ersetzt. F_P ist eine Präzisierung von F_U genau dann, wenn es mindestens eine → Interpretation von F_U gibt, die nicht Interpretation von F_P ist, und wenn es keine Interpretation von F_P gibt, die nicht auch Interpretation von F_U ist.

Proposition: → Aussage, Denkinhalt; besteht aus der Bezugnahme (→ Referenz) auf ein Objekt bzw. mehrere Objekte und der → Prädikation, bei der dem Objekt Eigenschaften zugesprochen bzw. zwischen den Objekten Beziehungen konstatiert werden.

Reductio ad absurdum: Argumentform, in der die Wahrheit einer These p auf indirektem Wege dadurch begründet wird, dass man die Falschheit ihrer Verneinung nicht-p beweist. Die Falschheit von nicht-p demonstriert man über ein Hilfsargument: In dieses Hilfsargument setzt man nicht-p als Prämisse ein und deduziert aus nicht-p und einer oder mehreren weiteren, offensichtlich wahren Prämissen einen offensichtlich falschen Satz: Wenn das Hilfsargument gültig ist, die übrigen Prämissen wahr sind und die Konklusion falsch ist, dann muss die Prämisse nicht-p falsch sein.

Referenz: elementare Teilhandlung einer Proposition, Bezugnahme auf ein Objekt oder mehrere Objekte; sprachlich realisiert durch Hinweisgesten, Eigennamen (*Peter*), Pronomen (*sie*, *dieses*), deiktische Ausdrücke (*hier*, *morgen*) und Kennzeichnungen (*der höchste Turm in Paris*).

Relevanz: Bei → Argumenten mit einer → deskriptiven → Aussage als → Konklusion sind die → Prämissen relevant, wenn sie die Konklusion stützen, d. h. wenn die Wahrheit der Prämissen ein guter Grund ist, auch die Konklusion für wahr zu halten. – Bei Argumenten mit einer → normativen Aussage als Konklusion ist die deskriptive Prämisse, in der eine gesetzmäßige Folge der Anwendung der Norm behauptet wird, um so relevanter, je positiver bzw. negativer die behauptete Folge bewertet wird. Hier ist die Relevanz stets eine Frage subjektiver und interessenabhängiger Bewertung.

Sachverhalt: mögliche Eigenschaft eines Dinges oder mögliche Beziehung zwischen Dingen; ist der Sachverhalt tatsächlich gegeben, so handelt es sich um eine → Tatsache.

Scheineinigkeit: entsteht, wenn ein Sprecher die → Formulierung F_0 im Sinne der → Interpretation F_1 äußert, der Hörer F_0 im Sinne von F_2 versteht und der Hörer zwar F_2, nicht aber F_1 akzeptiert: Der Hörer wird dem Sprecher zustimmen, obwohl er die vom Sprecher gemeinte Aussage F_1 nicht akzeptiert.

Scheinuneinigkeit: entsteht, wenn ein Sprecher die → Formulierung F_0 im Sinne der → Interpretation F_1 äußert, der Hörer F_0 im Sinne von F_2 versteht und der Hörer zwar F_2, nicht aber F_1 ablehnt: Der Hörer wird dem Sprecher widersprechen, obwohl er die vom Sprecher gemeinte Aussage F_1 akzeptiert.

Schluss: psychischer, häufig un- oder teilbewusster Prozess des Übergangs von etwas, das wir schon wissen oder zu wissen glauben, zu etwas Neuem. Man schließt z. B. aus der Größe, in der man ein Haus oder ein entgegenkommendes Auto wahrnimmt, auf seine Entfernung.

Spitzenformulierung: zentrale, hierarchiehöchste (→ hierarchische Argumentationsstruktur) Konklusion einer komplexen Argumentation.

statistisches Argument: → induktives → Argument, bei dem aus den bekannten Eigenschaften einer Teilmenge (Stichprobe) darauf geschlossen wird, dass diese Eigenschaften der Gesamtmenge (Gesamtheit) gleichermaßen zukommen.

statistischer Fehlschluss: 1. unkorrektes → statistisches Argument, bei dem die untersuchte Stichprobe zu klein ist, um eine Aussage über die Gesamtmenge zu rechtfertigen (Fehlschluss der unzureichenden Statistik). 2. unkorrektes statistisches Argument, bei dem man von einer wahrscheinlich oder bekanntermaßen nicht repräsentativen Stichprobe auf die Gesamtmenge schließt (Fehlschluss der voreingenommenen Statistik). 3. unkorrektes statistisches Argument, bei dem man wesentliche Erfahrungsdaten unterschlägt, deren Einbeziehung den Schluss von der Stichprobe auf die Gesamtmenge als unkorrekt erweisen würde (Fehlschluss der unvollständigen Erfahrungsdaten).

Stichprobe: → statistisches Argument.

Tatsache: tatsächlich gegebener → Sachverhalt.

Tautologie: komplexe → Verknüpfung von → Aussagen, die unabhängig von den Wahrheitswerten der in sie eingehenden elementaren Aussagen stets wahr ist. (z. B. $p \vee \neg p$ oder $\neg(p \wedge \neg p)$)

Ungültigkeit: → Gültigkeit.

unsachlich: → Unsachlichkeit.

Unsachlichkeit: Verhalten, das keinen brauchbaren Beitrag zur Argumentation darstellt, sondern darauf abzielt, den Argumenten einer der beteiligten Parteien *scheinbar* größeres Gewicht zu verleihen; u. a. durch Einführung unhaltbarer oder irrelevanter (→ Haltbarkeit, → Relevanz) → Prämissen oder ungeeigneter → Präzisierungen, falsche oder verzerrende Darstellung von Fakten oder tendenziöse Wiedergabe von Argumenten der Gegenseite.

Verknüpfung: Verbindung einfacher → Aussagen zu komplexen Aussagen; der Wahrheitswert einer komplexen Aussage ergibt sich jeweils in festgelegter Weise aus den Wahrheitswerten der Teilaussagen. (→ Wahrheitstafeln)

Verneinung des Antecedens: ungültige → Argumentform des → konditionalen Arguments; die nicht-konditionale → Prämisse verneint das → Antecedens; → Konklusion ist die → Negation des → Konsequens. (*Wenn es regnet, ist die Straße nass. Es regnet nicht. ↓ Die Straße ist nicht nass.*)

Verneinung des Konsequens: gültige → Argumentform des → konditionalen Arguments; die nicht-konditionale → Prämisse verneint das → Konsequens; → Konklusion ist die → Negation des → Antecedens. (*Wenn es regnet, ist die Straße nass. Die Straße ist nicht nass. ↓ Es regnet nicht.*)

Voraussage: → Schluss oder → Argument, mit dem auf die gleiche Weise wie bei einer → Erklärung ein zukünftiges Ereignis abgeleitet wird. (*Bei Regen ist die Straße nass. Es wird regnen. ↓ Die Straße wird nass sein.*)

wahr: Ist der → Sachverhalt, auf den eine → Aussage sich bezieht, tatsächlich gegeben, handelt es sich also um eine → Tatsache, so nennt man die Aussage wahr.

Wahrheit: → wahr.

Wahrheitstafeln: Tabellen, in denen übersichtlich dargestellt ist, wie sich die Wahrheitswerte komplexer Aussagen aus den Wahrheitswerten ihrer Teilaussagen ergeben. Die folgende Wahrheitstafel gibt die Wahrheitswerte der logischen Verknüpfungen → Negation, → Konjunktion, → Disjunktion, → Konditional und → Bikonditional wieder:

		Negation	**Konjunktion**	**Disjunktion**	**Konditional**	**Bikonditional**
p	q	$\neg p$	$p \wedge q$	$p \vee q$	$p \supset q$	$p \equiv q$
W	W	F	W	W	W	W
W	F	F	F	W	F	F
F	W	W	F	W	W	F
F	F	W	F	F	W	W

Weltbild: Das ›innere Modell der Außenwelt‹, das Menschen und andere Lebewesen entwickeln. Weltbilder enthalten beschreibende (→ deskriptive) und vorschreibende (→ normative) Bestandteile. Je nach Komplexität der jeweiligen Lebewesen erlauben sie Handlungsorientierung durch Identifikation von Objekten, Verallgemeinerung, Beschreibung, Erklärung, Voraussage und Bewertung. Konstruktion und Anwendung von Weltbildern sind in vielfacher Weise auf Schlüsse (→ Schluss), beim Menschen auch auf → Argumente angewiesen.

Widerspruch: gleichzeitige Behauptung einer → Aussage p und ihrer → Negation nicht-p, d. h. der → Konjunktion von p und nicht-p. Das ›Gesetz vom Widerspruch‹ besagt, dass p und nicht-p nicht gleichzeitig wahr sein können. Wer einen Widerspruch behauptet, muss im Prinzip auch jede beliebige anderen Aussage akzeptieren, da sich aus den Prämissen p und $\neg p$ jede beliebige andere Aussage deduzieren lässt: In einem ersten Argument lässt sich aus der Prämisse p zunächst die Konklusion $p \vee q$ ableiten. In einem zweiten Argument lässt sich anschließend aus $p \vee q$ als der Konklusion des ersten Arguments und aus der Prämisse $\neg p$ die Konklusion q ableiten.

7. Literatur

Die mit einem Stern (*) gekennzeichneten Werke haben einführenden Charakter.

Adorno, Theodor W. (1968). *Soziologie und empirische Forschung.* In: Topitsch (1968b): 511–525.
— (1970a). *Einleitung.* In: Adorno et al. (1970b): 7–79.
—, & Albert, Hans/ Dahrendorf, Ralf/ Habermas, Jürgen/ Pilot, Harald/ Popper, Karl R. (1970b). *Der Positivismusstreit in der deutschen Soziologie.* 2. Aufl. Neuwied/ Berlin: Luchterhand.
Albert, Hans (1968): *Traktat über kritische Vernunft.* Tübingen: Mohr. *
— (1970a). Im Rücken des Positivismus? Dialektische Umwege in kritischer Beleuchtung. In: Adorno (1970b): 267–305.
— (1970b). Kleines verwundertes Nachwort zu einer großen Einleitung. In: Adorno (1970b): 335–339.
Allman, William F. (1993). Menschliches Denken – Künstliche Intelligenz. Von der Gehirnforschung zur nächsten Computer-Generation. München: Droemer-Knaur. *

Ballstaedt, Steffen–Peter/ Mandl, Heinz/ Schnotz, Wolfgang/ Tergan, Sigmar–Olaf (1981). *Texte verstehen, Texte gestalten.* München/ Wien/ Baltimore: Urban & Schwarzenberg.
Bayer, Klaus (1981). *Einige Aspekte des Sprachhandlungstyps ›Erklären‹.* In: Deutsche Sprache 1. 25–43.
— (1982a). *Mit Sprache bewerten.* In: Praxis Deutsch 53. 15–25.
— (1982b). *Jugendsprache und Sprachnorm. Plädoyer für eine linguistisch begründete Sprachkritik.* In: Zeitschrift für germanistische Linguistik 10. 2. 139–155.
— (1985). Thesen zum Verhältnis zwischen Sprachlernen, Sprachdidaktik und Schriftkultur. In: Stötzel (1985): 470–486.
— (1987). Deutschunterricht und soziokultureller Wandel. Ansätze zur Typologie und Kritik aktueller sprachdidaktischer Argumentation. In: Die Realschule 6. 258–265.
— (1991). Das Elend des Deutschlehrerstudiums. Eine Streitschrift. In: Neue Sammlung 4. 527–543.
— (1996). *Evolution – Kultur – Sprache. Eine Einführung.* 2., ergänzte Aufl. Bochum: Brockmeyer. *
— (1997). Die Rechnung ohne den Wirt? Evolution, Gehirn und Sprachlernen. In: Wirkendes Wort 3. 424–448.
— (2004). Religiöse Sprache. Thesen zur Einführung. Münster: LIT.
Berger, Peter L./ Luckmann, Thomas (1970). Die gesellschaftliche Konstruktion der Wirklichkeit. Eine Theorie der Wissenssoziologie. Frankfurt: S. Fischer.
Bergmann, Wolfgang (1996). Computerkids. Die neue Generation verstehen lernen. Zürich: Kreuz.
Berka, Karel/ Kreiser, Lothar (1971). Logik-Texte. Kommentierte Auswahl zur Geschichte der modernen Logik. Berlin: Akademie-Verlag.
Blackmore, Susan (1993). *Psychische Illusionen.* In: Randow (1993): 131–139.
Bower, Bruce (1993). *Guter Glaube.* In: Randow (1993): 109–113.

Braitenberg, Valentin (1993). *Vehikel. Experimente mit kybernetischen Wesen.* Reinbek: Rowohlt. *

Brecht, Bertolt (1967a). *Über die Popularität des Kriminalromans.* In: Brecht (1967b) Bd. 19. 450–457.

— (1967b). *Gesammelte Werke.* Frankfurt/ M.: Suhrkamp.

Damasio, Antonio R. (1997). Descartes' Irrtum. Fühlen, Denken und das menschliche Gehirn. München: dtv. *

Daneš, František/ Viehweger, Dieter (Hrsg.) (1976). *Probleme der Textgrammatik.* Berlin: Akademie-Verlag.

Drösser, Christoph (1994). Fuzzy Logic. Methodische Einführung in krauses Denken. Reinbek: Rowohlt.

Ecker, Malte W. (2006). Kritisch argumentieren. Aschaffenburg: Alibri.

Eggs, Ekkehard (1992). *Argumentation.* In: Ueding (1992): 914–991. *

— (1994). Grammaire du discours argumentatif. Le topique, le générique, le figuré. Paris: Kimé.

Flusser, Vilém (1997). *Medienkultur.* Herausgegeben von Stefan Bollmann. Frankfurt/ M.: Fischer.

Føllesdal, Dagfinn/ Walløe, Lars/ Elster, Jon (1988). *Rationale Argumentation. Ein Grundkurs in Argumentations- und Wissenschaftstheorie.* Berlin/ New York: de Gruyter. *

Foerster, Heinz von (1985). *Das Konstruieren einer Wirklichkeit.* In: Watzlawick (1985): 39–60. *

Frege, Gottlob (1966a). *Der Gedanke. Eine logische Untersuchung.* In: Frege (1966b): 30–53.

— (1966b). *Logische Untersuchungen.* Herausgegeben und eingeleitet von Günther Patzig. Göttingen: Vandenhoeck & Ruprecht.

Fuchs, Harald P./ Schank, G. (1975). Texte gesprochener deutscher Standardsprache III. Alltagsgespräche. München: Hueber.

Geißner, Helmut (1968). Der Fünfsatz. Eine Kapitel Redetheorie und Redepädagogik. In: Wirkendes Wort 18, 4. 258-278.

Giesecke, Hermann (1985). Das Ende der Erziehung. Neue Chancen für Familie und Schule. Stuttgart: Klett-Cotta.

— (1996). Wozu ist die Schule da? Die neue Rolle von Eltern und Lehrern. Stuttgart: Klett-Cotta.

— (1998). Pädagogische Illusionen. Lehren aus 30 Jahren Bildungspolitik. Stuttgart: Klett-Cotta.

Gilovich, Thomas (1991). How We Know What Isn't So. The Fallibility of Human Reason in Everyday Life. New York: The Free Press. *

Glasersfeld, Ernst von (1985). *Einführung in den radikalen Konstruktivismus.* In: Watzlawick (1985): 16–38. *

Giscinny, René/ Sempé, Jean Jacques (2005). Neues vom kleinen Nick. Achtzig prima Geschichten vom kleinen Nick und seinen Freunden. Zürich: Diogenes.

Grewendorf, Günther (Hrsg.) (1979). *Sprechakttheorie und Semantik.* Frankfurt/ M.: Suhrkamp.

Grice, H. Paul (1979). *Logik und Konversation.* In: Meggle (1979): 243–265.

Groeben, Norbert/ Schreier, Margrit/ Christmann, Ursula (1993). *Fairness beim Argumentieren: Argumentationsintegrität als Wertkonzept einer Ethik der Kommunikation.* In: Linguistische Berichte 147. 355–382.

Habermas, Jürgen (1970). *Analytische Wissenschaftstheorie und Dialektik.* In: Adorno (1970b): 155–191.

— (1981). Theorie des kommunikativen Handelns. Bd. 1: Handlungsrationalität und gesellschaftliche Rationalisierung. Bd. 2: Zur Kritik der funktionalistischen Vernunft. Frankfurt/ M.: Suhrkamp.

Hardy, Anne (1998). Elementarteilchen auch mit negativer Masse. Diracs Suche nach ›hübscher‹ Mathematik/ Intuition statt Erfahrung (...). In: Frankfurter Allgemeine Zeitung v. 11.3.1998: N2.

Henne, Helmut/ Rehbock, Helmut (1982). *Einführung in die Gesprächsanalyse.* 2., verbesserte und erweiterte Auflage. Berlin/ New York: de Gruyter. (Sammlung Göschen Bd. 2212) *

Introvigne, Massimo (Hrsg.) (1998). Schluss mit den Sekten! Die Kontroverse über ›Sekten‹ und neue religiöse Bewegungen in Europa. Marburg: diagonal-Verlag.

Kamlah, Wilhelm/ Lorenzen, Paul (1967). *Logische Propädeutik. Vorschule des vernünftigen Redens.* Revidierte Ausgabe. Mannheim: Bibliographisches Institut. *

Kaulen, Heinrich (1997). Patchwork-Familie und Bastel-Identität. Zur Identitätssuche in neuen Adoleszenzromanen. In: Der Deutschunterricht 6. 84–90.

Kienpointner, Manfred (1996). Vernünftig argumentieren. Regeln und Techniken der Diskussion. Reinbek: Rowohlt.

Kienzle, Bertram (1997). *Von der Vorstellung der notwendigen Verknüpfung.* In: Kulenkampff 1997: 115–133.

Klaus, Georg (1964). *Kybernetik und Gesellschaft.* Berlin (Ost): Dt. Verl. d. Wissenschaften.

Klein, Josef (1999). Rhetorik und Argumentation. Eine Einführung. In: Der Deutschunterricht 5. 3-12.

Klein, Wolfgang (1980). *Argumentation und Argument.* In: Zeitschrift für Literaturwissenschaft und Linguistik 38/39. 9–57.

Kuhn, Thomas (1973). *Die Struktur wissenschaftlicher Revolutionen.* Frankfurt/ M.: Suhrkamp. *

Kulenkampff, Jens (Hrsg.) (1997). David Hume, eine Untersuchung über den menschlichen Verstand. Berlin: Akademie-Verlag.

Kutschera, Franz von/ Breitkopf, Alfred (1971). *Einführung in die moderne Logik.* Freiburg/ München: Alber. *

Lakoff, George/ Johnson, Mark (1980). *Metaphors we live by.* Chicago/ London: The University of Chicago Press. *

Lang, Ewald (1976). *Erklärungstexte.* In: Danes/ Viehweger (1976): 147–181.

Lasch, Christopher (1995). *Das Zeitalter des Narzissmus.* Hamburg: Hoffmann und Campe.

Lichtenberg, Georg Christoph (1971). Schriften und Briefe. Zweiter Band: Sudelbücher II, Materialhefte, Tagebücher. München: Hanser.

Liebermann, Sascha/ Loer, Thomas (2006). Krise der Kritik. Die Misere der Universität, eine Krise der Kollegialität. In: Forschung und Lehre 6. 322-326.

Linke, Angelika/ Nussbaumer, Markus/ Portmann, Paul R. (1994). *Studienbuch Linguistik*. 2. Aufl. Tübingen: Niemeyer. *

Ludwig, Otto/ Menzel, Wolfgang (1975). *Schreiben*. In: Praxis Deutsch 9. 10–18.

— (1976). *Diskutieren als Gegenstand und Methode des Deutschunterrichts*. In: Praxis Deutsch 14. 13–22.

Lumer, Christoph (1990): Praktische Argumentationstheorie. Theoretische Grundlagen, praktische Begründung und Regeln wichtiger Argumentationsarten. Braunschweig: Vieweg.

Männer, Reinhard/ Lange, Rupert (1994). Rechnen mit Neuronalen Netzen. Teil 1: Wie funktionieren Neuronale Netze und wie werden sie trainiert? Teil 2: Wie werden neuronale Netze technisch implementiert? In: Physikalische Blätter 5. 445–449, 6. 569–572. *

McCawley, James D. (1993). Everything that linguists always wanted to know about logic but were ashamed to ask. 2nd edition. Chicago: University of Chicago Press. *

Meggle, Georg (1979). *Handlung, Kommunikation, Bedeutung*. Frankfurt/ M.: Suhrkamp.

Mohr, Reinhard (1998). *Die Wirklichkeit ausgepfiffen*. In: Der Spiegel 27; 29.6.1998: 176–178.

Morgenstern, Christian (1940). *Alle Galgenlieder*. Leipzig: Insel.

Naess, Arne (1975). Kommunikation und Argumentation. Eine Einführung in die angewandte Semantik. Kronberg/ Ts.: Scriptor. *

Neumann, Eckhard/ Sprang, Wolfgang/ Hattemer, Klaus (1974). *Werbung in Deutschland. Jahrbuch der deutschen Werbung*. Düsseldorf/ Wien: Econ.

Nørretranders, Tor (1997). »Spüre die Welt.« Die Wissenschaft des Bewusstseins. Reinbek: Rowohlt.

Ornstein, Robert (1991). The Evolution of Consciousness. Of Darwin, Freud, and Cranial Fire – The Origins of the Way We Think. New York: Prentice Hall Press. *

Oxenham, John (1980). *Literacy. Writing, Reading and Social Organisation*. London/ Boston/ Henley: Routledge & Kegan Paul.

Patzig, Günther (1970). *Sprache und Logik*. Göttingen: Vandenhoeck & Ruprecht. *

Piaget, Jean (1978). *Das Weltbild des Kindes*. Stuttgart: Klett-Cotta.

Pöppel, Ernst (1993). Lust und Schmerz. Vom Ursprung der Welt im Gehirn. Berlin: Siedler. *

Popper, Karl R. (1958). Die offene Gesellschaft und ihre Feinde. Bd. I. Der Zauber Platons. Bd. II. Falsche Propheten. Bern: Francke.

— (1968). *Was ist Dialektik?* In: Topitsch (1968b): 262–290.

Posner, Roland (1979). Bedeutung und Gebrauch der Satzverknüpfer in den natürlichen Sprachen. In: Grewendorf (1979): 345–385.

Postman, Neil (1983). *Das Verschwinden der Kindheit*. Frankfurt/ M.: S. Fischer.

— (1985). Wir amüsieren uns zu Tode. Urteilsbildung im Zeitalter der Unterhaltungsindustrie. Frankfurt/ M.: S. Fischer.

— (1992). Das Technopol. Die Macht der Technologien und die Entmündigung der Gesellschaft. Frankfurt/ M.: S. Fischer.

Quine, Willard van Orman (1969). *Grundzüge der Logik*. Frankfurt/ M.: Suhrkamp. *

Rademacher, Cay (1998). *KAL-Flug 007.* In: Geo 1. 169–200.
Randow, Gero von (Hrsg.) (1993). Mein paranormales Fahrrad und andere Anlässe zur Skepsis, entdeckt im »Skeptical Inquirer«. Reinbek: Rowohlt.
Rath, Rainer (1979). Kommunikationspraxis. Analysen zur Textbildung und Textgliederung im gesprochenen Deutsch. Göttingen: Vandenhoek & Ruprecht.
Reichenbach, Hans (1966). *Elements of Symbolic Logic.* New York: Free Press. *
Riedl, Rupert (1985). *Die Folgen des Ursachendenkens.* In: Watzlawick (1985): 67–90. *
Rogge, Jan–Uwe (1998). *Kinder brauchen Grenzen.* Reinbek: Rowohlt.
Rössler, Reimara/ Rössler, Otto E. (1994). *Jonas' Welt. Das Denken eines Kindes.* Reinbek: Rowohlt.
Roth, Gerhard (1987). Erkenntnis und Realität. Das reale Gehirn und seine Wirklichkeit. In: Schmidt (1987). 229–255. *
Rutz, Michael (Hrsg.) (1997). Aufbruch in der Bildungspolitik. Roman Herzogs Rede und 25 Antworten. München: Goldmann.

Salmon, Wesley C. (1983). *Logik.* Stuttgart: Reclam. (= RUB 7996) *
Sanders, Barry (1995). *Der Verlust der Sprachkultur.* Frankfurt/ M.: S. Fischer.
Savigny, Eike von (1976). Grundkurs im logischen Schließen. Übungen zum Selbststudium. München: dtv. *
Schlobinski, Peter (1996). *Empirische Sprachwissenschaft.* Opladen: Westdeutscher Verlag. *
Schmidt, Siegfried J. (Hrsg.) (1987). *Der Diskurs des Radikalen Konstruktivismus.* Frankfurt/ M.: Suhrkamp.
Schmidt-Faber, Werner (1986). Argument und Scheinargument. Grundlagen und Modelle zu rationalen Begründungen im Alltag. München: W. Fink.
Seiwert, Hubert (1998). Einleitung: Das ›Sektenproblem‹. Öffentliche Meinung, Wissenschaftler und der Staat. In: Introvigne (1998): 9–38.
Spiegel, Carmen (1999). Argumentation von Jugendlichen im Deutschunterricht. Zwei Argumentationsformen. In: Zeitschrift für Angewandte Linguistik. 30. 17–40.
Stange, Eva–Maria (1997). *Bildungsaufbruch – Wohin?* In: Rutz (1997): 255–264.
Stark, Rodney/ Bainbridge, William Sims (1996). *A Theory of Religion.* New Brunswick: Rutgers University Press.
Steger, Hugo/ Engel, Ulrich/ Moser, Hugo (Hrsg.) (1971). *Texte gesprochener deutscher Standardsprache I.* München/ Düsseldorf: Hueber/ Schwann.
Stegmüller, Wolfgang (1969). Probleme und Resultate der Wissenschaftstheorie und Analytischen Philosophie. Bd. I. Wissenschaftliche Erklärung und Begründung. Heidelberg: Springer. *
— (1974a). *Sprache und Logik.* In: Stegmüller (1974b): 66–100. *
— (1974b). *Der Phänomenalismus und seine Schwierigkeiten. – Sprache und Logik.* Darmstadt: Wissenschaftliche Buchgesellschaft. (»Libelli« Bd. CXXXIX)
— (1975a). Das Problem der Induktion: Humes Herausforderung und moderne Antworten. In: Stegmüller (1975b) 1–62.
— (1975b). Das Problem der Induktion: Humes Herausforderung und moderne Antworten. – Der sogenannte Zirkel des Verstehens. Darmstadt: Wissenschaftliche Buchgesellschaft.
Stötzel, Georg (Hrsg.) (1985). Germanistik – Forschungsstand und Perspektiven. Vorträge des Deutschen Germanistentages 1984. Teil 1. Berlin/ New York: de Gruyter.

Suppes, Patrick (1957). *Introduction to Logic.* New York: Van Nostrand Reinhold Company. *

Topitsch, Ernst (1968a). Sprachlogische Probleme der sozialwissenschaftlichen Theoriebildung. In: Topitsch (1968b): 17–36.

— (1968b). *Logik der Sozialwissenschaften.* 5. Aufl. Köln/ Berlin: Kiepenheuer & Witsch.

— (1972). *Vom Ursprung und Ende der Metaphysik.* München: dtv.

Toulmin, Stephen Edelston (1958). *The Uses of Argument.* Cambridge: Cambridge University Press. (dt. *Der Gebrauch von Argumenten.* Kronberg/ Ts.: Scriptor 1975.) *

Ueding, Gerd (Hrsg.) (1992). *Historisches Wörterbuch der Rhetorik.* Teil 1. Tübingen: Niemeyer.

Watzlawick, Paul (Hrsg.) (1985). Die erfundene Wirklichkeit. Wie wissen wir, was wir zu wissen glauben? Beiträge zum Konstruktivismus. 3. Aufl. München: Piper.

Wunderlich, Dieter (1974). *Grundlagen der Linguistik.* Reinbek: Rowohlt.

8. Sachwortregister

Normal gedruckte Zahlen sind Randnummern; sie verweisen auf Absätze. Kursiv gedruckte Zahlen verweisen auf die entsprechenden Seiten im Glossar.